U0468132

帝尧之都 中国之源

尧文化暨德廉思想研讨会文集

中共临汾市委宣传部 编

中国社会科学出版社

图书在版编目(CIP)数据

帝尧之都 中国之源：尧文化暨德廉思想研讨会文集／中共临汾市委宣传部编．—北京：中国社会科学出版社，2015.12
ISBN 978－7－5161－7324－4

Ⅰ.①帝… Ⅱ.①中… Ⅲ.①文化史—中国—文集 Ⅳ.①K203－53

中国版本图书馆 CIP 数据核字(2015)第 288749 号

出 版 人 赵剑英
责任编辑 郑 彤 安 芳
责任校对 王佳玉
责任印制 李寡寡

出 版 中国社会科学出版社
社 址 北京鼓楼西大街甲 158 号
邮 编 100720
网 址 http://www.csspw.cn
发 行 部 010－84083685
门 市 部 010－84029450
经 销 新华书店及其他书店

印刷装订 北京鲁汇荣彩印刷有限公司
版 次 2015 年 12 月第 1 版
印 次 2015 年 12 月第 1 次印刷

开 本 787×1092 1/16
印 张 20.25
字 数 311 千字
定 价 139.00 元

陶寺观象台鸟瞰

陶寺早期墓地发掘现场

城墙桃沟断面

宫城北墙

核心基址主殿高空俯视

手工业作坊区的管理建筑基址

陶寺大型窖穴

陶寺宫城东南角

陶寺早期大墓

陶寺中期大墓

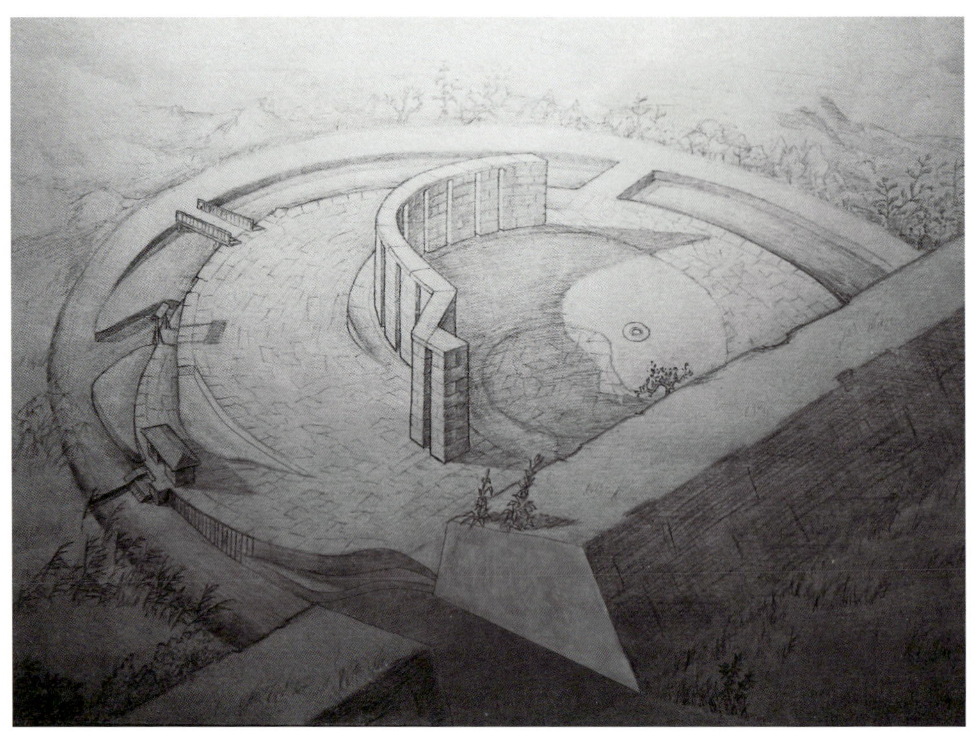

陶寺观象台复原图

观象台实地复原

陶寺观象台

陶寺圭尺复原

陶寺宫殿区出土板瓦

陶寺宫殿区出土刻花白灰墙皮

陶寺遗址出土彩绘龙纹陶盘

陶寺中期王墓ⅡM22 出土彩绘陶盘

陶寺中期大墓出土彩绘陶簋

陶寺早期彩陶壶

陶寺中期中型墓出土彩绘小口折肩陶罐

陶寺中期中型墓出土彩绘双耳陶罐

石磬

陶鼓

鼍鼓

铜铃

陶寺晚期扰墓堆积层出土玉璇玑

玉琮

石钺

玉璜形佩

玉璧

玉琮

玉兽面

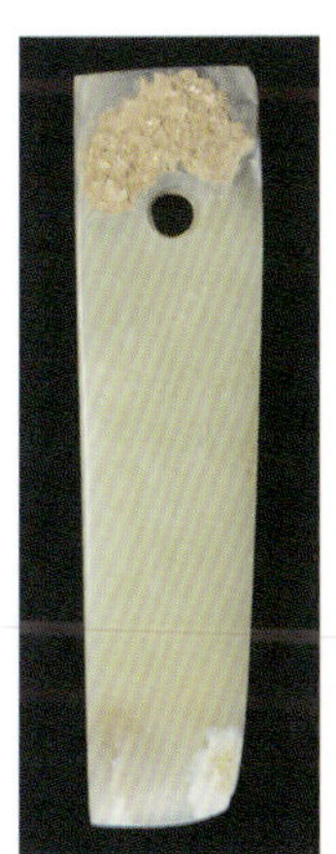
玉戚

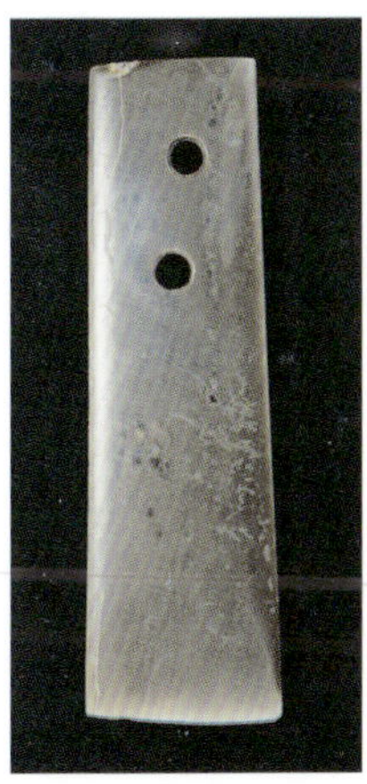
玉戚

玉钺

玉钺

尧陵

尧庙

舜耕历山

尧庙

碧波荡漾

汾河之滨

七孔映月

水光楼影

望河夜色

一川清水，两岸锦绣

尧庙

陶寺城址大型特殊建筑功能及科学意义论证会会场

目 录

序一 …………………………………………………………… 王伟光 (1)
序二 …………………………………………………………… 胡苏平 (1)
前言 ………………………………………………………………………… (1)

一

中华文明探源的新成果　早期文明形成的新证据
——山西襄汾陶寺城址考古收获 …………………………… 王　巍 (3)
尧都平阳正在走出传说时代成为信史 ……………………… 王　巍 (18)
陶寺就是尧都　值得我们骄傲 ……………………………… 李伯谦 (23)
略论陶寺遗址在中国古代文明演进中的地位 ……………… 李伯谦 (27)
陶寺与尧都:中国早期国家的典型 ………………………… 王震中 (34)
陶寺考古:尧舜"中国"之都探微 …………………………… 何　驽 (63)
陶寺城址——我国尧舜禹时代进入文明社会的标志 ……… 梁星彭(124)
丰富多彩的陶寺文化 ………………………………………… 李健民(129)
陶寺遗址近年新发现与中国初期国家的形成 ……………… 高江涛(137)
从《尧典》到陶寺观象台:帝尧时代中国天文学的全貌 …… 徐凤先(141)
陶寺观象台新论 ……………………………………………… 武家璧(149)

二

唤醒历史记忆　探索文明源头 …………………………… 刘合心(171)
和合思想是尧文化的灵魂 ……………………………… 郭永琴(177)
“明德”与“执中”:古平阳的帝尧历史传统及其
　　文化意涵 ………………………………………… 乔新华(192)
唐尧遗风在临汾的传承 ………………………………… 周征松(202)
佛教经论中有关“尧”之述评…………………………… 侯慧明(217)
帝尧是中华和合文化的始祖 …………………………… 甄作武(227)
陶寺:华夏文明形成的关键词 ………………………… 石耀辉(233)
陶寺尧都寻梦——发现中国 …………………………… 王　燕(239)
浅论尧的德廉思想对治国理政的启示 ………………… 宋冬梅(250)
略论最早“中国”在陶寺………………………………… 张建华(258)
翼城与“古唐国”………………………………………… 翟铭泰(263)

三

如何促进尧文化资源产业化 …………………………… 张富春(277)
临汾市尧文化旅游进一步发展的思考 …………… 刘海鸿　郭玉兰(282)
尧文化产业化中的政府与市场角色 …………………… 席玉光(292)
浅析尧文化创意产业的融合 …………………………… 李　娇(299)
“尧文化”国际化传播策略分析………………………… 栗雅妮(306)

后记 ……………………………………………………………… (313)

序　一

王伟光

党的十八大以来，习近平总书记多次深刻阐述了传承和弘扬中华优秀传统文化。习近平总书记指出："要很好地传承和弘扬传统文化。要讲清楚中华优秀传统文化的历史渊源、发展脉络、基本走向，讲清楚中华文化的独特创造、价值理念、鲜明特色，增强文化自信和价值观自信。"传承和弘扬优秀传统文化，就必须对中华民族曾经辉煌的历史、伟大的文明、灿烂的文化有深刻领会与正确把握。

中国社会科学院是马克思主义的坚强阵地、党中央国务院的思想库与智囊团、中国哲学社会科学的最高殿堂，研究中华文明的发展历程、丰富内涵，是中国社会科学院义不容辞的责任。我院各相关研究所一直将对中华文明历史作为重大课题开展深入研究，我院考古研究所领衔的国家重大科研课题——"中华文明探源工程"，集中了各相关学科的精兵强将，开展多学科综合研究，取得了显著的成果。位于晋南地区的陶寺遗址的发掘和研究就是其中最为突出的代表性课题。

晋南地区地处黄河中游，《尚书·禹贡》中属冀州，是中华文明核心形成与中国早期国家诞生的关键区域。临汾地区古称平阳。北魏郦道元《水经注》汾水条载："又南过平阳县东。……应劭曰：县在平河之阳，尧舜并都之也。"因此围绕着尧都平阳的考古探索，也是破解所谓"尧舜禹传说时代"中国重大历史谜团的关键点。

尧舜禹时代是在中原地区形成华夏文明和早期"中国"诞生的关键

时代，而相关的文献记载和古史传说远远不足以说清这段历史。于是，考古学研究便成为探讨这一关键时期不可或缺的，甚至是主要的学术探索路径。

自20世纪70年代末至今，中国社会科学院考古研究所山西工作队先后与临汾行署文化局、山西省考古研究所合作，对隶属临汾市的襄汾陶寺遗址，进行了长达37年的考古发掘与研究。2012年秋，我曾赴陶寺遗址视察。在陶寺遗址发掘现场，我对中国社会科学院考古研究所山西队的同志们提出，希望在近三年或五年内，将“陶寺遗址的性质及其在中华文明形成过程中的地位和作用搞清楚”。近几年，中国社会科学院“哲学社会科学创新工程”“中华文明探源工程”，以及“国家大遗址考古计划”，均对陶寺遗址的考古发掘与研究加大了资金投入。在山西省委省政府、省文物局、临汾市委市政府、襄汾县委县政府的大力支持下，工作队在陶寺遗址的考古取得了一系列重要成果。近年来的重要考古发现使得陶寺遗址作为早期文明的都城遗址更加完备，陶寺文化的国家性质更加明确，文明化成就越发凸显，使我们初步看到，在夏王朝建立之前，华夏文明所达到的第一个高峰。

陶寺遗址愈来愈丰富的考古发现，从物质文化到精神文化，越来越多地同有关尧舜的文献记载相印证，加之地方学者从乡土文化、地方志、历史文献、历史记忆、神话传说的角度，对尧都平阳的不懈探索，使得陶寺遗址乃唐尧之都的观点越来越受到社会的关注，也得到越来越多学者的认可。迄今为止，没有其他任何一个遗址像陶寺遗址这样，在年代、地理位置、规模和等级以及文化内涵等诸多方面与唐尧之都如此契合。

根据陶寺遗址的一系列考古发现，结合相关文献记载可知，在唐尧之时，中华早期文明的国家观念、王权观念、私有观念、礼制和历法等也已形成，其中很多为后来的夏商周王国文明所继承和发展，有理由认为，尧舜禹时期的华夏早期文明为后来的中华文明奠定了基础，是多元一体的中华文明的主脉。

尧舜的治理思想是文德，即所谓“垂衣裳而天下治”；社会管理思想是和合，即所谓“协和万邦”；社会伦理的精髓是礼制；哲学思想的核心是朴素的辩证法——阴阳太极。这些都是中华传统思想宝库中的精华。探讨和追溯中华传统思想宝库中由尧舜留给我们的这些精神财富，对于构建社会主义核心价值观，弘扬优秀传统文化，实现民族复兴的中国梦，都具有重大的现实意义！

（作者系中共中央委员、中国社会科学院院长、学部主席团主席）

序　二

胡苏平

山西是中华文明的重要发祥地，历史悠久、人文荟萃、英雄辈出，文化底蕴十分深厚，中华民族的始祖炎帝和黄帝都在山西活动过，中国古代的帝王尧舜禹都在山西南部建都。千百年来，勤劳、智慧、勇敢的山西人民，薪火相传，生生不息，创造了灿烂辉煌的文化。山西现有国家级文物452处，位居全国第一；世界文化遗产3处，国家级非物质文化遗产116项，均居全国前列；宋辽以前的古建筑遗存占全国古建筑遗存总数的70%以上。山西被誉为华夏文明的主题公园，中国古代社会变革进步的思想宝库，古代东方艺术的博物馆。

文化是民族的血脉，是人民的精神家园，是一个国家和地区的旗帜和形象。党的十八大以来，山西省委、省政府深入学习贯彻习近平总书记系列讲话精神，以高度的文化自觉，大力实施“文化强省”战略，着力将文化资源优势转化为发展优势，大力弘扬源远流长的法治文化、博大精深的廉政文化和光耀千秋的红色文化，不断推动山西文化大发展、大繁荣，文化实力和竞争力显著增强，日益成为全省经济社会又好又快发展的重要力量。

临汾作为山西历史文化的重镇，多年来高度重视对历史文化遗产的保护，在传统文化特别是尧文化的发掘、整理和弘扬上做了大量卓有成效的工作，不断展现了尧文化的历史地位、丰富内涵、当代价值和独特魅力。

中华文化源远流长，积淀了中华民族最深层的精神追求，代表着中华民族独特的精神标识。帝尧作为中华民族的文明始祖，一直为后世所尊崇与敬仰。据文献记载，帝尧建都平阳，也就是今天的临汾。在这里，帝尧建立城邦，钦定历法，敬授民时，划定九州，协和万邦，开凿水井，设立谤木，实行禅让，开启了华夏文明之门。1978 年开始，中国社会科学院领导下的陶寺遗址发掘工作，经过几代考古学人近 40 年的不懈探索，终于揭开了历史的面纱。2015 年 4 月，全国有关知名专家聚集在临汾，就尧文化进行了广泛深入的研讨，对陶寺遗址就是尧都达成了广泛共识，使尧都平阳由传说成为信史。尧文化所蕴含的民主、科学、仁爱、德政、和合等文化元素是几千年来中华民族的强大精神基因和生生不息的源头活水。

这里需要说明的是，陶寺遗址对尧的都城的发现和认定，不仅对于中华文明探源工程及尧文化的研究具有里程碑意义，而且极大地提升了山西晋南地区也就是临汾市和运城市在中华文明史上的地位。“尧都平阳”的确认，也就印证了“舜都蒲坂、禹都安邑”记载的可靠性，即舜的都城就在今山西运城的永济市，禹的都城就在今山西运城的夏县。充分说明山西南部是中华文明的重要源头，中华民族的文化基因由此生发。

陶寺遗址考古研究的重大成果，是中国社会科学院大力支持的结果，是几代考古专家辛勤劳动的结果，是社会各界大力支持的结果。中国社会科学院王伟光院长亲临考古现场指导工作，中国社会科学院王巍研究员，北京大学李伯谦教授，中国社会科学院王震中研究员、何驽研究员等一批著名专家学者为陶寺遗址考古付出了大量心血，不少同志把陶寺遗址考古当作终生的事业，奉献了一生。为此，我们向为陶寺遗址考古研究做出贡献的领导和专家学者表示衷心的感谢和崇高的敬意！

（作者系中共山西省委常委、宣传部部长）

前　言

党的十八大以来，习近平总书记多次强调，中华优秀传统文化是中华民族的突出优势，要很好地继承和弘扬中华优秀传统文化。山西省委书记王儒林指出，我们山西历史文化有“三个一”，其中“一座都城”就是襄汾陶寺遗址文化，就是以尧文化为龙头的根祖文化。

临汾，历史悠久，文化灿烂，底蕴深厚，史称“中国”，是中华民族的重要发祥地之一。尧是中华民族的文明始祖，四千多年前，帝尧在平阳建都，划定九州，协和万邦，带领民众开凿水井、钦定历法、敬授民时、建立城郭、设立谤木、实行禅让，开启了华夏文明之门。尧文化是中华民族的源头，是整个中华民族公认的标记和符号，是炎黄子孙共同的精神财富，是一座取之不尽、用之不竭的智慧宝库。古老的尧文化，像一座巨大的迷宫，闪现着神秘之光，充满着神奇魅力。

为进一步传承弘扬中华优秀历史文化，深入挖掘和弘扬尧文化的时代价值，把优秀传统文化与时代精神相结合，中共山西省委宣传部、中共临汾市委、临汾市人民政府于 2015 年 4 月在临汾隆重举办了以“溯中国源头、寻华夏之根”为主题的“尧文化暨德廉思想研讨会”，6 月中国社会科学院又在国务院新闻中心举行了“山西 · 陶寺遗址发掘成果新闻发布会”，充分论证了：临汾陶寺遗址就是帝尧的都城，陶寺文明是多元一体的中华文明的主脉。尧都正走出传说，成为信史。

经过对尧文化暨德廉思想研讨会以及山西 · 陶寺遗址发掘成果新闻发布会进行归类整理，我们编辑了此书。希望通过我们的努力，能为传承和弘扬中华优秀历史文化、促进经济社会发展，做出我们应有的贡献。

编者

2015 年 9 月

中华文明探源的新成果 早期文明形成的新证据

——山西襄汾陶寺城址考古收获*

王巍

一 陶寺都城遗址的概况

陶寺城址位于山西南部襄汾县城东北约7千米的陶寺镇。19世纪50年代，考古调查发现陶寺遗址，认为是一处龙山时代大型遗址，面积约300万平方米。1978—1985年，中国社会科学院考古研究所山西队与山西临汾行政公署文化局合作，为了寻找历史上最早的朝代夏朝的遗存，发掘了与文献所谓的“夏墟”有联系的陶寺遗址。

二 1978—1985年陶寺遗址发掘的主要成果

在居住区和墓葬区，发掘墓葬一千余座，其中大贵族墓葬六座，出土了陶龙盘、陶鼓、鼍鼓、大石磬、玉器、彩绘木器等精美文物，表明当时已经出现了明显的社会分化，已经出现了王权，这些发现引起海内外学术界的关注。

1978—1985年的发掘和研究将陶寺文化分为早、中、晚三期：

1. 陶寺文化早期，距今4300—4100年。

---

* 根据作者2015年6月在中国社会科学院举办的“陶寺遗址发掘成果”新闻发布会上的讲话整理。

2. 陶寺文化中期，距今4100—4000年。

3. 陶寺文化晚期：距今4000—3900年。

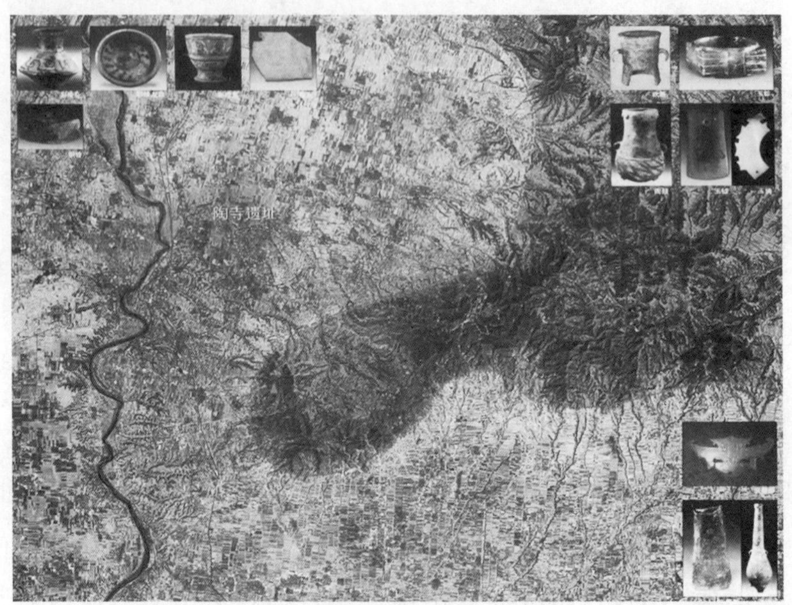

图1　陶寺遗址

图2　大型墓葬出土的反映等级身份的礼器

三 陶寺遗址发掘的新阶段

从1999年开始，中国社会科学院考古研究所山西队与山西省考古研究所、临汾市文物局合作，在陶寺的考古工作以寻找城墙为中心。2002年之后陶寺遗址发掘纳入中华文明探源工程，2012年之后又纳入中国社会科学院哲学社会科学创新工程。已发掘面积约8000平方米。

四 功能分区明确的都邑的发现

在陶寺遗址，相继发现了巨型城址，城内发现了王宫区、仓储区、手工业作坊区、高等级贵族的墓葬区和祭祀区、庶民居住区等，已经具备作为都城的全部内涵。它是一座距今4300—4000年的都邑遗址。

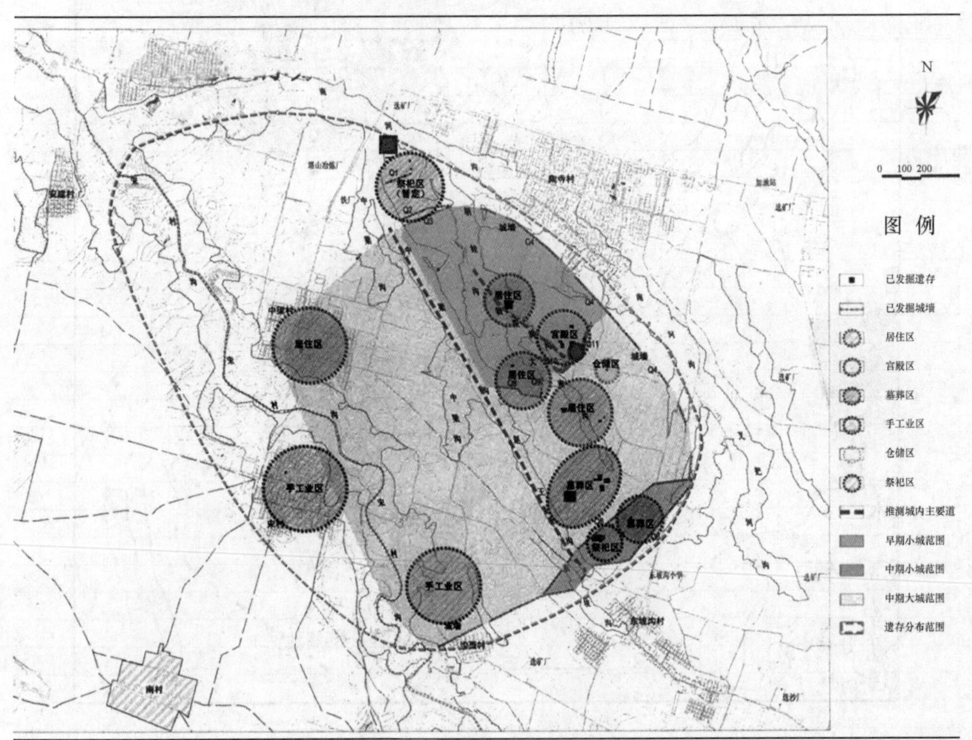

图3 陶寺都邑遗址的功能分区

五　陶寺遗址新一轮考古发掘主要收获

（一）巨型城址的发现

城址南北长1800米、东西宽1500米，城墙宽度在十米以上，工程量相当大。表明当时的王权已经能够调动和组织大量人力从事如此大型的工程。

（二）4300—4000年前王宫基址的发现

周围以宽十米左右的巨大围沟及疑似夯土基槽所环护（发掘者认为是修建“宫城”城墙的基槽，学术界对此还存在不同的认识）。围沟内的区域面积达13万平方米。无论是否修建了围墙，这一区域实际上形成了与外界相隔离的“王宫”，是迄今黄河中游地区所见最早的“王宫”。

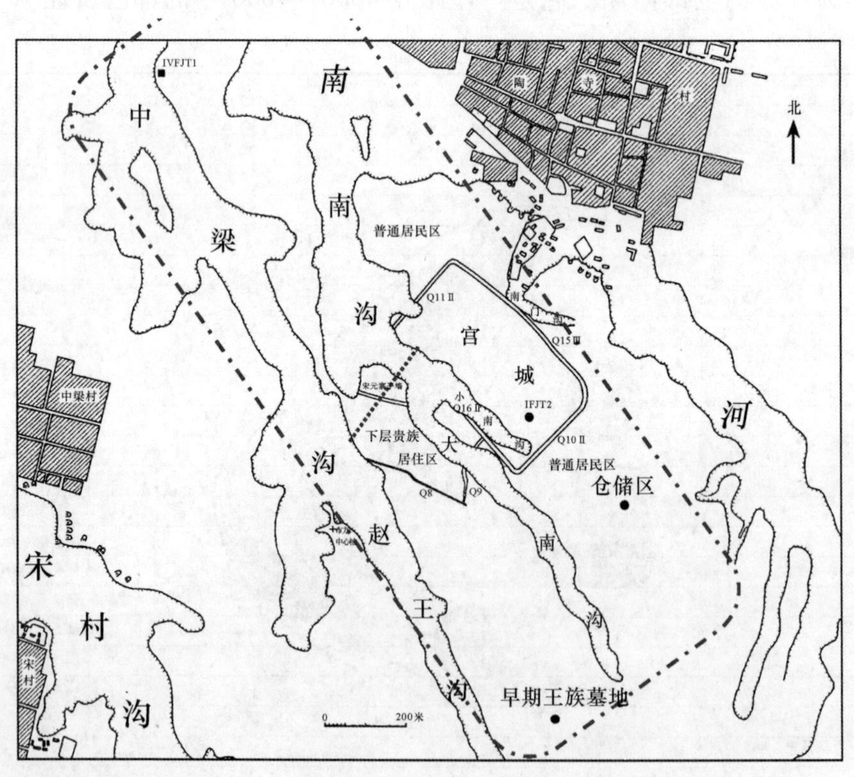

图4　早期遗址（面积160万平方米）

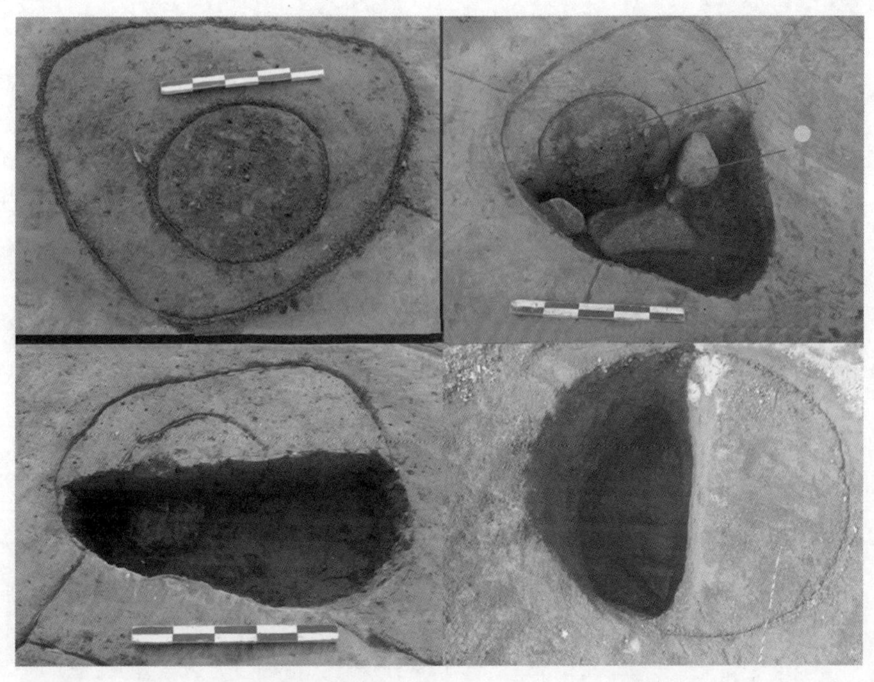

图 5　柱坑直径 50—80 厘米、柱洞直径 45—50 厘米、础石直径 30—40 厘米、残深 30—40 厘米

中期核心建筑主殿面积达 284 平方米，有三排 18 个柱洞，柱础石直径 30 厘米，三开间。

（三）陶寺都邑鼎盛时期的高级贵族墓地

22 号墓长 5 米、宽 3.6 米、深 7 米，是陶寺文化已发掘最大的墓葬，在中国新石器时代大墓中也处于前列。

棺内残留玉石饰品等 46 件，扰坑内出土玉石饰品 20 件，墓室未扰动部分出土随葬品 72 件，包括彩绘陶器 8 件、玉石器 18 件套、骨组 8 组、漆木器 25 件、红彩草编物 2 件、猪 10 头、公猪下颌骨 1 具。

图6　云雷纹陶板建材

图7　高等级建筑残留的刻花墙皮

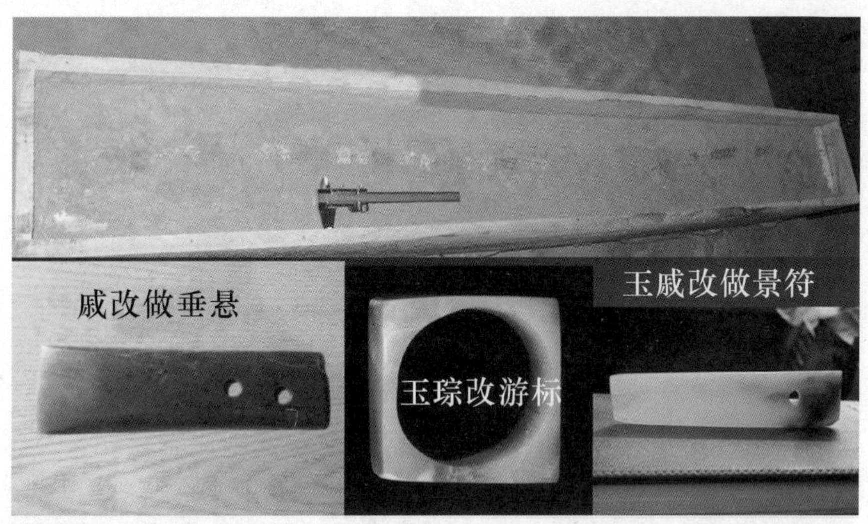

图 8　特殊随葬品——漆木“圭尺”，或暗示着“地中”意识的出现

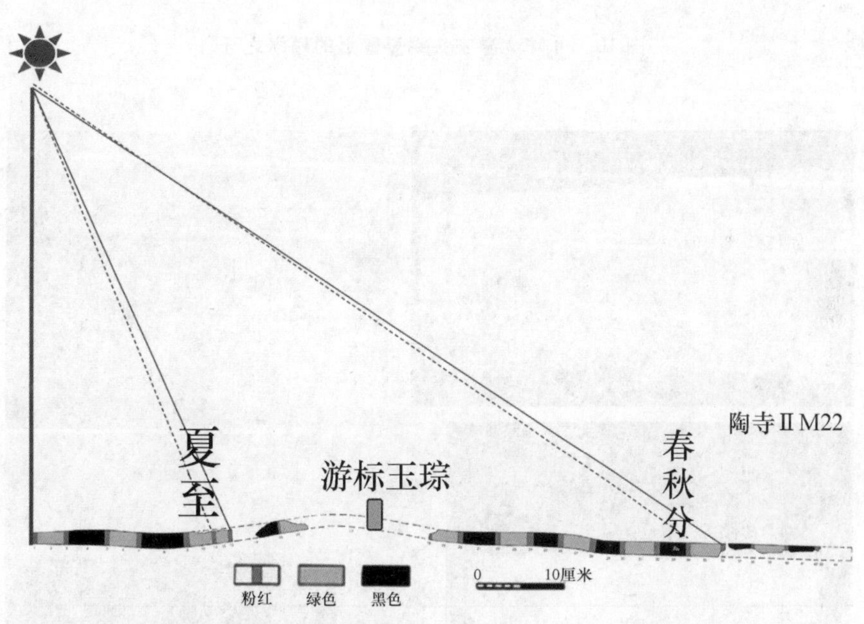

图 9　第 11 号红色带处标志夏至影长，总长 39.9 厘米，等于陶寺 1.596 尺；第 33 号黑色带总长度为 141.6 厘米，即 5.664 尺，为春秋分影长

图 10　Ⅱ M22 墓主头端墓壁上的豶豕之牙

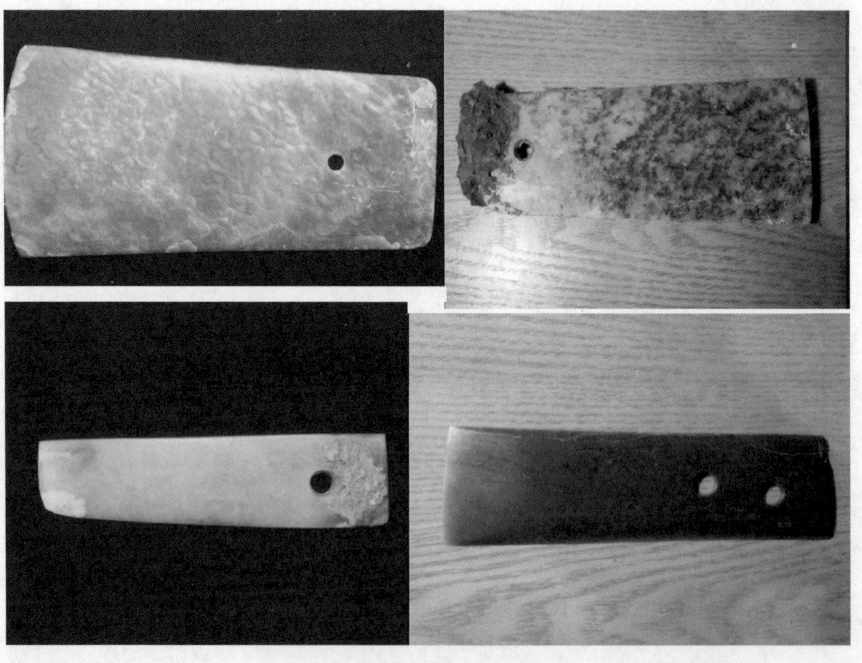

图 11　玉、石钺

（四）观象祭祀台的发现

陶寺观象台的面积达 1700 平方米，有三层台基基址和一条外环道。它是世界考古发现最早的观象台。

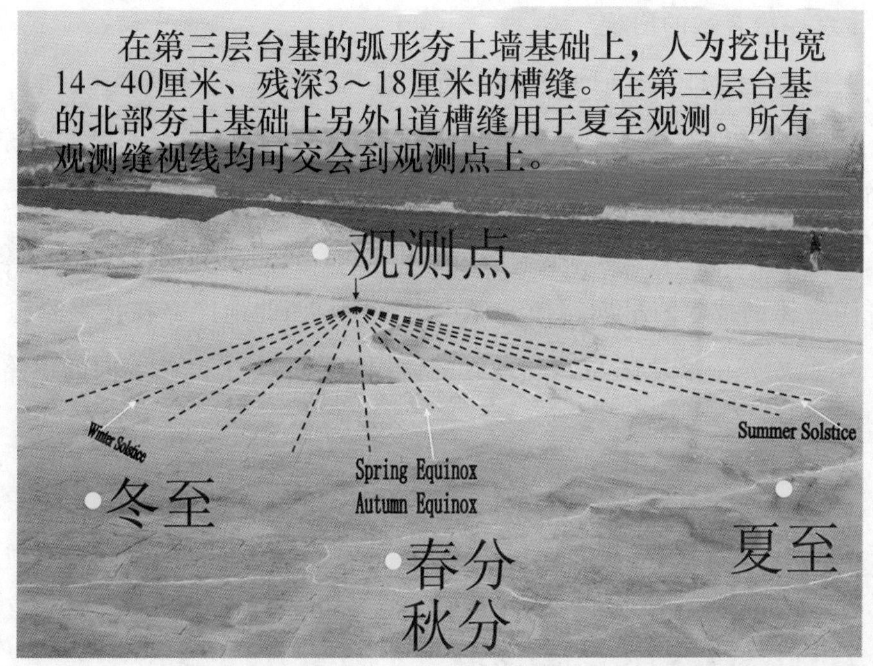

图 12 观象台的观测系统

陶寺观象台观测得到太阳历：一个太阳年 365 天或 366 天，包括冬至、夏至、春分、秋分；粟、黍、豆、水稻种收农时；当地四季气候变化节点；宗教祭祀节日，是世界考古发现确定最早最缜密的地平历。

（五）社会分工的出现和手工业的发展

城址西南手工业作坊区的钻探与发掘，至少有 6 个工业园区，各有一个夯土基址管辖。总体上被大型夯土基址ⅢFJT2 所统领。

关于陶寺遗址的陶器手工业，有如下几点新认识：

1. 黑色陶衣陶器仅发现于宫殿区与王陵区墓葬，表明为高等级贵族专用。

2. 墓葬出土的陶器烧成温度低于居址出土的陶器，彩绘陶仅见于墓葬，表明陶器生产中存在专门的陪葬器具制造。

3. 陶寺遗址发现硬陶鬶，说明存在高等级器物的远距离流通。

（六）冶金术的出现

关于陶寺遗址铜器研究，初步结论如下：

1. 陶寺遗址发现了中原地区最早的多合范空腔铜器。此前，中原地区与西北地区的铜器皆为双合范器物。

2. 已发现的四件空腔铜器中三件为红铜，一件为砷铜，这一现象表明了陶寺铸铜技术的早期特征，显示出可能与西北地区存在技术渊源。

3. 此后，中原地区与西北地区的铸铜技术走上了截然不同的道路。

图 13　陶寺遗址出土铜器

（七）最早的汉字的发现

1984年，考古工作者在陶寺遗址发现了一件朱书扁壶的残片。

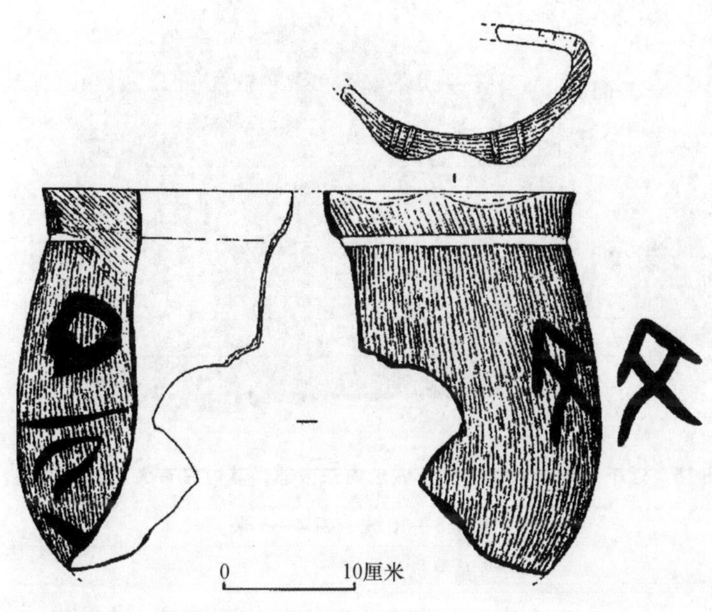

图14　陶寺出土朱书陶文扁壶，或释为命，昜（阳），尧，邑

（八）王室仓储区的发现

在陶寺遗址还发现了王室仓储区，其中早中期独立的窖穴区不属于任何家庭或家族，而是由王权直接控制，监控严密。窖穴直径5—10米，深4—5米。发掘者推测，此为国家贡赋储备、备战备荒之必备设施。

（九）陶寺文明的经济基础

陶寺文明的经济基础，是农业和家畜饲养业的发展。

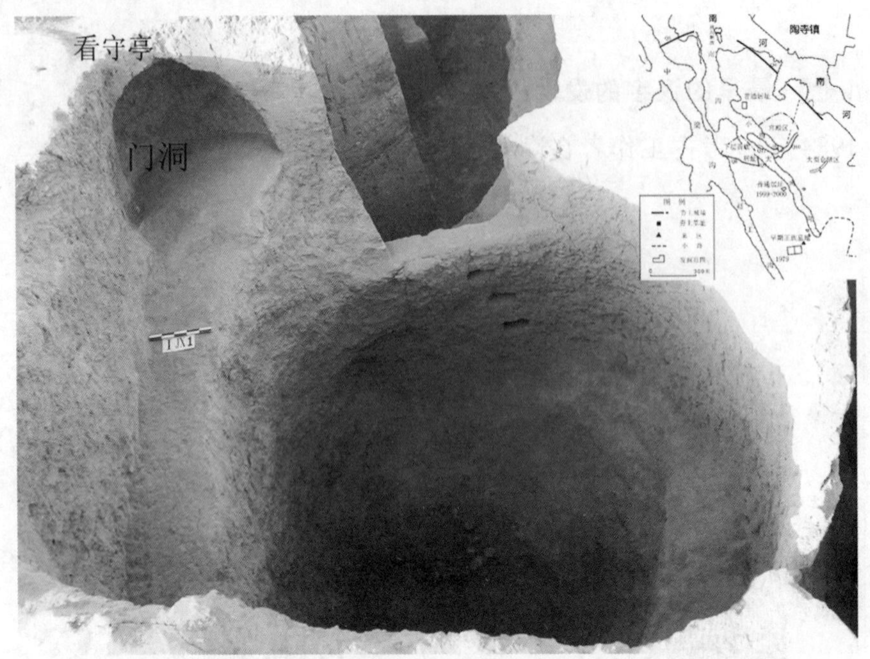

图 15　近千平方米仓储区位于城址内东南部，其内只有大型窖穴遗迹，直径 5—10 米、深 4—5 米

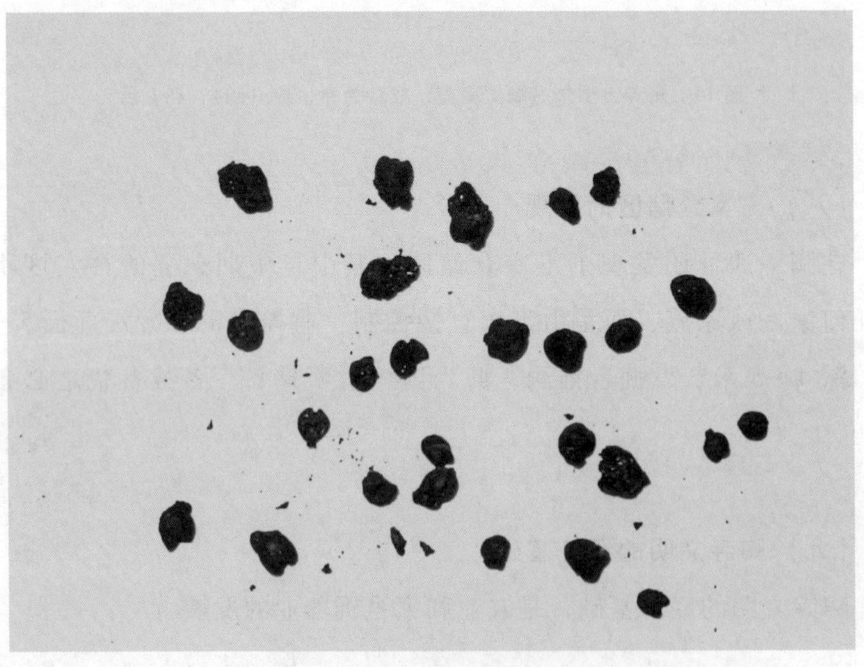

图 16　陶寺遗址浮选得到的粟和黍

陶寺浮选得到的粳稻，植硅石分析表明，陶寺水稻本地种植，产量很低。

陶寺遗址四畜俱全，肉食的获取以饲养为主，家猪数量最多，新增加了黄牛和绵羊等家畜新种类。

龙山时期，中原地区以粟和黍为主要的农作物，稻谷所占比例极低，未见小麦，五谷尚未齐备。

（十）陶寺都邑的衰落——中晚期之际发生的战乱

距今4000年前后，陶寺都邑发生了严重的战乱。扒城墙、毁宫殿、捣王陵，大批居民被屠杀。陶寺都邑毁于这场战乱。

动物考古、锶同位素、体质人类学的分析表明，被来自外部的势力集团所征服的可能性最大。

图17　被捣毁的贵族墓葬（右上图为宫殿区附近被屠杀后扔弃的人骨）

（十一）区域调查

陶寺遗址群宏观聚落形态所反映出来具有五级聚落、四层等级化的社会组织：都城下辖南北两个区中心（邑）——县底遗址和南柴遗址（方城）；区中心邑下辖二至三片区的中型聚落群（乡镇）；部分中型聚落下辖一至三个小型遗址（村）。多数微型聚落由大中型聚落直接分出，可能有些特殊的职能，所以很可能不构成一级功能完整的基层社会组织。

六 总结：陶寺城址的都邑功能

1. 功能区划最完备的史前都城：王宫，外郭城和下层贵族居住区，仓储区，王族墓地（王陵），观象祭祀台和工官管理的手工业作坊区。

2. 早期文明：王权，金字塔式社会结构。

3. 最早的礼乐制度。

4. 初步形成的宫室制度。

5. 红铜铸造礼乐铜器群共有5件。

6. 最早的汉字。

7. 大量吸收周围地区先进的文化因素。

（一）陶寺遗址与尧都

一系列的证据链：陶寺遗址在年代、地理位置、陶寺遗址的内涵、规模和等级以及它所反映的文明程度等方面，都与尧都相当契合。目前，没有哪个遗址像陶寺这样与尧都的历史记载等方面如此契合。后世历史文献记载、当地民族志资料证据、当地的地名等，也都共同指向尧都平阳在晋南。所以，在学术界，越来越多的学者认为，陶寺遗址很有可能就是尧的都城。虽然对于陶寺遗址一系列考古发现的性质和功能在学术界还存在一些分歧，目前还没有到可以下定论的时候，还需要通过今后的工作，继续寻找可以一锤定音的确证，但不容置疑的事实是，尧都平阳正在通过我们的考古发掘和研究，走出传说时代，逐渐向信史转变之中。

（二）陶寺遗址发现的意义

与陶寺是否是尧都还未到定论的时候相比，陶寺遗址发现最重要的意义在于，它是黄河中游地区目前可以确认进入早期文明社会的最早的实证，说明早在夏王朝建立、进入王国文明之前，黄河中游地区已经进入了古国文明阶段。

（三）陶寺遗址在中华文明形成和发展过程中的地位和贡献

陶寺遗址所代表黄河中游地区的古国文明的许多方面被后来的夏、商、周王朝的王国文明所继承，主要有以下几个方面：

1. 四合院式的宫殿形制以及围绕宫殿区的环濠乃至城墙的修建。
2. 以鼍鼓、特磬（可能还有铜铃）为代表的礼乐器具的出现。
3. 以一排石钺为代表的仪仗用具及其礼仪制度的发明。
4. 冶金术特别是合范技术的发明以及最早铜容器的制作和使用。
5. 农时节气的发明。
6. 汉字的使用。
7. 天下之中观念的发明。
8. 和合思想的形成和结盟机制的创立。

综上所述，有理由认为，陶寺文明是多元一体中华文明的主脉。

（作者系中国社会科学院学部委员、考古研究所所长）

尧都平阳正在走出传说时代成为信史*

王巍

提要："尧都平阳" 正在为不断获得的考古资料所逐渐证实，陶寺就是尧的都城；没有哪一个遗址能像陶寺遗址这样全面拥有文明起源形成的要素和标志；陶寺遗址已经进入文明阶段，是实证中华文明五千年历程的重要支点，也是"中华文明探源工程"项目的重中之重。

一 这次研讨会的特点

1. 会议主题立意高远。本次研讨会主题不仅是探讨尧文化，而且与德廉思想紧密结合，充分体现了研究尧文化的时代性，与当代倡导的践行社会主义核心价值观紧密联系，赋予尧文化新的内涵，具有深刻的时代意义和现实意义。

2. 尧都探索薪火相传。我们通过几位老先生和亲历者的发言，从1978年开始发掘算起，陶寺遗址的发掘已将近40年了，经过考古学家几代学人的努力，取得了重大成果。尤其是考古界老前辈苏秉琦先生的深入研究，对陶寺遗址的发掘发挥了重要的指导作用。在此，我们对这

---

* 此为作者2015年4月15日在临汾市举办的"尧文化暨德廉思想研讨会"上的学术总结。

些考古先辈们表示深切的缅怀和崇高的敬仰。

3. 尧都平阳几成定论。尧都平阳或者说是陶寺遗址的性质为不断获得的新考古资料所逐渐证实，现在我认为尧都平阳陶寺作为尧的都城这一点在考古学界应该说是得到了很大程度的共识。尧都平阳正在走出传说时代成为信史。当然还需要我们更多的努力、更好的发掘和更深入的研究，让它更具有说服力。为什么要这样说呢？因为一系列证据链正在证明尧都平阳，时代、时间、空间，陶寺遗址的内涵、规模以及它所反映的文明程度等，当然还辅以其他的一些民俗的证据、当地的地名、后代的历史文献记载等。至少从宣传的角度讲，陶寺作为尧的都城可以理直气壮地宣传。我们知道二里头遗址，实际上也没有发现夏王朝文字的证明，如果说从内涵的角度，陶寺遗址至今发现的一系列内涵，在一定程度上是更有力的陶寺都邑文明实证。陶寺遗址已经进入早期文明阶段，应该说通过一系列的考古发现，取得了关键性的证据。都城城墙、宫城、宫殿、大型的王的墓葬、天文设施等，尤其是反映的礼仪制度，已经形成金字塔式的社会结构，出现了王权，而且不断强化。所以说这些方面让我们有信心、有把握地宣称陶寺遗址已经进入了文明时代。它的年代在公元前2300年，距今4300年左右，比夏代后期的二里头遗址早了500—600年，是实证5000年中华文明的重要支点，这也是“中华文明探源工程”之所以把陶寺遗址作为项目的重中之重的原因，并且投入了大量的人力物力包括多学科的结合，使我们对陶寺遗址的文化内涵有了更加全面的了解。

4. 尧都不仅是临汾的，也是山西的，更应该是全国的。陶寺遗址是中国、最起码是黄河中游地区能够确定进入早期文明的一个最早的都邑性遗址。它的重要意义还在于，通过陶寺文化内涵的全面揭示，让我们从中国的实际资料当中归纳出进入早期文明的一系列实证。农业的发展、手工业的专业化、社会的分化、王权的形成、金字塔式的社会结构、礼仪制度的形成等。包括大规模的土木工程建设所反映的王对相当区域内劳动力的调配，当然也包括传统的三要素：文字、冶金术和城市。不论是国内还是国外，没有哪一个遗址能像陶寺遗址这样全面地拥有所有的文明要素和标志。

二　下一步的建议

一是加强考古工作。如果没有考古这个证据，其他比如说双重证据法、四重证据法那些是不能确证的，尤其是夏王朝建立之前，这就是几千年来，几百年来，或者说是几十年来争论不休的原因所在。如果没有陶寺遗址的发掘，那我们对尧都、尧文化还是各执一词。所以考古为解决这些难题提供了关键性的资料。正因如此，考古工作者责无旁贷。具体来说陶寺遗址今后几年应该以工程为中心。首先是年代问题。始建年代，使用年代是不是经过扩建，以及废弃年代这是一个大的问题。其次是布局问题。宫殿的形制，宫殿的布局是一重宫殿，是不是可能有二重、三重在同一个轴建上，因为这种情况在后期的重建上已经被发现了。另外，凡是有宫城宫殿都有排水的设施，有没有池苑。因为我们从商代前期，甚至到夏代后期，再往前推，这些是不是有更早的起源，我觉得陶寺很有可能解决这样的问题。这就是中国古代宫室制度起源的问题。

二是继续深化研究。既包括我们考古学内部的比如说环境、声乐，一些重要资源的产地玉器、铜的来源等，也包括其他的民俗研究及相关的文献、方志、铭刻的综合研究。这里有两个建议，一个是能否成立尧文化研究基金。说实话，现在的研究很分散，好在我们还有中华文明探源工程，但实际上我觉得地方政府应该有资金来资助尧文化的研究课题，这样能取得进取型的成果。还有一个建议，能否成立尧文化研究中心。这个研究中心我觉得不一定要设置成一个什么机构，以我们的山西队为核心，然后吸收当地的、国内的、国外的学者来参加，以课题联名的形式，或有一个这样持续的、专业的研究力量，而且它应该是面向国际的。如果对尧文化、对陶寺有兴趣的、有疑问的，那么你来看我们的资料，来参加我们的研究。我觉得这是两个支撑。

三是加大宣传力度。希望能通过这次研讨会，掀起尧文化宣传的高潮。可以以陶寺宫城的发现为契机，大张旗鼓地宣传。最起码学界的主流观点是认为陶寺遗址就是尧的都城，而且进入了早期文明的阶段。此外，陶寺遗址所反映的尧文化是中华文明的主要源头。在我们国家很多区域也有区域性的文明，甚至也有比陶寺遗址更早的，五千年甚至比五千年更早一点。但是那些区域的文明由于各种各样的原因衰落了，唯独以陶寺为代表的中原华夏文明延续至今。如果用河流来形容的话，它是一个主流，在它奔腾当中有各种各样的支流汇入，百川归海。中华文明走的是多元一体的过程。多元一体的中华文明的形成，一体是关键，这个一体是以什么为基础？就是以华夏集团的文化为基础，具体来说尧文化是重要的源头。在加强宣传力度方面，我觉得也可以有些具体措施，比如说文化产品，以尧文化为内容的动画片、歌舞剧等；再就是通俗读物、系列电视纪录片，包括乡土教材，首先从山西的乡土教材做起，完全可以推向全国。因为尧不仅是山西的，而且是中国的，起码是华夏文化的始祖。另外，建议建立一个尧文化博物馆，另外还应建立陶寺遗址博物馆，或者是国家遗址公园。遗址的发现成果可以通过声、光、电等多种手段再现，包括观象台完全可以再现成冬至、夏至、春分、秋分观测，甚至可以再现当时的一些人物形象等，这方面大有可为。我觉得我们在一定程度上可以说是“抱着金碗要饭”。我们自己具备了这些手段方法，更具备了这些资源，但就是没有很好地结合，现在国家大力提倡文化发展，我觉得山西是大有可为的，山西的文化积淀，陶唐遗风等，不要总被负面的宣传所影响，要大张旗鼓地、理直气壮地来宣传我们的正面，特别是经过考古发现和文献证明了的这些成果。我认为山西的文化产业应该有一个很好的发展前途。

四是认真总结研究。认真研究尧文化的精神内涵，特别是它的当代意义。习近平总书记多次强调优秀传统文化核心价值观，实际上传统文化核心价值观，应该是从尧时期开始酝酿或者开始初创。所以在这方面是大有可为的，以上就是我对研讨的一些不成熟的看法。

总之，我觉得这是一次非常成功的研讨会。考古专业相关研究人员的发言，在今天的研讨中是非常有深度的。另外，其他相关的学科包括对文明的整体研究，也都是在国内数一数二的大家。虽然我们请的人数并不多，但是非常专业，还有其他相关的领域都是很好的。完全可以说是一个专业的专题论坛，现在是需要落实各个领域的整体推进，然后，在宣传部门的带领下齐头并进。通过不同学科不同领域的交流，为今后的发展奠定一个很好的基础。首先，知己知彼，然后更好地有机结合。我相信在山西省委和临汾市委的领导下，各个方面都会共同推进。尤其是宣传部门，这次中央媒体驻山西的几大记者站的站长同时出席这个会议，这是我没有见过的，以往都是记者站派出人员参加，但是像这次这样的阵容，我在十几年各地的开会中，也是第一次，可见尧文化受到的重视和媒体的关注度是非常高的。最后，祝愿尧文化的研究、弘扬和传承，能够有一个美好的明天。

（作者系中国社会科学院学部委员、考古研究所所长）

陶寺就是尧都　值得我们骄傲

李伯谦

提要：陶寺遗址代表的是中原地区最早进入王国阶段的第一个王国，是典型的崇尚军权和王权模式的代表。陶寺就是尧都，就是文献记载的尧的中心所在、都城所在。

一　中国古代文明演进历程的三个阶段和两种模式

所谓三个阶段，这是苏秉琦先生最早提出来的：中国古代文明经过了古国、邦国、帝国三个阶段。后来很多学者的研究把它归纳为古国、王国、帝国三个阶段。名称叫得可能有些不太一样，但是基本的内涵是一样的。距今六千年前后，中国由原始平等的部落社会，开始社会的复杂化进程，文明的因素开始出现。文明因素积累到一定的程度、社会复杂化到了一定程度，就出现了古国。所以，按照苏秉琦先生的讲法，就是立足于氏族之上的高于氏族的一个政治实体。古国阶段，首先，社会已经有了明显的分层，就是有了贫富的分化。其中的个人，比如说氏族长，他的等级地位提高了，所以他个人的权力也开始凸显。这个时期，农业、手工业都有了较大的发展。然后，又经过相当长时间的发展，开始进入王国阶段，王国阶段显然是比古国阶段又进了一步。军权与王权的结合更加突出。经过王国阶段漫长的发展，到秦始皇统一中国，开始进入帝国阶段。帝国阶段很重要的特征，就是它是一个制度，还有一系列的官僚体系，管理国家、治理国家的系统。

中国这么大，我们有960多万平方千米的土地，从新石器时代就可以看出，它的文化在不同的地区表现出一定的差异。当进入古国阶段，下一步向王国迈进的时候，不同的地区是有差别的。不同地区文明起源以后向前发展的时候出现两种不同的模式。一种是以东北的红山文化、长江下游杭州的良渚文化为代表的崇尚神权的这样一种模式。东北的红山文化最著名的发现，就是苏秉琦先生所说的坛、庙、冢。坛就是祭坛；庙就是女神庙；冢就是氏族贵族的坟墓。这三种遗存在辽宁的凌源牛河梁有发现。它有个很特别的地方，就是在以牛河梁遗址为中心，50平方千米之内没有发现人居住的遗存，都是举行祭祀，都是一些太庙的遗存。它的贵族墓葬当中随葬的遗物，主要是玉器。而玉器当中可以看得出来除了装饰品，还有举行宗教仪式时，那些配在身上的玉器，具有宗教含义的那些玉器，但没有发现一件兵器。兵器，是军权的象征，军权再进一步发展就是王权。而红山文化恰恰没有。长江下游有良渚文化发现的古城比陶寺还要大，现在是三百万平方米，也是三个城圈，工程很大。但是它的贵族墓葬随葬的东西，使用的东西，有大量的陶器、石器、玉器。我们观察它的随葬的玉器，一部分是兵器，譬如说玉钺，同时还有很多具有宗教内涵的玉器。那就是说良渚文化边缘出现的是军权、王权、神权都有，但是我们说它是神权贵族的。神权是指挥军权和王权的。为什么呢？因为在他们发现的一个贵族大墓当中出土的一件他们称之为“钺王”的玉钺，上头雕刻着一个神徽。这个神徽在它的很多玉器上都有。尤其是在具有宗教色彩的玉琮、玉璧上雕刻的都有。所以说，这些标志着军权的玉钺，是受军权、神徽指挥着的。所以说以红山文化、良渚文化为代表的这种文化，他们是突出神权的。

与它们基本同时期的是河南、陕西以及山西南部发现的仰韶文化、龙山文化、陶寺文化，这种模式是崇尚军权和王权的。中国文明发展的过程当中，这两种模式带来了不同的结果：崇尚神权的垮掉了，崇尚军权和王权的，延续了下来。所以我说中国文化没有断，是以中原地区从“仰韶文化”到“龙山文化”到“二里头文化”到“夏商周”一直延续下来。这是没有断的，而有些地区就断了。断了并不是说就不存在了，而是逐步纳入中原文化的这个系统当中来了，这才是它的真实面貌。

二　有关陶寺的几个问题

第一，陶寺是处在哪个阶段？陶寺文化以陶寺遗址为代表的这些遗存，它呈现出来的面貌已经超越了古国阶段的特征，进入了王国阶段。所以我说，陶寺遗址代表的是中原地区最早进入王国阶段的第一个王国。中国社会科学院考古研究所在河南新密举行的第一次聚落形态研讨会上，我曾经有一个发言，讲到怎样判断文明形成和国家出现的标准，我提了十条标准。这十条中，很多都是从陶寺遗址总结出来的，比如明显的贫富分化、设防的城、大型礼仪建筑、观象台，文字的出现、铜器的出现、大型的仓储设施、大型的宫殿建筑基址、高规格的墓葬等，都是从陶寺遗址总结出来的。所以，陶寺是进入“王国阶段”中原地区第一个出现的王国。

第二，陶寺采取了哪一种模式？陶寺是中原地区在仰韶文化之后出现的第一个最典型的崇尚军权和王权的模式。ⅡM22 的贵族大墓中，棺椁两边竖立 6 把玉钺，玉钺就是砍头的兵器，把儿朝上，头朝下，这是军权的象征。军权一转就是王权。甲骨文中的“玉”字就是从“玉钺”象形慢慢变化成“王”字的，玉钺是王权的象征。所以，陶寺是最典型的崇尚军权和王权的代表。

第三，陶寺的主人是谁？我同意很多先生的观点，陶寺就是尧都。根据文献记载以及传说史学当中的“尧舜禹”的“尧”，他的根据地、他的中心所在、都城所在在平阳一带，指今天临汾一带。陶寺考古研究与尧都的关系，最初可能信的人不多，慢慢信的人就多了。陶寺发现的“观象台”，证明了《尧典》中讲到的尧让羲和观测日月星辰的运行，制定历法，来推进和指导农业的发展，与陶寺观象台能够对应上去了。

考古学界、历史学界研究必须要走到野外，也要走出书本，走向人民群众。我们大家有责任把研讨会成果宣传到家家户户，尧陵搞祭祀活动要让男女老少知道尧的都城就在这儿。我们作为他的后人，有责任宣扬尧文化。这对当前社会主义文化建设是非常有益的。总结一句，陶寺就是尧都，值得我们骄傲。

（作者系北京大学考古文博学院教授）

略论陶寺遗址在中国古代文明演进中的地位*

李伯谦

陶寺遗址位于山西省临汾市襄汾县陶寺乡，是一处面积达300万平方米的中原龙山文化系统的大型遗址。在夏鼐、苏秉琦两位先生的关怀下，从1978年开始发掘以来从未停止，至今已有近40年的历史。通过张彦煌、解希恭、徐殿魁、高天麟、张岱海、高炜、梁星彭、何驽、高江涛等几代考古工作者的努力，遗址的年代、规模、内涵已基本清楚，并发现和发掘出了早期、中期、晚期大、中、小不等的夯土城址、大型宫殿基址、观象台址、仓储区、手工业区，出土了陶鼓、石磬、铜铃、彩绘龙盘、玉琮、圭尺遗迹等礼仪用器，[1]引起学术界和社会广泛关注，更成为2002年启动的“中华文明探源工程”的重要研究课题之一。目前，“中华文明探源工程”四期即将结束，五期即将开始。那么，作为探源工程重要研究对象的陶寺遗址，究竟在中华文明演进中占有什么样的地位、性质如何、又是什么人留下的遗存呢？我想，这恐怕是许多人都想知道的。

要想了解陶寺遗址在中国古代文明演进中的地位，最重要的，我认为是要将陶寺遗址放在更为广大的时代、社会和文化背景下来考察。根

* 根据2015年4月15日在山西临汾市召开的“尧文化暨德廉思想研讨会”上的发言补充修改而成。

据学者们的研究，中国古代文明从大约距今6000年前开始出现社会复杂化，大体经历了古国—王国—帝国三个阶段。我提交2010年在台北召开的“东亚考古学的再思——纪念张光直先生逝世十周年学术讨论会”上的发言《中国古代文明演进的三个阶段》对此已有说明和论证。[2]

“古国”一词为苏秉琦先生首先提出。1985年10月13日，苏先生在辽宁兴城所作的《辽西古文化古城古国——试论当前考古工作重点和大课题》报告中说：“古国指高于部落之上的、稳定的、独立的政治实体。”[3]他心目中的辽西古国就是红山文化中以坛、庙、冢为代表的凌源牛河梁遗址。[4]类似这样的遗存，在中原地区有黄河中游仰韶文化的河南灵宝铸鼎原西坡遗址，[5]黄河下游大汶口文化大汶口遗址，[6]在长江下游有崧泽文化的张家港东山村遗址，[7]长江中、下游之交有类崧泽文化的安徽含山凌家滩遗址，[8]长江中游有屈家岭文化湖北天门石家河遗址[9]等。这类遗存中，除牛河梁遗址大型冢墓中仅见装饰类和宗教祭祀类玉器而未见象征军权的玉石戚、钺之类的兵器，其他遗址或者装饰类、宗教祭祀类和象征军权的兵器类玉石器伴出，或者像西坡大墓那样仅见象征军权的玉钺兵器一种，表明初期王权已经产生。关于这类“古国”的社会形态，苏先生未曾明言，而只说它是“高于部落之上的、稳定的、独立的政治实体”。怎样理解苏先生关于“古国”的定义？我觉得它既不是原始氏族社会的部落或部落联盟，也尚未进入社会分化严重、部族之间战争频仍、个人权力凸显的科学意义上的“国家”阶段，还处于由原始氏族社会向阶级、国家社会的过渡状态，和西方学术界所谓的“酋邦”基本相当，这个阶段大体处在距今5800—4500年时间段之内。

王国，苏秉琦先生称之为“方国”，是1994年1月苏先生为“海峡两岸考古学与历史学学术交流研讨会”所写的《国家起源与民族传统（提纲）》中首先使用的。他说我国国家起源发展阶段的三部曲是：“古国、方国到帝国。”当时他举出的方国是夏家店下层文化的所谓原始长城（石城子）。[10]这显然是从区域角度对因个人强制性权力的膨胀而发展为高于"古国"的政治实体的概括。我将方国称为王国，是想强调以军权为支撑的王权的主导和决定作用。

根据考古发现和研究，在长江下游，晚于崧泽文化的良渚文化率先进入了王国阶段，良渚遗址发现的有三道城墙面积达300万平方米的城址、城北面高地多道防洪拦水坝、贯通城内外的水道和码头遗迹、仓储遗迹、大型宫殿建筑基址群、祭坛、贵族大墓、数量庞大的玉石钺和刻有神徽的琮、璧等宗教用器及刻符，[11]无不彰显出良渚王国的富足、强盛和高高在上的权力。

在黄河中游的中原地区，继仰韶文化之后兴起的中原龙山文化，较良渚文化略晚，也开始进入了王国阶段，其最早形成的、各项条件最为具备也最有典型性和代表性的就是陶寺遗址。前面我们已扼要提到了陶寺遗址的一系列重要发现，这在2006年出版的由解希恭主编的《襄汾陶寺遗址研究》一书和近十年来散见于《考古》、相关会议论文集及其他杂志上有关陶寺遗址的报道和研究文章，对此都有详细的介绍。[1]对照我在2010年"新密聚落考古研讨会"上发言提出的关于文明形成的十条判断标准[12]可以看出，陶寺遗址是在聚落分化基础上出现的特大型聚落；陶寺遗址已出现了围沟和城墙等防御设施；陶寺遗址建造有像观象台这样的大型宗教礼仪建筑；陶寺遗址存在贵族与平民墓葬的分化，出现了特设的高等级贵族墓地；陶寺遗址出现了手工业内部分工和专业的手工业作坊区及集中成片的仓储区；陶寺遗址出现了以玉钺、玉戚为代表的专门武器；陶寺遗址出土陶器上出现了朱书文字；陶寺遗址发现了铜铃、铜齿轮形器等铜器；陶寺遗址发现有双耳彩绘罐、大型V形厨刀、玉琮、玉神面、扁腹陶罐、蛋形陶瓮等来自北、西、东、南不同区域的文化因素……总之，陶寺遗址呈现出来的完全是一个王国都城的面貌，我们说陶寺遗址是目前中原地区最早出现的、最大的王国是可以成立的、有充分根据的。

那么，它的主人究竟是谁，它究竟是古代哪个国族留下的遗存呢？中国是史学大国，有丰富的历史典籍，先秦时期的经、史、子、集，秦以后历朝历代官修的正史，民间修的野史，此外尚有各种方志、私人笔记、谱牒、卜筮之书，其中不少涉及人类起源、文化起源、文明起源等远古历史问题。当然，最初只是口耳相传的传说，创制文字之后，才有了文献记载。在其传承过程中，难免有误记、漏记，掺杂传写者自己的臆说和杜撰成分，致使真假难辨。但正如尹达同志在《史前研究》创刊号所写的《衷心的愿望》一文中所指出的，“我国古代社会的传说里究竟是否全属伪造？在这些疑说纷纭、似是而非的神话般的传说中是否有真正的社会历史的素地？我们能不能因此而对祖国的远古社会采取虚无主义的态度？这就成为值得我们深思的重要问题”。“从地望上，从绝对年代上，从不同文化遗存的差异上都可以充分证明这些神话的传说自有真正的史实素底，切不可一概抹杀。”[13]我们的任务，恰在于以实事求是的态度，对其进行可信性研究，剔除其中掺杂的荒诞不经成分，与考古结合综合分析，以判定其是否可信。面对这些浩如烟海的遗产，完全信以为真，全盘照搬，当然不对，但一概否定，不管不问，也不是科学的态度。回顾中国考古学史便可知道，正是1928年中央研究院史语所成立开始的河南安阳小屯殷墟的发掘及其大批甲骨卜辞、大规模宫殿建筑基址、商王陵墓和庄重典雅的青铜器群的发现，才使原认为是传说的商后期历史变成信史；[14]正是1952年郑州二里岗期商文化的发现和1955年开始的郑州商城的发掘研究[15]及推断郑州商城为商汤所建亳都，[16]才将商代史从商后期提早到商早期；郑州商城性质的确定，为往前追索夏文化找到了起点，通过几十年发掘研究，如今以偃师二里头遗址为代表的二里头文化为夏代中晚期文化、偃师二里头遗址为夏都斟鄩、新密新砦期遗存为“后羿代夏”时期遗存、河南龙山文化晚期为夏代早期文化、登封王城岗河南龙山文化大城为“禹都阳城”的认识已得到学术界广泛的认同。[17]在对文献记载可信性研究基础上，循着以文献为线索、以考古发现为根据，从已知推未知的研究路线，学者们自然会把山西襄汾陶寺遗址纳入探索尧都的范围。

尧为文献中提到的五帝之一。关于尧的居地，文献中有多种说法，“河北顺平”“山东青州”“江苏金湖”“江苏宝应”“湖南攸县”“四川尧坝”“山西平阳”，不一而足。在文献记载中，尧主要活动在黄河中游一带的中原地区，所谓江苏、湖南、四川诸说均在长江流域甚或更远，已超出尧部落可能的活动地域，是根本不可能的。余下山东、河北、山西三说中，以山西说的文献最多、最集中，次为河北，最少的是山东。从传说尧时期的文化分布格局看，山东属于东夷部族的大汶口文化、山东龙山文化分布范围，而尧部落属于中原华夏部族系统，其文化当与中原龙山文化及其前身仰韶文化有关，因此山东亦可排除。河北、山西一山之隔，属于一个大的文化系统，尧部落曾辗转来往于山西、河北两省地域，是可能的。但联系到“尧都平阳”“平阳在临汾”的记载和前已提到的距临汾不远的襄汾陶寺遗址一系列重大发现，“尧居平阳”“平阳在临汾”，尧时的平阳就是陶寺遗址，自然便成为学者们苦苦寻觅的尧都的首选之地。对此我表示认同，认为推定其为尧都比否定其为尧都有更充分的理由。当然，由于年代久远，文献晚出，缺乏当时的实录，考古发现也仅是当时留下来的遗迹、遗物很小的一部分，在其为何人所都、哪个国族所都问题上存在不同意见，是很正常的。对文献需进行继续研究，考古发掘和研究工作，也需持续进行。但无论如何，陶寺遗址是黄河流域中游的中原地区最早出现的一个科学意义上的国家——王国的都城所在地，在中国古代文明演进中占有重要地位，则是完全可以肯定的。

注释

[1] 关于陶寺遗址的基本情况和研究，请参考 2006 年科学出版社出版的解希恭主编的《襄汾陶寺遗址研究》一书，2006 年以后发表的材料和研究著作主要有：中国社会科学院考古研究所山西队、山西省考古研究所等：《山西襄汾陶寺中期城址大型建筑 11FJT1 基址

2004—2005年发掘简报》，《考古》2007年第4期；《山西襄汾陶寺遗址2007年田野考古新收获》，《中国社会科学院古代文明研究通讯》2008年第15期；《山西襄汾县陶寺城址发现陶寺文化中期大型夯土建筑基址》，《考古》2008年第3期；何努：《2010年陶寺遗址群聚落形态考古实践与理论收获》，《中国社会科学院古代文明研究中心通讯》2011年第21期；中国社会科学院考古研究所山西队、山西省考古所等：《山西襄汾陶寺遗址Ⅲ区夯土基址发掘简报》，《考古》2015年第1期；研究文章有：张国硕、魏继印：《试论陶寺文化的性质与族属》，《中国古代文明与国家起源学术研讨会论文集》，科学出版社2011年版；田建文：《陶寺古城与尧都平阳》，《无限悠悠远古情——佟柱臣先生纪念文集》，科学出版社2014年版。

［2］李伯谦：《中国古代文明演进的三个阶段》，见李伯谦《文明探源与三代考古论集》，文物出版社2011年版。

［3］苏秉琦：《辽西古文化古城古国——试论当前考古工作重点和大课题》，原载《辽海文物学刊》1986年创刊号。收入苏秉琦《华人·龙的传人·中国人——考古寻根记》一书，辽宁大学出版社1994年版。

［4］郭大顺、张克举：《辽宁省喀左县东山嘴红山文化建筑群址发掘简报》，《文物》1984年第11期；辽宁省文物考古研究所：《辽宁牛河梁红山文化女神庙与积石冢群发掘简报》，《文物》1986年第8期；魏凡：《牛河梁红山文化第三地点积石冢石棺墓》，《辽海文物学刊》1994年第1期；郭大顺：《中华五千年文明的象征——牛河梁红山文化坛庙冢》，辽宁省文物考古研究所编《牛河梁红山文化遗址与玉器精粹》，文物出版社1997年版。

［5］马萧林、李新伟、杨海青：《河南灵宝西坡第五次发掘获重大收获》，《中国文物报》2005年8月26日第1版；马萧林、李新伟、杨海青：《灵宝西坡仰韶文化墓地出土玉器初步研究》，《中原文物》2006年第2期；中国社会科学院考古研究所河南一队等：《河南灵宝市西坡遗址2006年发现的仰韶文化中期大型墓葬》，《考古》2007年第2期；河南省文物考古研究所等：《河南省灵宝市西坡遗址墓地2005年发掘简报》，《考古》2008年第1期。

［6］山东省文物管理处、济南市博物馆：《大汶口》，文物出版社1974年版；山东省文物考古研究所：《大汶口续集——大汶口遗址第二、三次发掘报告》，科学出版社1997年版。

［7］周润恳：《张家港市东山村遗址抢救性考古发掘取得重大收获》，《中国文物报》2010年1月29日；南京博物院等：《江苏张家港市东山村新石器时代遗址》，《考古》2010年第8期。

［8］安徽省文物考古研究所：《凌家滩》，文物出版社2006年版；《安徽含山县凌家滩遗址第五次发掘的新发现》，《考古》2008年第3期。

［9］湖北省文物考古研究所、北京大学考古系、湖北省荆州博物馆：《邓家湾》，文物出

版社 2003 年版。

[10] 苏秉琦：《国家起源与民族文化传统（提纲）》，《华人・龙的传人・中国人——考古寻根记》，辽宁大学出版社 1994 年版。

[11] 浙江省文物考古研究所：《瑶山》，文物出版社 2003 年版；《反山》，文物出版社 2005 年版。

[12] 李伯谦：《关于文明形成的判断标准问题》，原载《中国聚落考古的理论与实践（第一辑）——纪念新砦遗址发掘 30 周年学术研讨会论文集》，科学出版社 2010 年版。

[13] 尹达：《衷心的愿望——为〈史前研究〉的创刊而作》，《尹达史学论著选集》，人民出版社 1989 年版。

[14] 中国社会科学院考古研究所：《殷墟的发现与研究》，科学出版社 1994 年版。

[15] 河南省文物考古研究所：《郑州商城：1953——1985 年考古发掘报告》（上、中、下），文物出版社 2001 年版。

[16] 邹衡：《郑州商城即汤都亳说》，《文物》1989 年第 2 期。

[17] 北京大学考古文博学院、河南省文物考古研究所：《登封王城岗考古发掘与研究》，大象出版社 2007 年版。

（作者系北京大学考古文博学院教授）

陶寺与尧都：中国早期国家的典型

王震中

提要：陶寺遗址时间、空间上与帝尧时代一致，出土龙盘反映了文献中唐尧文化传统中的龙图腾崇拜，考古成果强有力说明，陶寺都邑是阶级社会的都城，体现了中国早期国家——都邑邦国文明发展水平，280 万平方米的陶寺都邑遗址属于帝尧的都城。

一　尧的伟大与文献中的尧文化

《论语·泰伯》："子曰：大哉尧之为君也！巍巍乎！唯天为大，唯尧则之。"则，法也。孔子赞美尧的伟大，说只有天最高大，只有尧能够以天为法则。孔子的这一思想，与《礼记·中庸》说"仲尼祖述尧舜，宪章文武"是一致的。《孟子·滕文公上》说："滕文公为世子，将之楚，过宋而见孟子。孟子道性善，言必称尧舜。"也就是说，孔孟之道是从尧舜讲起的。尧的伟大，文献所见尧文化所达到的高度，理应予以总结。在结合考古发掘谈尧文化之前，在这里，我们首先从文献视角对尧文化的时代特色及其所达到的高度作一个基本的梳理。

1. 尧舜代表早期文明时代：唐虞时代

唐尧虞舜是与夏王朝相区别的一个文明时代。在传统史学中，一般习惯性地把夏、商、周称为"三代"，而且每每夏商周三代连称。但在先秦诸子等文献中，有时也把“虞”或“唐虞”放在三代之前连称。例如，《左传·庄公三十二年》（前662）内史过说：“国之将兴，明神降之，监其德也；将亡，神又降之，观其恶也。故有得神以兴，亦有以亡，虞、夏、商、周，皆有之。”在这里，虞、夏、商、周四代连称。《国语·周语上》祭公谋父说：“昔我先王世后稷，以服事虞、夏。”《韩非子·显学》说：“殷周七百余岁，虞、夏二千余岁。”这两条史料都显示出夏代之前还有虞代。《论衡·正说》还在虞之前明确表示有唐一代，曰：“唐、虞、夏、殷、周者，土地之名。尧以唐侯嗣位，舜从虞地得达，禹由夏而起，汤因殷而兴，武王阶周而伐，皆本所昌之地。重本不忘始，故以为号，若人之有姓矣。说《尚书》谓之有天下之代号。唐、虞、夏、商、周者，功德之名，盛隆之意也。”此外，也有将虞、夏、商、周相并列而统称为“三代”的表述，如《墨子·明鬼下》说：“昔者三代圣王尧、舜、禹、汤、文、武者，足以为法乎”。同书又说：“昔者虞、夏、商、周三代之圣王，其始建国营都，必择国之正坛，置以为宗庙；必择木之修茂者，立以为丛位（社）。”文中将尧舜与夏商周三代并列，而且其虞代是包括尧舜在内的。虞、夏、商、周实为四代而称之为三代，这是因为夏商周三王三代已成为当时人的习惯用语，而包括唐尧在内的虞代与夏代紧密相连，是故只得把唐尧虞舜与夏合并称为一代。

总之，在夏代之前还有被称为“唐虞”或“虞”的一个时代，它至少包括唐尧虞舜，即至少包括一般所说的尧舜时期，这在战国诸子和《左传》《国语》中是明确的。这是一个早期文明的时代，孔子所说的“尧之为君”，说的就是邦国之邦君。墨子说“建国营都”，也是从“尧、舜、禹、汤、文、武”，也即从“虞、夏、商、周”，按顺序叙述的，并说“其始建国营都，必择国之正坛，置以为宗庙；必择木之修茂者，立以为丛位（社）”，这强调了“宗庙”和“社”在国都内的空间方位上所具有的政治宗教意义，是从尧舜即唐虞时代就有的。尧舜所代表的唐虞时代，是进入早期国家社会的早期文明时代。

2. 尧的双重身份：邦国的邦君与族邦联盟的盟主

在文献中，史称夏代之前的尧舜禹时期为“万邦”“万国”。例如，《尚书·尧典》说帝尧能“协和万邦”。《汉书·地理志》说尧舜时期“协和万国”，到周初还有一千八百国。《左传·哀公七年》说：“禹合诸侯于涂山，执玉帛者万国。”《战国策·齐册四》说：“大禹之时，诸侯万国……及汤之时，诸侯三千。当今之世，南面称寡者，乃二十四。”《荀子·富国》篇也说：“古有万国，今有十数焉。”按照先秦文献中邦字国字的含义，“万邦”“万国”当然指的都是国家。例如在《尚书》中周人称商为“大邦殷”（《顾命》）、“殷邦”（《无逸》），周人自称为“周邦”“小邦周”（《大诰》）。金文中周人也常常说到“周邦”（《大克鼎》《逨盘》）。文献中还有把鲁国等国称为“鲁邦”等。这些“邦”指的是国家是不言自明的。当然，夏代之前的这些“万邦”“万国”，是将这一时期所有独立的政治实体都称为“邦”或“国”。它们之中，既有属于早期国家的政治实体，也有只是氏族、部落、酋长制社会（即所谓的“酋邦”，亦即我们所说的“中心聚落形态”）的政治实体。我们当然不能因“万邦”一词的使用即认为当时所有的氏族部落都转化成了国家，然而它也暗示出当时出现的国家绝非一个而为一批，所以，依旧可以称之为邦国林立。这种情形就像甲骨文中的“邑”，它表示某种居住点，其中既有“大邑商”“商邑”这样的王都之邑，也有诸如唐国之都邑的“唐邑”、丙国之都邑的“丙邑”这种侯伯都城之“邑”，还有像“鄙二十邑”这样的边鄙小邑。在这里，我们当然不能因为“邑”中有属于村落的小邑，就否定它也表示着王和侯伯之都邑的事实。至于在尧舜时期，究竟有哪些属于早期国家，哪些属于氏族部落，哪些属于由部落正走向国家的酋长制社会，则需要通过对具体的考古学聚落遗址的考察、分析和论证才能作出判断和确认。

我曾指出，颛顼尧舜禹时期中原地区有两大政治景观：邦国林立和邦国联盟（族邦联盟）。尧舜禹禅让传说，生动地描述了邦国联盟的盟主职位在联盟内转移和交接的情形。此外，古本《竹书纪年》《韩非子·说疑》《孟子·万章上》等文献也有“舜逼尧，禹逼舜”等记述。这种尧舜禹相互争斗的传说，从一个侧面反映了中原地区各个邦国之间势力消长的关系。这种情形与史书用“万邦”“万国”来称呼尧舜禹时期的政治实体也是一致的。

在尧舜禹时期的“万邦”中，由于尚未产生像夏商周三代那样的王朝国家，而只出现众多邦国和部族的联盟，我们称之为“邦国联盟”或“族邦联盟”。以往学术界将这种联盟称为“部落联盟”，是不对的。因为在当时的“万邦”“万国”中已有一批政治实体属于早期国家，从矛盾的性质是由主要矛盾的主要方面决定的来考虑问题，对于这样的联盟当然应该称为“族邦联盟”或“邦国联盟”，而不应该称为“部落联盟”。从《尚书·尧典》看，当时邦国联盟领导权的产生，多以和平推举的方式进行，这就是尧舜禹禅让传说的由来；也许有的时候，盟主的产生需要依靠政治军事实力，这就会出现韩非子、孟子所说的“舜逼尧，禹逼舜”这种事情。尧舜禹禅让传说反映的所谓民主制，说的是邦国与邦国之间的平等关系，并不是某一邦国内部的关系，因而不能用尧舜禹禅让的古史传说来衡量各邦国内部的社会性质。过去用尧舜禹禅让传说来解释各邦国内部的社会性质，似乎是一个误区。

在当时邦国林立与邦国联盟形结合的政治景观中，尧舜禹是双重身份：他们首先是本邦本国的邦君，又都曾担任过耳盟的“盟主”亦即“霸主”。唐尧禅位给虞舜，所传的是联盟的盟主之位，而不是唐国君主的君位。这种盟主即霸主的地位就是夏商周三代时“天下共主”之前身，也就是说，夏商周三代之王的“天下共主”地位，就是由尧舜禹时期族邦联盟的“盟主”或“霸主”转化而来的。[1]

3. 尧在天文历法上的贡献

从文献上看，尧的伟大之一，也即尧文化的又一突出贡献，就是在天文历法方面的成就。《尚书·尧典》说：

（尧）乃命羲和，钦若昊天，历象日月星辰，敬授民时。分命羲仲，宅嵎夷，曰旸谷。寅宾出日，平秩东作。日中，星鸟，以殷仲春。厥民析，鸟兽孳尾。申命羲叔，宅南交，曰明都。平秩南讹，敬致。日永，星火，以正仲夏。厥民因，鸟兽希革。分命和仲，宅西，曰昧谷。寅饯纳日，平秩西成。宵中，星虚，以殷仲秋。厥民夷，鸟兽毛毨。申命和叔，宅朔方，曰幽都，平在朔易。日短，星昴，以正仲冬。厥民隩，鸟兽氄毛。

帝曰：咨！汝羲暨和。期三百有六旬有六日，以闰月定四时，成岁。

《尧典》这段文字是说：尧任命羲氏、和氏按照天上星历现象去认识日月星辰，把观测天象所得的历法知识传授给人民以定农时。并分别任命羲仲居于东方嵎夷之地的日出之处叫旸谷的地方，主持对每天日出的宾礼之祭，然后督促春天的农作活动按程序进行。当白昼和黑夜一样长的日子，傍晚在南方天空正中看到鸟星（朱雀七宿中间的“星”宿），那就凭以确定是仲春（后称春分）节令了。其东方之神名“析”……又任命羲叔居于南方的南交之地，也主持对日的敬致之礼，督促夏天农作活动按程序进行。当白昼最长的日子，傍晚在南方天空正中看到大火之星（青龙七宿中的心宿二），那就凭以确定是仲夏（后称夏至）节令了。其南方之神名“因”……又分别任命和仲居于西方太阳落下之地叫昧谷的地方，主持对落日的礼祭，然后督促秋天农作物收成活动按程序进行。当黑夜和白昼一样长的日子，傍晚在南方天空正中看到虚星（玄武七宿中间的虚宿），那就凭以确定是仲秋（后称秋分）节令了。其西方之神名“夷”……又任命和叔居于北方叫幽都的地方，以观测太阳从南向北运转的情况。当白昼最短的日子，傍晚在南方天空正中看到昴星

(白虎七宿中间的昴宿)，那就凭以确定是仲冬（后称冬至）节令了。其北方之神名“隩”（宛）……帝尧曰：告知你羲与和，一年时间有三百六十六日，你们用设置闰月的方法调整好四季以制定每个年岁吧。[2]

《尧典》这段话的实质是通过对四方和日出、日入和鸟星、大火星、虚星、昴星四中星的观测，来确定春分、夏至、秋分、冬至“四时”(四季)。这段话中，有史实的素地，也有神话成分，应该说是有“实”有“虚”。其中，通过对“日出”“日落”“四时”等进行的观测而制定历法，是“实”的部分；而把这种观测由羲仲、羲叔、和仲、和叔这四人分别居于遥远的四方来进行，则属于“虚”的部分。根据我对河南杞县鹿台岗遗址1号建筑遗迹的研究，这种观象授时的观测，实际上是在一地一个空间进行的。[3]

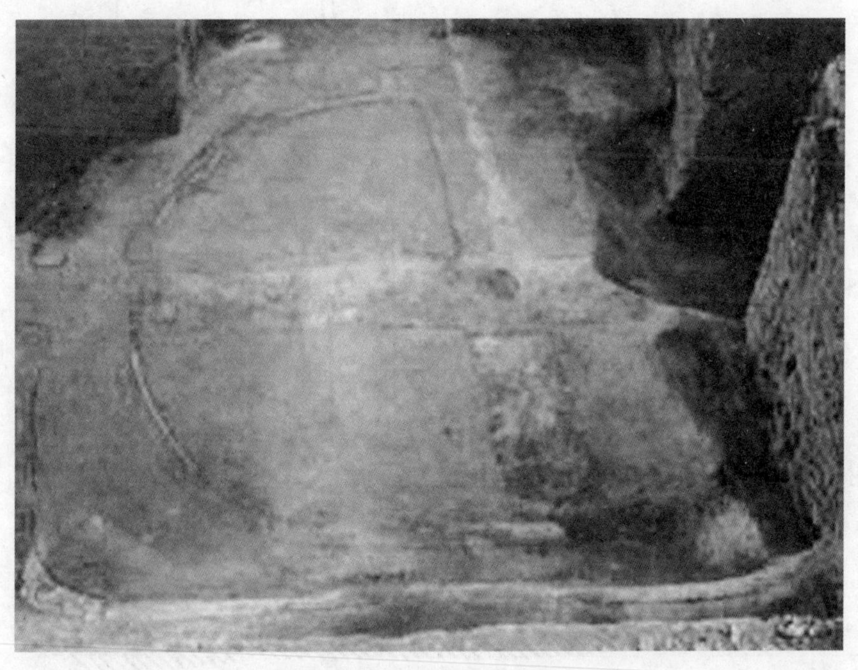

图1　河南杞县鹿台岗1号建筑遗迹（天文建筑遗迹）

（采自郑州大学文博学院等《豫东杞县发掘报告》）

鹿台岗龙山文化 1 号建筑物的形状是内圆外方，象征着天圆地方；最中间十字交叉点是柱子，应该标有刻度，起到圭表的作用；东、西、南、北四方是窗户或门道，是观测天象和日光射入的窗口。可以想象，当日出时，阳光从东面的窗户或孔洞照射进来，照在十字形交叉点的柱子上，柱影将会与十字形的西端直线以及西墙上的“门”相重合；日落时阳光从西面的“门”照射进来，照在十字形交叉点的柱子上，柱影将会与十字形的东端直线以及东墙上的“窗户”或孔洞相重合，这就是《考工记·匠人》所说的“识日出之景与日入之景”，以正东西之方位。在正午时，太阳从南墙之“门”照射进来，照在十字形柱子上，柱影将

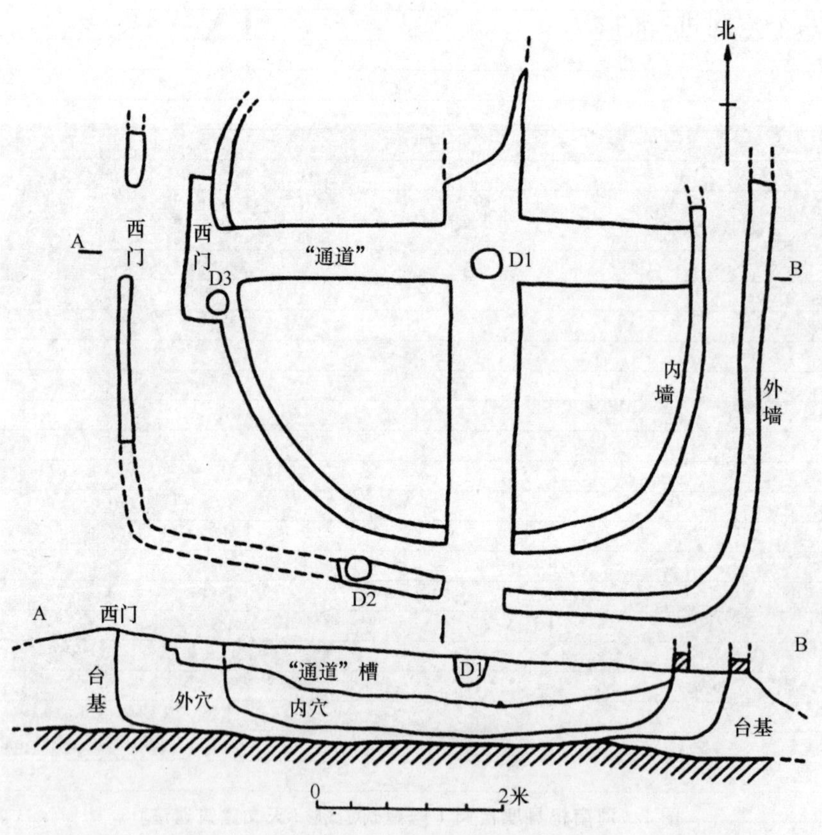

图 2　河南杞县鹿台岗 1 号建筑遗迹（天文建筑遗迹）平、剖面图

（采自郑州大学文博学院等《豫东杞县发掘报告》）

会与十字形的北端直线相重合；在夜间时从北面的“窗户”或孔洞向夜空观看极星，这就是《考工记·匠人》所谓“昼参诸日中之景，夜考之极星”，既可定南北，亦可验证“朝夕”日影所测之方位。

鹿台岗遗址中内圆外方的十字形建筑物在测定东西南北四方方位的同时，也具有观象授时的功能。比如在正午时分，太阳从南墙之“门”照射进来，通过观测日影，便可判定节令，制定历法，从而实现了将四方的观测转化为对“四时”即四季的测定。这也说明《尧典》关于天文历法的记载保留有某些历史史实，可以通过鹿台岗 1 号建筑遗迹上得到解释。[4]其实，陶寺遗址有关天文历法的发现更多，例如，在陶寺 22 号墓（ⅡM22）室内东南角发现一个“漆木圭尺”，在陶寺发现有大型建筑ⅡFJT1 观象台，都反映出这一时期天文历法、观象授时所达到的高度，对此我们后面再述。

4. 文献中有关唐尧的龙图腾崇拜

先秦文献多处记有唐尧文化传统中的龙图腾崇拜。例如，《左传·昭公二十九年》记载春秋时晋国蔡墨说：“有陶唐氏既衰，其后有刘累，学扰龙于豢龙氏，以事孔甲，能饮食之。夏后嘉之，赐氏曰御龙。”《左传·襄公二十四年》《国语·晋语八》都记载陶唐氏的后裔范宣子说：“昔句之祖，自虞以上为陶唐氏，在夏为御龙氏。”由于唐尧与龙有这样的关系，所以在后来的文献中，今本《竹书纪年》说：“帝尧陶唐氏，母曰庆都，生于斗维之野，常有黄云覆其上。及长，观于三河，常有龙随之，一旦龙负图而至，其文要曰：亦（赤）受天佑。眉八采，须发长七尺二寸，面锐上丰下，足履翼宿。既而阴风四合，赤龙感之，孕十四月而生尧于丹陵，其状如图。及长，身长十尺，有圣德，封于唐。”

这种感应生子的始祖诞生神话，来源于图腾崇拜观念。据笔者研究，图腾起源于远古妇女对于自己怀孕生育现象的解释。[5]《潜夫论·五帝志》说：“庆都与龙合婚，生伊尧，代高辛氏，其眉八采，世号唐。”唐尧不但是由龙而生，以龙为族徽，而且据《帝王世纪》：“（尧）

在唐，梦御龙以登天，而有天下。”也就是说，在古人看来，尧能执掌天下（即担任邦国联盟之盟主），还与他在梦中能御龙登天本领有关。

诚然，在远古社会，以龙为图腾，或者说对龙的崇拜，绝不止唐尧一族。例如，《左传·昭公二十九年》说：“共工氏有子曰句龙，为后土。”说的是共工氏中的龙图腾。《左传·昭公十七年》说：“大皞氏以龙纪，故为龙师而龙名。”可见，龙也是大皞氏的重要图腾。夏禹的图腾也是龙。夏禹之“禹”字的构形即为蛇形之龙。在青铜器铭文中，《遂公盨》《禹鼎》《秦公簋》诸器，禹字写作都是从虫、从九的象形兼会意字，表现出禹的龙图腾是蛇形之龙。这与《列子·黄帝篇》所说的“夏后氏蛇身人面”，是一个意思。再如，《国语·郑语》说：“夏之衰也，褒人之神化为二龙，以同于王庭。而言曰：余褒之二君也。”褒为姒姓，乃夏禹之后，褒氏是夏的同姓族邦中“用国为姓”者之一。姒姓褒国两位先君“化为二龙”的神话，显然出自夏族以龙为图腾的传说。[6]有许多部族都崇拜龙，这是上古中国文化的特色之一，这与唐尧部族也崇拜龙是并行不悖的，这也说明从文明的源头起，唐尧文化就是中国传统文化的重要组成部分。

二　唐尧的迁徙与尧都平阳

关于唐尧的居地，至少有五说：

（一）有人依据《汉书·地理志》等文献而主张陶唐氏的居邑在今河北唐县一带。例如，《汉书·地理志》中山国唐县条下，班固自注：“尧山在南”。颜师古注引：“应劭曰：‘故尧国也，唐水在西。’”《后汉书·郡国志二》唐县条下注引《帝王世纪》也同此说，《水经注·滱水注》《读史方舆纪要》卷十二唐城条亦有这样的说法。

（二）有人依据《毛诗·唐谱》等文献而主张尧居于晋中太原。如《毛诗·唐谱》说：“唐者，帝尧之旧都，今日太原晋阳，是尧始居此地，后乃迁河东平阳。”《汉书·地理志》太原郡晋阳条班固自注及《水经·晋水注》都遵此说。

（三）有人主张尧居平阳，范围在今晋南临汾与翼城一带。如顾炎武《日知录》卷三十一辩驳晋国都城在太原晋阳的说法时，主张唐叔始封迄侯缗之灭，并在翼城。

（四）有的认为尧居“鄂”。《史记·晋世家》“唐叔虞”，《集解》引《世本》曰“居鄂”。《正义》引《括地志》云：“故鄂城在慈州昌宁县东二里。”昌宁在今乡宁县西四十里，地在汾河之西。

（五）有人认为唐尧在“永安”。《汉书·地理志》注引臣瓒曰：“所谓唐，今河东永安县是也。”永安县即今霍县。

以上关于尧居地的五种说法，最主要的是前三种。对于上述这些说法及其相互之间的关系，笔者以为唐尧最初居于今河北唐县一带，然后自北向南迁移，中途经过晋中太原，最后定都于临汾盆地的平阳。[7]

唐尧为祁姓，既见于《世本》，也载于《左传》。《左传·襄公二十一年》说栾桓子娶于范宣子之女曰“祁栾”，即是明证。又据《史记·赵世家》：赵简子疾，五日不省人事，“与百神游于钧天”，帝命其所射中的熊和罴正是晋国范氏与中行氏的祖先。而范氏又曾自谓陶唐之后，见于《左传·襄公二十四年》《左传·昭公二十九年》及《国语·晋语》等先秦典籍。

陶唐氏的祁姓，乃黄帝族二十五宗、十二姓之一。《国语·晋语》说：“黄帝之子二十五宗，其得姓者十四人，为十二姓：姬、酉、祁、已、滕、箴、任、荀、僖、姞、儇、依是也。”由此可以说，陶唐氏属于黄帝部族集团的分支之一。陶唐氏最初活动于今河北唐县一带，是与黄帝族中的一支一度活动于燕山南北相联系的。《山海经·大荒西经》谈道：“黄帝之孙曰始均，始均生北狄。”《大荒北经》说：“黄帝生苗龙，苗龙生融吾，融吾生弄明，弄明生白犬，白犬有牝牡，是为犬戎。”所以《逸周书·尝麦》《史记·五帝本纪》等书所说的黄帝教熊、罴、貔、貅、豹、虎，与炎帝战于阪泉之野，与蚩尤战于涿鹿之野，就应该是黄帝族中有熊氏从北向南发展时在今河北涿鹿县一带发生的战争。也正因为如此，田昌五先生提出黄帝族、陶唐氏等都可以归入古戎狄之列。[8]

关于尧都平阳，《左传·哀公六年》引《夏书》曰："惟彼陶唐，帅彼天常，有此冀方。"冀方即冀州，杜预注："唐虞及夏同都冀州。"《尔雅·释地》说："两河间曰冀州。"郭璞注："自河东至河西。"《史记·货殖列传》说："昔唐人都河东。"《汉书·地理志》也说："河东土地平易，有盐铁之饶，本唐尧所居，《诗风》唐、魏之国。"上述所谓"冀州""河东"的范围主要在今山西境内。依据其他文献，唐尧所居之地还可以具体到冀州、河东范围内汾河流域的"平阳"。如《庄子·逍遥游》说："尧治天下之民，平海内之政，往见四子藐姑射之山、汾水之阳。"《汉书·地理志》河东郡平阳条下引应劭曰："尧都也，在平河之阳。"《毛诗·唐谱》及《帝王世纪》亦曰："尧都平阳，于《诗》为唐国。"汾河之东的平阳在今山西临汾市西南，与襄汾县相邻。

特别值得一提的是，帝尧陶唐氏最后所居之唐地也就是西周初年晋国的始封地。《左传·昭公元年》与定公四年说成王封弟唐叔虞于夏墟，也即故唐国。《史记·晋世家》记载此事时说："封叔虞于唐。唐在河、汾之东，方百里，故曰唐叔虞。"因而只要搞清楚晋国始封地在何处，陶唐氏所居之唐地的问题也就迎刃而解。

自20世纪50年代以来，我国考古学工作者对晋中太原市及其附近地区和晋南地区进行过多次考古学调查或发掘[9]，其中80年代，北京大学考古系在今山西省翼城、曲沃交界的天马—曲村遗址一带做了大规模的发掘，发现了极其丰富的周初遗存，邹衡先生认为这一带"很有可能就是《晋世家》所谓'方百里'的晋始封之地"[10]。1992年，北京大学考古系和山西省考古研究所联合对位于曲沃北赵的晋侯墓地进行发掘，发掘出从西周早期至两周之际的晋侯及其夫人墓葬9组19座。发掘者认为，天马—曲村遗址和晋侯墓地的发现证明，今曲沃至翼城一带很可能就是晋国的始封地。[11]这样，应该说晋国始封地问题有望得到解决。当然，之所以说是有希望解决，是因为位于曲沃与翼城之间的天马—曲村遗址北赵晋侯墓地发现的9组19座大墓，有些学者判断，墓主是从晋国第二代国君晋侯燮父到第十位国君晋文侯9位前后相继的晋侯及其夫人，也有些学者判断是从第三代国君晋武侯到晋文侯前后相继的晋侯及其夫人，也就是说，在这些晋侯墓中至少缺失第一代国君唐叔虞的墓，或者还缺失第二代国君晋侯燮父之墓。因缺少晋国第一、二代国君之墓，故而还不能说晋国始封地的问题已完全解决。此外，2007年公布了一件（觉）公簋，铭文作："公作妻姚簋，遘于王命唐伯侯于晋，唯王廿又八祀。"有学者认为，"王命唐伯侯于晋"可以说明两点：第一，晋国得名并不是燮父因晋水而名之，燮父迁晋之前已有晋地；第二，燮父所居晋国都邑"晋"并不在唐叔初封之"唐"地，而是新迁之都。[12]综合上述，可以推测，唐叔虞的墓地和晋国的始封地即使不在曲沃、翼城一带，也当在临汾至翼城的范围内，而不会远在太原。总之，晋国始封地问题有望解决，有助于叔虞封唐的地望亦即唐尧都邑所在地的确定，从而使得尧都"平阳说"通过天马—曲村遗址的考古发掘而获得部分支持。

三　陶寺与尧都

有了上述文献学的分析，我们对照山西襄汾陶寺遗址的考古发现，就更有条件讨论陶寺与尧都和唐尧文化的关系问题。

在陶寺遗址的族属问题上，自1978年陶寺遗址发掘以来，学术界有关陶寺遗址的族属问题多有讨论，有主张"唐尧说"[13]"尧舜说"[14]"有虞氏说"[15]，也有主张"夏族说"[16]。随着研究的深入，特别是"夏商周断代工程"对夏代年代框架的推定，主张陶寺遗址为夏文化者有的已放弃这一观点，而认为将陶寺文化的早中期的“族属推断为陶唐氏更为合理”，只是“陶寺晚期遗存同夏文化的关系，仍值得进一步思考”[17]。

对于陶寺遗址来说，陶寺遗址被划分为早、中、晚三期，前后相跨年代有三四百年之久。陶寺遗址到了晚期，不但已由都城沦为普通村邑，而且其社会发生了明显的变异：其城垣被废弃，宫殿和具有观象授时功能的大型建筑被毁坏，陶寺中期小城内的贵族墓葬在陶寺晚期遭到了全面的捣毁和扬尸，在一晚期灰沟（ⅠHG8）出土有30余个人头骨，分布杂乱，上面多有砍斫痕，其暴力色彩十分明显。[18]所以，作为都邑的陶寺遗址主要指的是其早期和中期。而目前主张陶寺是唐尧之都或尧舜之都者，也是指陶寺早期和中期遗址。陶寺晚期的碳十四测年为公元前2000—前1900年，已进入夏初纪年范围。我们在这里谈论陶寺与尧都关系，主要针对的是陶寺早期和中期遗址。

1. 时空上的吻合

讨论某一考古学文化的族属关系，最基本的出发点是其时空关系。在空间上，即在地望上，前文已从文献以及山西省翼城、曲沃交界的天马—曲村的晋侯墓地，论述了唐尧最后定都于平阳。文献上的尧都平阳与陶寺遗址所在的地域是一致的。

在时代上，尧舜所处的时代是夏代之前、紧接夏代的一个时代。从文献推算，夏代开始的年代约是在公元前2043年或公元前2024年左右（若取其整数约为公元前2040年或公元前2020年），这样尧舜禹时代就应在公元前2040年之前的一二百年或二三百年的范围内。在这里，夏代开始的年代约为公元前2043年或公元前2020年左右是如何算出来的？

第一种算法是从《夏商周断代工程1996—2000年阶段成果报告》（简本）有关武王克商在公元前1046年向前推算。古本《竹书纪年》记载：“汤灭夏，以至于受，二十九王，用岁四百九十六年。”29王之数与《史记·殷本纪》商代30王之数不合，为此有学者认为“汤灭夏以至于受”可能是指从汤至帝即位，“二十九王”不包括未立而卒的大丁和帝辛。《夏商周断代工程1996—2000年阶段成果报告》（简本）据晚商祀谱的排比，认为帝辛在位30年，如是，则商积年为：496+30，帝辛在位年数共计526年。526年与《孟子》所说的“由汤至于文王，五百有余岁”是一致的。这样，从《夏商周断代工程1996—2000年阶段成果报告》（简本）公布的武王克商在公元前1046年上推526年，则成汤灭夏（即夏商分界线）在公元前1572年。而夏代有471年的历史。如《太平御览》卷八二引《竹书纪年》：“自禹至桀十七世，有王与无王，用岁四百七十一年。”公元前1572年加上471年为公元前2043年，这样，夏代开始的年代约为公元前2043年。

第二种算法是从公元前770年平王东迁向前推算。古本《竹书纪年》记载：“自武王灭殷以至幽王，凡二百五十七年。”以此从公元前770年平王东迁上推257年，则武王克商在公元前1027年。1027年加上商代526年的积年，则成汤灭夏（即夏商分界线）在公元前1553年。1553年加上夏代471年，则夏代开始的年代约为公元前2024年。

如前所述，陶寺遗址被分为早、中、晚三期，作为都邑的时间是在其早期和中期。陶寺遗址早期至中期经碳十四测定的年代大致为公元前2300—前2000年或公元前2400—前2100年，这一数据大体与尧舜时的年代范围是一致的。所以，陶寺遗址早期、中期的年代范围与尧舜时代大体是吻合的。

之所以说大体吻合，是因为尧舜禹这些传说人物的人名，每每与族名、地名或图腾名是同一的，因而尧舜禹就有可能成为一个沿袭性称号，也就是说，作为一个酋长或邦君，其寿命是有限的，而作为一个氏族部落或部族其前后存在的时间是很长的，这样，从尧到舜再到禹，究竟是几十年、一两百年，还是两三百年，一时还很难说得清楚。为此，笔者认为，陶寺遗址早期至中期经碳十四测定的年代约为公元前2300—前2000年或公元前2400—前2100年这样的数据，与尧舜时代只是大体吻合。

2. 龙崇拜的吻合

前面我们对文献所讲的唐尧文化传统中的龙图腾崇拜做了梳理。在陶寺的考古发现中，陶寺几座顶级大墓出土有彩绘龙盘，显示出鲜明的龙崇拜。

陶寺遗址早年发现的顶级大墓共有6座，有2座大墓被盗，没有出土龙盘；其余4座大墓每座墓出土1件龙盘，共出土4件龙盘。被盗的那两座大墓，不排除原来也随葬有龙盘。目前公布的2件彩绘龙盘，一件出自M3072号墓（图3），一件出自M3012号墓（图4）。两个龙盘中的龙都呈盘旋状，其主体是蛇蟒，虽然M3072盘龙的头部有犄角，呈现为蛇兽的结合，但就其主要特征而言，可以称之为蛇龙或蛇蟒之龙。对于龙的分类，笔者曾以有无龙爪而分为两大类：有足（爪）之龙与无足（爪）之龙。[19]陶寺大墓随葬龙盘的龙属于无爪之龙，也即蛇龙。

图3 陶寺M3072号墓出土的彩绘龙盘

（采自中国社会科学院考古研究所《中国考古学·新石器时代卷》）

图4　陶寺 M3012 号墓出土的彩绘龙盘

（采自中国社会科学院考古研究所《考古中华》）

在陶寺大墓中随葬的彩绘陶器，每每被视为陶礼器。彩绘龙盘也应该是其重要礼器之一。不仅如此，如果我们把陶寺墓地的顶级大墓视为邦国国君（邦君）之墓的话，那么，邦君墓随葬龙盘，不但意味着君权中含有神权，也意味着君权中含有族权，因为图腾转型的表现形式之一就是转变为族的保护神和族徽。邦君墓随葬龙盘，既表现出君权神授，亦表现出君权与族权的结合。显然，在证明陶寺与尧都的关系上，陶寺的龙盘是一个强有力的显证。

3. 陶寺观象台遗迹与尧天文历法成就上的吻合

如前所述，《尚书·尧典》记载了尧时天文历法上的巨大成就。陶寺遗址发掘出的大型建筑ⅡFJT1 基址，据研究，是一个观象台遗迹。ⅡFJT1基址的结构十分奇特，主要由大半圆形的三层夯土台基、第三层台基上的半环形夯土列柱和柱缝、作为观测点的夯土基础等组成。经研究和实地模拟观测实验，发掘者认为第三层台基上的半环形夯土列柱是用于构建观测缝，而观测缝的主要功能之一是观日出定节气[20]，站在台基芯上的观测点部位，可于5月20日经东11号缝、6月21日经东12号缝、7月23日经东11号缝迎接日出；站在该夯土遗迹东部边缘，可透过D1柱与E2之间1.8米宽的空当迎接12月22日（冬至）至4月26日、6月21日、8月14日至12月22日的日出[21]，这样，从冬至、春分、秋分，到夏至都可观察得到。因此，这一基址被认为是具有天文观测功能和祭祀功能的特殊建筑物，被发掘者称为观象台。

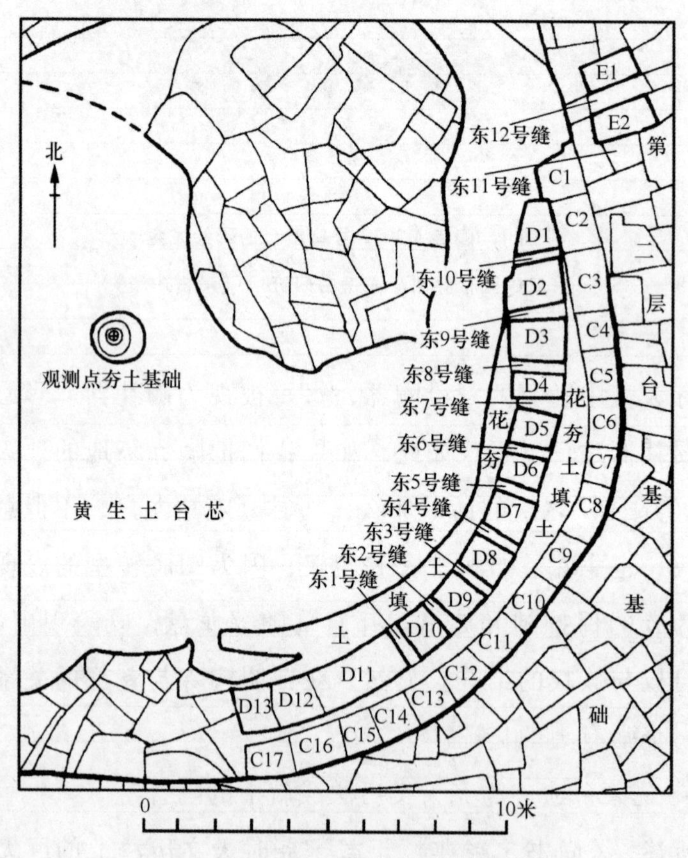

图5　陶寺遗址天文建筑遗迹ⅡFJT1

（采自《考古》2007年第4期）

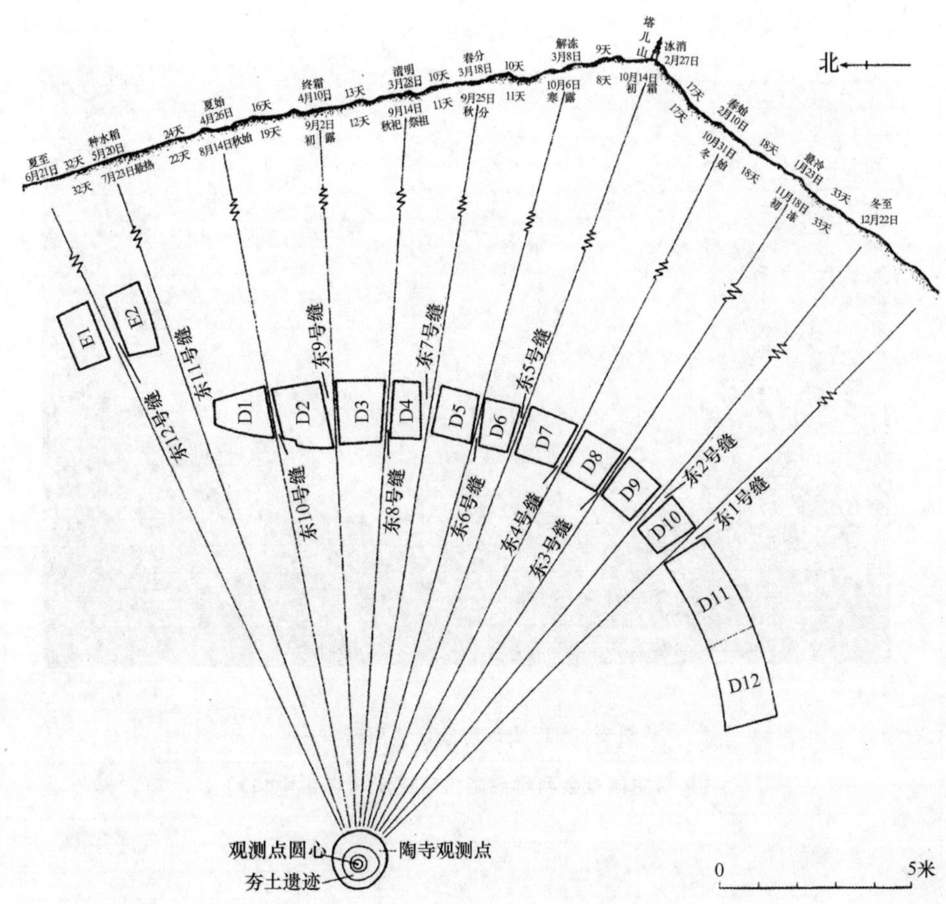

注：观测点至崇山距离为示意。E1、E2、D1—D11为夯土柱基础。

图6　陶寺遗址观象台复原观测系统平面示意图

（采自中国社会科学院考古研究所《考古中华》）

在陶寺，不但发现观象台建筑物，也出土了一件“漆木圭尺”。这是在陶寺22号墓（ⅡM22）室内东南角发现的，残长171.8厘米，复原长180厘米。通身漆彩绘绿黑相间的色段刻度，第1—11号色段总长39.9厘米，约40厘米，合1.6尺，发掘者认为此长度乃《周髀算经》记载的“地中”夏至影长。圭尺“中”与立杆（表）组合使用，正午时分测日影，以判定节令，制定历法。[22]

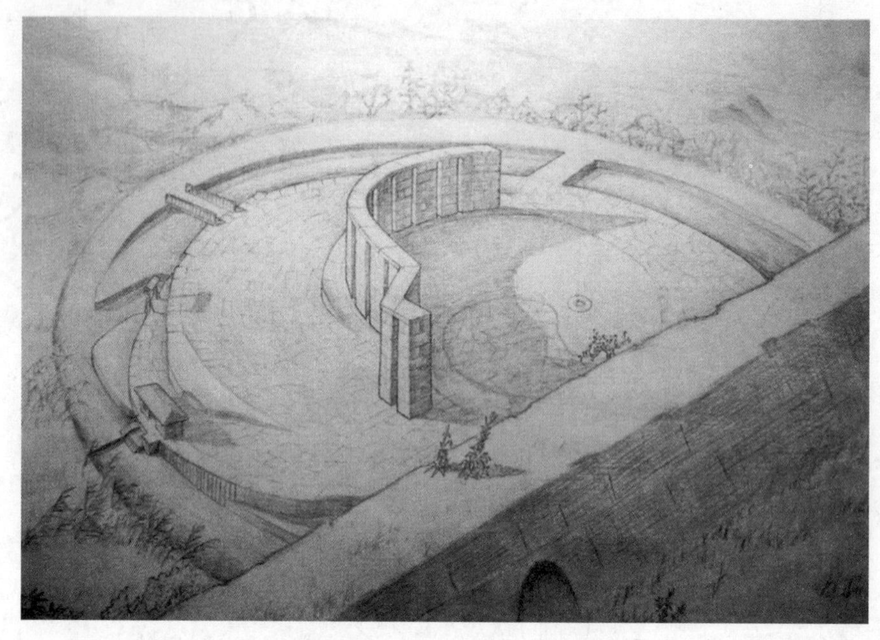

图 7　陶寺遗址观象台复原示意图

（采自中国社会科学院考古研究所《考古中华》）

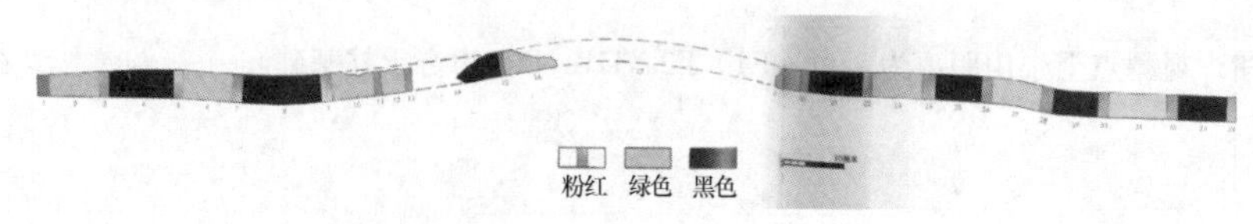

图 8　陶寺ⅡM22 出土漆木圭尺

（采自中国社会科学院考古研究所《考古中华》）

陶寺遗址中的观象台和圭尺的发现，表明都邑内天文历法已有两套不同测定方法，具有较高水平。推测当时的天文观察者既可能站在观象台的观测点上，透过观测逢中线观测对面塔尔山脊日出来判定节令，制定太阳历；还可能通过圭表测定日影，以判定节令，或者是将二者相互验证，配合使用。陶寺遗址作为都邑的年代约为公元前2400—前2100年或公元前2300—前2000年[23]，大致与夏代之前的尧舜禹时期相当，因此陶寺都邑观象台和圭尺的发现，表明《尚书·尧典》说尧时“历象日月星辰，敬授人时”是有事实依据的。而陶寺发现的“漆木圭尺”是22号墓的随葬品，22号墓是陶寺中期的一座大型墓葬，属于统治阶级上层乃至邦国君主的墓葬，这说明对历法的颁布，如周代的“告朔”，在陶寺都邑应该是掌握在最高统治者手中的，这也是当时邦国中君权的一部分。

4. 文明发展高度上的吻合

陶寺修筑有城墙，都城的规模庞大，城址面积达280万平方米。在陶寺城内建有宫殿、宫城[24]、观象台，还有阶级分化非常明显的墓葬。在城区的区划上，有宫殿区（宫城）、贵族居住区、普通居住区、仓储区、手工业作坊区、天文建筑和祭祀区等不同功能区域的区分，反映出社会复杂化程度已经很高。大规模筑城和大型宫殿的修建，同时伴有严重的社会不平等，说明陶寺城邑内的社会权力，既具有公众性，也具有某种程度的集中性和强制性。陶寺城邑还展现出制陶、制玉、铜器冶炼等手工业技术水平和分工，也可以看到文字的使用。这些以及墓地墓葬所反映的金字塔式的阶级结构和观象授时的天文历法的发展水平，都强有力地说明陶寺城邑是阶级社会的都城，它体现了中国早期国家——都邑邦国的文明发展水平。

作为邦国——早期国家的陶寺，并非仅仅局限于都城及其郊野的所谓“城市国家”[25]。根据考古学调查，以陶寺都邑为中心，在1750平方千米的范围内有54个规模大小不等的陶寺文化聚落遗址[26]，也就是说，陶寺邦国有自己的领土范围。所以，用所谓“城市国家—领土国家”来划分中国先秦时期的国家形态，是难以解释先秦时期国家形态发展变化的。但是，这些拥有大小不等领土范围的一个个国家又都是以都城为标志为代表的，这就形成了中国古代有国就有城，建城乃立国的标志。因此，笔者称之为“都邑国家”或“都邑邦国”。[27]考古发现还表明，这样的都邑邦国在国家的起源阶段就并非少数，例如在黄河、长江流域目前发现史前城址有六七十座，排除其中有一些尚属于中心聚落形态之外，有相当多的也是早期国家的都城，从而构成了邦国林立的格局。考古发现距今5000—4000年前的龙山时代[28]邦国林立现象与史称尧舜禹时代为“万国”，显然是可以对应起来的。而陶寺都城所达到早期文明和早期国家高度，也使得陶寺的邦君足以担当族邦联盟的盟主。因此，陶寺国家文明所达到的高度与帝尧文化也是吻合的。

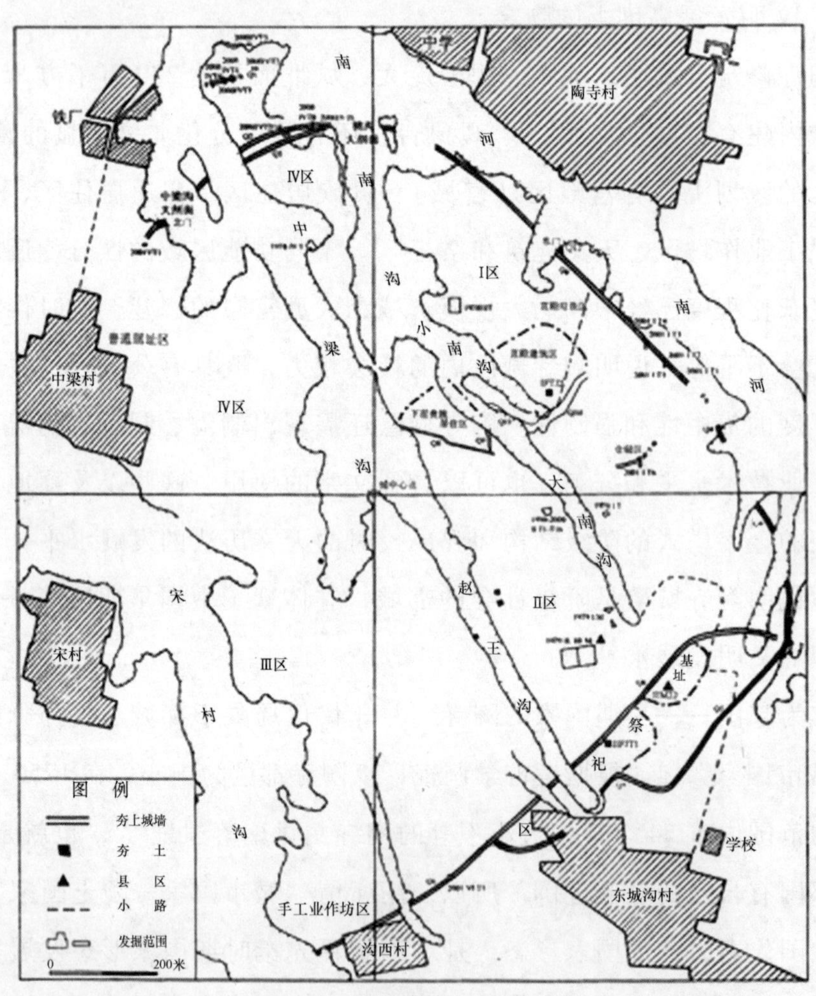

图9　山西襄汾陶寺城邑平面图

（采自中国社会科学院考古研究所《考古中华》）

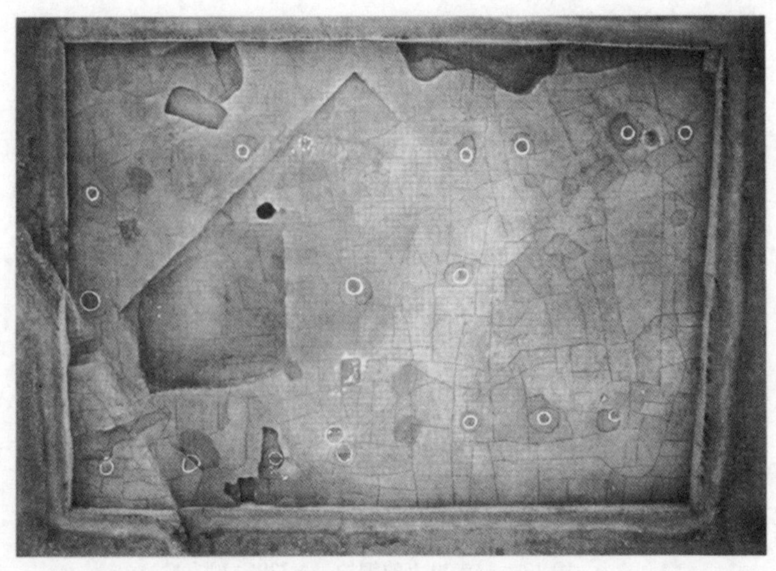

图 10　陶寺遗址宫殿基址ⅠFJT3 主殿

（采自《考古》2008 年第 3 期）

图 11　陶寺宫殿区出土的铜容器口沿残片

（采自《考古》2008 年第 3 期）

图 12　陶寺出土的铜铃（M3296：1）

（采自中国社会科学院考古研究所《中国考古学・新石器时代卷》）

图 13　陶寺中期大墓 M22

（采自《考古》2003 年第 9 期）

图 14 镶嵌在玉璧内的齿轮形铜器（M11）

（采自中国社会科学院考古研究所《考古中华》）

图 15 陶寺 M11 出土的齿轮形铜器，镶嵌在玉璧内，再套在右臂下葬，象征“股肱之臣”

（采自中国社会科学院考古研究所《中国考古学·新石器时代卷》）

图 16　陶寺 M22 出土彩绘陶簋

（采自《考古》2003 年第 9 期）

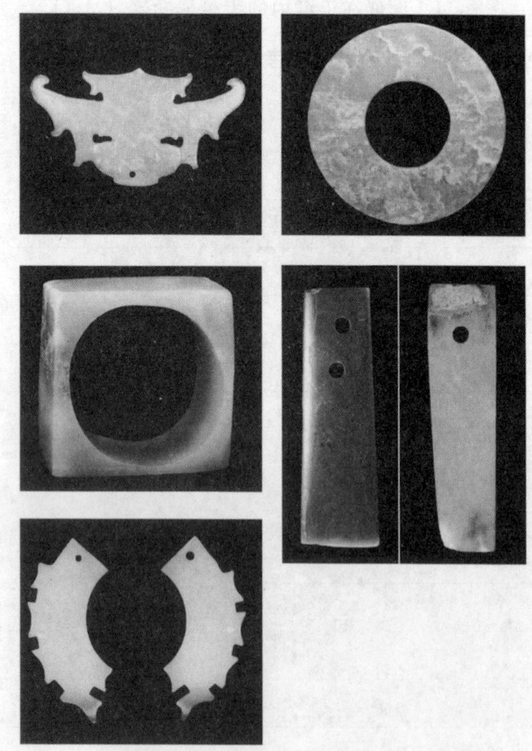

图 17　陶寺 M22 出土玉器

（采自《考古》2003 年第 9 期）

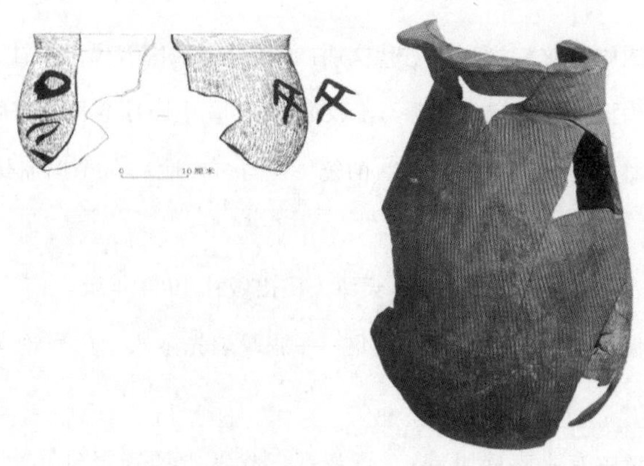

图 18　陶寺遗址出土朱书文字（JSH3403：1）
（采自中国社会科学院考古研究所《考古中华》）

以上我们从诸多方面推定：面积达 280 万平方米的陶寺都邑遗址属于帝尧的都城。这样，我们对陶寺遗址都邑性质的分析，也就适用于帝尧陶唐氏；陶寺文化与文献中的尧文化可以相互补充，相互阐发。目前，有条件将考古与历史有机地结合在一起的遗址，陶寺是不可多得的一例。通过这种结合，可以在考古学上对尧、舜、禹时代的社会发展阶段作一个很好的说明，从而改写过去认为尧舜禹时代属于原始社会部落联盟阶段的史观，重建中国的上古史。

注释

［1］王树民：《五帝时代的历史探秘》，《河北学刊》2003 年第 1 期。

［2］《尧典》的这段译文，是在顾颉刚、刘起釪《尚书校释译论》第一册（中华书局 2005 年版）“今译”的基础上，又参考了该书“校释”中有关甲骨文和《山海经》的四方神名和四方风名的注释。

［3］王震中：《三皇五帝传说与中国上古史研究》，《中国社会科学院历史所学刊》第七集，商务印书馆 2011 年版。

[4] 王震中:《三皇五帝传说与中国上古史研究》,《中国社会科学院历史所学刊》第七集,商务印书馆 2011 年版。王震中:《中国古代国家的起源与王权的形成》,中国社会科学出版社 2013 年版。

[5] 王震中:《图腾与龙》,《中国古代文明的探索》,云南人民出版社 2005 年版。

[6] 王震中:《中国古代国家的起源与王权的形成》,中国社会科学出版社 2013 年版。

[7] 王震中:《略论"中原龙山文化"的统一性与多样性》,《中国原始文化论文集》,文物出版社 1989 年版。

[8] 田昌五:《古代社会形态研究》,天津人民出版社 1980 年版。

[9] 邹衡:《晋国始封地考略》,《尽心集——张政烺先生八十庆寿论文集》,中国社会科学出版社 1996 年版。

[10] 北京大学考古专业商周组等:《晋豫鄂三省考古调查报告》,《文物》1982 年第 7 期。

[11] 北京大学考古系等:《1992 年春天天马—曲村遗址墓葬发掘报告》,《文物》1993 年第 3 期;《曲沃曲村发掘晋侯墓地》,《中国文物报》1993 年 1 月 10 日第一版;北京大学考古系等:《天马—曲村遗址北赵晋侯墓地第二次发掘》,邹衡:《论早期晋都》,均载《文物》1994 年第 1 期;《天马—曲村遗址北赵晋侯墓地第五次发掘》,《文物》1995 年第 7 期;《天马—曲村遗址北赵晋侯墓地第六次发掘》,《文物》2001 年第 8 期;李伯谦:《天马—曲村遗址发掘与晋国始封地的推定》,北京大学考古系编《"迎接二十一世纪的中国考古学"国际学术讨论会论文集》,科学出版社 1998 年版;李伯谦:《晋侯墓地发掘与研究》,《晋侯墓地出土青铜器国际学术研讨会论文集》,上海书画出版社 2002 年版。

[12] 朱凤瀚:《公簋与唐伯侯于晋》,《考古》2007 年第 3 期。

[13] 王文清:《陶寺文化可能是陶唐氏文化遗存》,田昌五主编《华夏文明》第一集,北京大学出版社 1987 年版;王震中:《略论"中原龙山文化"的统一性与多样性》,田昌五、石兴邦主编《中国原始文化论集》,文物出版社 1989 年版,收入王震中《中国古代文明的探索》,云南人民出版社 2005 年版;俞伟超:《陶寺遗存的族属》,俞伟超《古史的考古学探索》,文物出版社 2002 年版。解希恭、陶富海:《尧文化五题》,《临汾日报》2004 年 12 月 9 日;卫斯:《关于"尧都平阳"历史地望的再探讨》,《中国历史地理论丛》2005 年第 1 期;卫斯:《"陶寺遗址"与"尧都平阳"的考古学观察——关于中国古代文明起源问题的探讨》,解希恭主编《襄汾陶寺遗址研究》,科学出版社 2007 年版。

[14] 李民:《尧舜时代与陶寺遗址》,《史前研究》1985 年第 4 期;王克林:《陶寺文化与唐尧、虞舜——论华夏文明的起源》,《文物世界》2001 年第 1、2 期;张国硕、魏继印:

《试论陶寺文化的性质与族属》，《中国古代文明与国家起源学术研讨会论文集》，科学出版社2011年版。

[15] 许宏、安也致：《陶寺类型为有虞氏遗存论》，《考古与文物》1991年第6期。

[16] 高炜、高天麟、张岱海：《关于陶寺墓地的几个问题》，《考古》1983年第6期；黄石林：《再论夏文化问题——关于陶寺龙山文化的探讨》，《华夏文明》第一集，北京大学出版社1987年版。

[17] 高炜：《关于陶寺遗存族属的再思考——〈手铲释天书〉编者访谈录节录》，原载张立东、任飞编《手铲释天书——与夏文化探索者的对话》，大象出版社2001年版，第331—338页，后收入解希恭主编《襄汾陶寺遗址研究》，科学出版社2007年版。

[18] 中国社会科学院考古研究所山西队等：《山西襄汾陶寺城址2002年发掘报告》，《考古学报》2005年第3期。

[19] 王震中：《龍の原型》，（日本）《大东文化大学汉学会志》47号，2008年3月；王震中：《濮阳龙与龙之原型》，《2007濮阳“龙文化与和谐社会”学术讨论会论文集》，中州古籍出版社2009年版。

[20] 山西省考古研究所、临汾市文物局：《山西襄汾县陶寺城址祭祀区大型建筑基址2003年发掘简报》，《考古》2004年第7期。

[21] 中国社会科学院考古研究所山西队等：《山西襄汾县陶寺中期城址大型建筑ⅡFJT1基址2004—2005年发掘简报》，《考古》2007年第4期。

[22] 中国社会科学院考古研究所：《考古中华》，科学出版社2010年版。

[23] 因有的学者主张陶寺的年代为公元前2300—前1900年，这样陶寺遗址的早期和中期即为公元前2300—前2000年。

[24] 是中国社会科学院考古研究所陶寺工作队最新发现，资料来源于陶寺考古工作队。

[25] 20世纪50年代，日本学术界的宫崎市定、贝家茂树提出中国古代国家经历了“氏族制度—城市国家—领土国家—大帝国”这样一个演进模式（宫崎市定：《中国上代は立封建制か都市国家か》《史林》32卷2号，1950年；贝家茂树：《孔子》，岩波书店1951年版；贝家茂树：《中国の古代国家》，弘文堂1952年版，第38—53页），认为商周春秋社会是“城市国家”，战国是“领土国家”。在日本学术界影响很大。伊藤道治教授不赞成这一观点，指出夏商周三代国家与战国时的国家的主要区别不在于是否有“领土”，而在于对领土内的民众的支配和统治的方式不同（伊藤道治：《中国社会的成立》，日本讲谈社，1977年）。笔者认为伊藤先生的观点是符合历史实际的。

[26] 何驽：《2010年陶寺遗址群聚落形态考古实践与理论收获》，《中国社会科学院古代

文明研究中心通讯》第21期，2011年1月。

［27］王震中：《中国文明起源的比较研究》（增订本），中国社会科学出版社2013年版；王震中：《中国古代国家的起源与王权的形成》，中国社会科学出版社2013年版。

［28］笔者把“龙山时代”分为广义的龙山时代与狭义的龙山时代。前者包括庙底沟二期文化在内，年代约为距今5000—4000年。后者是以山东龙山文化的年代范围为限，年代约为距今4600—4000年。在不做出特别的说明时，笔者使用的龙山时代的概念是广义的龙山时代。

（作者系中国社会科学院学部委员、历史研究所副所长）

陶寺考古：尧舜“中国”之都探微

何驽

提要：陶寺中期王墓出土圭尺，其地中刻度，从物证的角度说明最初“中国”的含义是地中之都，中土之国。陶寺是最初的“中国”。陶寺是“尧舜之都”。中国最早的国家社会不是夏朝，而是“帝尧邦国”，甚至更早。

一　破题的技术路线

中国历史上有两大至关重要的历史疑案，一个是，“中国”何始？另一个是，尧都何在？或者说尧舜禹真实存在吗？这两个疑案，迄今为止仍是中国人挥之不去的隐忧，更是中国历史学家和考古学家无法回避的难题。

疑案的破解总要首先找到关键的突破口，盲人摸象式的无的放矢，恐永难有破解之日。众所周知，“中国”一词随着时代的变化，其内涵也是不断变化的。而“中国”最初的本义应当是最初始、最直截了当，甚至是有些“顾名思义”的含义，而不是后来引申的、曲折的含义。如果顾名思义地追溯本初“中国”概念，其核心内涵就应当由“中”与“国”两个概念构成。如此说来，本初“中国”破题显而易见取决于两个事物证据的出现：一是地中观念的出现，二是国家社会形态的出现。[1]

一个国家社会由其都城作为集中体现。所以探索一个社会是否是早期国家，首先从其政治中心、经济中心、军事中心、宗教中心——都城入手。都城考古判定都城遗址标准有城墙、宫殿区（宫城）、大型宗教礼制建筑（天坛、观象台、地坛）、王陵区（王族墓地）、工官管理手工业作坊区、政府掌控的大型仓储区（相当于国库）和普通居民区。[2]现有的考古资料，将临汾地区发现龙山时代晚期超大型遗址——陶寺引入了我们的视野。苏秉琦先生曾经指出："史书记载，夏以前的尧舜禹，活动中心在晋南一带，'中国'一词的出现也正在此时，尧舜时代万邦林立，各邦的'诉讼'、'朝贺'，由四面八方'之中国'，出现了最初的'中国'概念，这还只是承认万邦中有一个不十分确定的中心，这时的'中国'概念也可以说是'共识的中国'……"[3]他还说："从中原区系的酉瓶和河曲地区的三袋足斝的又一次南北不同文化传统共同体的结合所留下的中国文字初创时期的物证，到陶寺遗址所具有的从燕山北侧到长江以南广大地域的综合体性质，表现出晋南是'帝王所都曰中，故曰中国'的地位……"[4]

在苏秉琦先生的远见指引下，我们对陶寺遗址进行都城考古研究，以探索其都城功能和早期国家社会性质，就是考古寻找上述都城功能区划的证据。

此外，以陶寺城址为中心的区域调查，对陶寺文化遗址群宏观聚落形态分析得到的初步认识，同样支持陶寺文化社会的国家性质。

而另一问题，尧都何在如何破题？文献没有确凿无疑地记载尧都在今天何地。《水经注》言"尧都平阳"，传说在今山西临汾一带。尧都地点还有其他含糊的文献记载，众说纷纭。于是考古探索成为寻找尧都的唯一可行的方法。

做个通俗的比喻，考古学探索逝去了的社会历史，很类似刑侦学，需要将自己不会开口说话的一系列物证发掘和分析出来，建立一套比较完整的证据链，然后就研究对象或问题给出一个定性的结论。尧都考古破题方法是尧都的考古侦探，先以考古发掘与研究确定遗址的都城性质，进而将相关考古资料与尧都相关文献记载系统地对比，以考古证据链多角度指证尧都，综合结果得出结论。

二　陶寺本初“中国”的考古证据链

陶寺城址位于山西南部襄汾县城东北约7千米的陶寺镇。20世纪50年代，考古调查发现陶寺遗址，认为是一处龙山时代大型遗址，面积约300万平方米。1978—1985年，为了寻找历史上最早的朝代夏朝的遗存，中国社会科学院考古研究所山西队与山西临汾行政公署文化局合作，发掘了与文献所谓的“夏墟”有联系的陶寺遗址。揭露了居住区和墓葬区，发掘墓葬一千余座。其中大贵族墓葬6座，出土了陶龙盘、陶鼓、鼍鼓、大石磬、玉器、彩绘木器等精美文物，震惊海内外，确定了陶寺文化面貌和分期与年代。[5]

从1999年开始，中国社会科学院考古研究所山西队与山西省考古研究所、临汾市文物局合作，开展陶寺的考古工作，围绕寻找城墙为中心。2000年终于发现了陶寺文化中期城址的北墙，2001年确定了东墙和南墙。陶寺文化中期城址得以确定。陶寺中期城址呈圆角长方形，东西长1800米，南北宽1500米，中期城址总面积为280万平方米[6]，其中南部中期小城10万平方米。2002年陶寺遗址考古发掘纳入国家科技支撑项目“中华文明探源工程”，如今已进入第Ⅳ阶段。2013年陶寺遗址考古发掘同时被纳入中国社会科学院“哲学社会科学创新工程”。自2002年以来，陶寺遗址发掘面积约8000平方米，对陶寺遗址的都城性质及其功能区划，都有一定的初步认识。

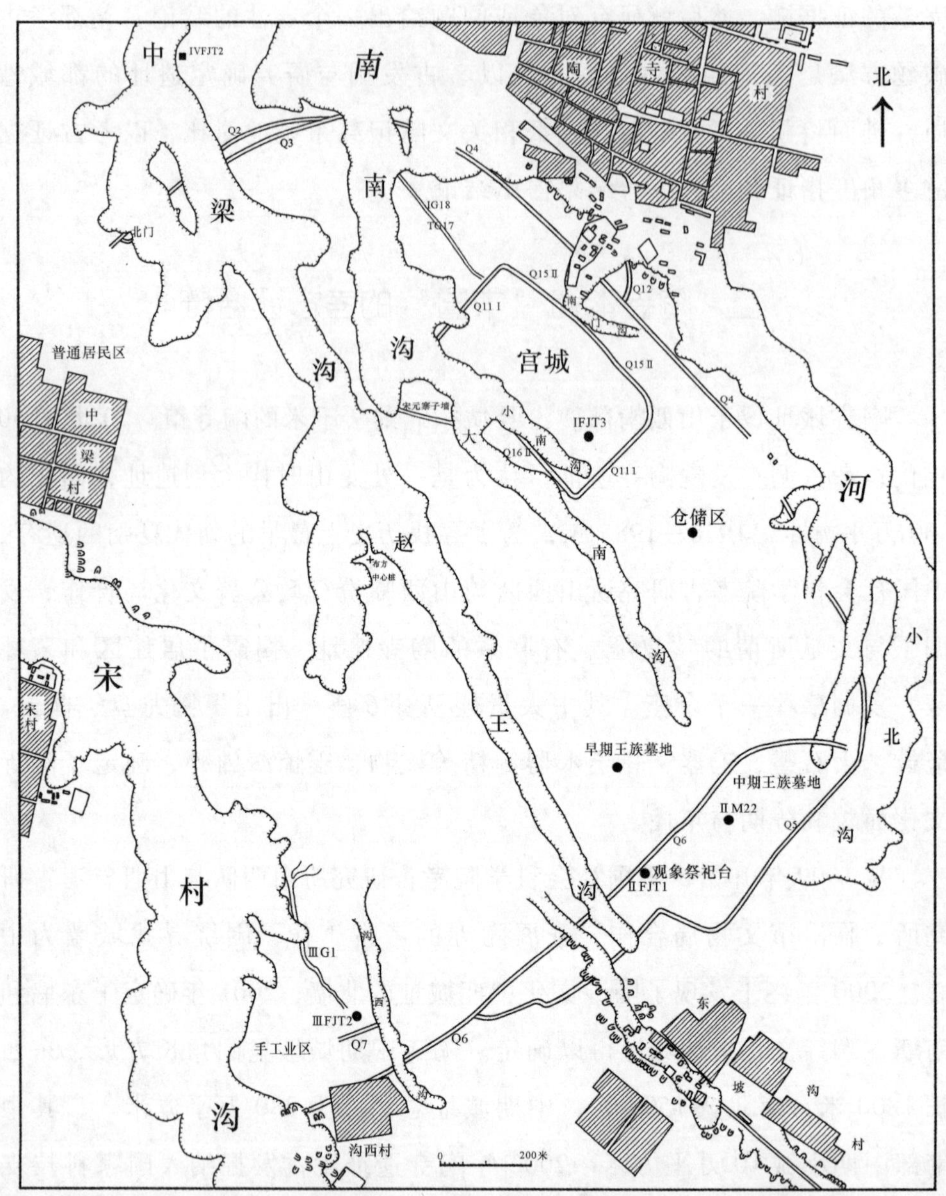

图1　陶寺城址平面图

（一）　早中晚期城墙

2013年以来，对于陶寺早中晚期城址，有了更进一步的了解。

陶寺早期城址大约20万平方米，由宫城及其南部的、下层贵族居住的外城构成。其发展完备时，已经初步具备了双城制都城模式，唯因建城历史原因而成为“日”字形结构，而不是中国传统双城制都城“回”字形模式。

陶寺中期城址280万平方米，方向225°。宫城北墙曾维修拓宽。中期扩建外郭城，外郭城西墙Q3因水毁另建Q2。此时成为典型“回”字形双城制都城（图1）。都城内功能区划齐备且明确，宫城居城中偏北，东南小城为中期王陵区和郊天祭日的祭祀区（观象祭祀台及其附属建筑），城外北偏西是祭祀地祇的“泽中之方丘”及其附属建筑。工官管理的手工业区被设置在城内东南部。大约从事农业的普通居民区设置在城内西北部。大型仓储区位于宫城外侧东部。陶寺中期城址的功能区划，明显受到宇宙观指导。

陶寺中晚期之际，城址包括宫城和外郭城均曾遭到政治报复性破坏平毁。陶寺晚期偏晚宫城北墙、西墙、南墙曾经一度修复，成为单一城制。宫城内少数宫殿营建。城北“地坛”曾扩建。但是最终这些重要建筑也被彻底摧毁。

（二）宫城内的重要发现

根据钻探与试掘，宫城内有大小夯土基址十余座，其中最大的是ⅠFJT3，面积约8000平方米，小型基址在2000—3000平方米。ⅠFJT3仅存基地部分，中部偏东发现三排柱网遗存，可能是ⅠFJT3的主殿建筑遗存之一，面积大约280平方米（图2）。

该区域还出土了板瓦（图3）、烧烤硬化夯土台基残块、刻画白灰墙皮（图4）、白灰地坪残块、蓝铜矿蓝彩墙裙残块、玉器、纺织物、黑光陶器、铜盆口沿残片（图5）、铜蟾蜍（图6）等宫廷生活垃圾或建筑垃圾。其中，板瓦是中国境内考古发现的最早的瓦。[7]

铜盆和蟾蜍均为红铜铸造，奠定了中国历史上中原地区短暂却承上启下的“红铜铸造时代”，开创了中国“青铜时代”以及“青铜文明”的先河。黑光陶器器表施加的是人工合成的特殊涂层，类似后来瓷器上

图 2　陶寺宫城内核心建筑基址ⅠFJT3 的主殿之一俯瞰

的釉，不仅外观黑亮美观，而且具有很好的防渗作用[8]，应当是当时的“高科技”产品，主要为贵族所使用。板瓦、刻画墙皮、蓝彩墙裙、红烧土丹墀地面等，均片段地反映出陶寺宫殿建筑内外装饰的“高端大气上档次”，远出乎人们的意料。

ⅠFJT3 夯土地基下，叠压着陶寺早期的凌阴建筑——冰窖建筑遗迹（图 7），面积约 300 平方米，深约 9 米，有“之”字形坡道、储冰池、存取冰块的栈道等遗迹。凌阴建筑虽不是宫殿基址本身，却因其特殊的宫廷生活和礼制用途而成为早期宫殿的附属建筑，是早期宫殿存在的重要指征，意义也很重要。

ⅠFJT3 东侧有一处宫廷厨房建筑群，以竖窑烤肉炉最有特色（图 8），开创了夏商周三代“东厨”的宫室制度。而烤肉的饮食方式，显然不是黄河中游地区传统的饮食习惯，而明显带有西北游牧族群的“异域”风格。如今类似竖窑烤炉仍流行于新疆地区，维吾尔族人民用这样的炉子烤馕和烤肉。如此带有“异域风味”的烤肉，仅限于宫城内，似

图3　板瓦

图4　刻画白灰墙皮

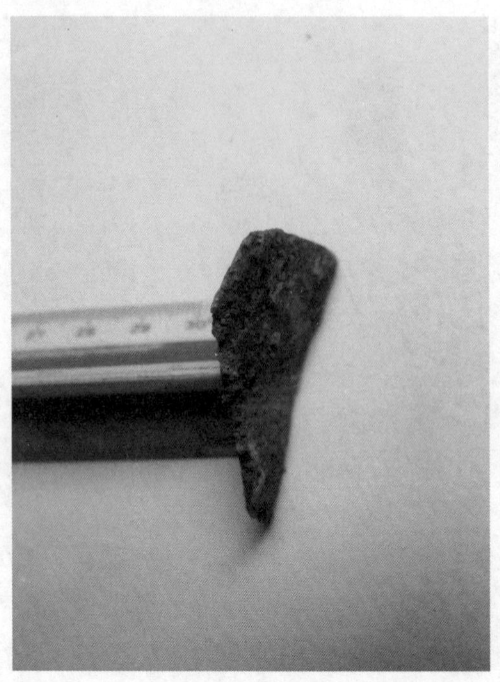

图5　铜盆口沿残片

图6　铜蟾蜍

乎在暗示此种烤肉是元首们的专属，其他人没有资格享用。由是，原本在西北游牧或半游牧地区普通人日常享用的竖窑烤肉，引入陶寺城址便成为标志君权等级地位的“高级”生活方式。

图 7　陶寺早期“凌阴”建筑

图 8　陶寺宫城内东厨的“烤肉炉”

（三）观象祭祀台

位于陶寺中期东南小城内，背倚中期内道东城墙[8]，向东南接出半圆形建筑（图9），面积约1700平方米。有三层地基。第三层地基边缘有10道夯土柱缝，第二层地基上有两个夯土柱，同生土台基芯上的观测点，构成地平历观测仪器系统。[9]这套系统可以通过观测太阳地平日出，即塔儿山山脊线上日出，将一个太阳年365天或366天分为20个节令，除了包括冬至、夏至、春分、秋分之外，还有粟、黍、稻、豆的农时、当地四季冷暖气候变化节点以及宗教节日。[10]这里是郊天祭日的宗教礼制建筑区。

陶寺的元首们，通过掌控天文官的观象活动，颁布历法，除了垄断与天日沟通的“君权神授”的渠道之外，更实用的价值则在于通过垄断农时的发布，来控制整个社会的农业经济命脉，进而达到控制周边地区农业社会组织的目的。有胆敢不听命于陶寺元首的“地方势力”，只要它以农业为基本生业，陶寺元首不给它授时或错授时，导致其颗粒无收，其唯一的选择是对陶寺元首俯首帖耳。足见陶寺的天文历法成为王权之中的科技“软实力”，正所谓以“文教”治天下，显然迥异于单纯用宗教和血缘维系政治统治的谋略或穷兵黩武的暴力手段。《尧典》开篇在简述历法系统之后，总结道：“允厘百工，庶绩咸熙。”《孔传》云：“允，信；厘，治。工官绩定，四时成岁历，以告时授事，能信治百官，众功皆广。叹其善。”从中折射出历法对于社会统治的重要性。

（四）泽中方丘——社坛

位于城址外北部偏西，出于多水环境。早期始建，中期扩建，二者保存都很差。中晚期之际曾被大规模破坏。晚期偏晚曾经修复扩建，面积约1400平方米，呈方形（图10）。因此是泽中之方丘，用于祭祀地祇。大地乃万物承载，五谷孕育之壤，江山社稷之根，是历代君王必祭的大神。根据中国传统的阴阳观念，地属阴，居北，形方。故而国都的祭地礼制建筑多在国都之北郊。《周礼·春官宗伯·大司乐》云：“夏日至，于泽中之方丘奏之，若乐八变，则地示皆出，可得而礼矣。”

图9　陶寺观象祭祀台

图10　陶寺城址外北部的“泽中之方丘”

泽中之方丘同时也是国之社坛。《礼记·郊特牲》曰：“社祭土而主阴气也。……天子大社，必受霜露风雨，以达天地之气也。……社所以神地之道也，地载万物，天垂象，取财于地，取法于天。是以尊天而亲地也。故教民美报焉。家主中霤，而国主社，示本也。”家主中霤是指各家居室中央柱，作为家室或宫室的小土地神的象征。而国家的社神则依附于社坛的社主。如果比附家室土地神中霤木柱的话，国社上的社主原来很可能也是木柱。《周礼·地官司徒·大司徒》云：“设其社稷之壝而树之田主，各以其野之所宜木。遂以名其社与其野。”陶寺泽中之方丘上，曾发现过三个呈品字形分布的柱洞，不可能支撑屋顶，所以应当是露天的接受霜露风雨的方坛，而柱洞原本用于竖立木柱社主的，也就是《大司徒》所谓的“田主”。

（五）手工业区

位于城址内东南部，面积大约 20 万平方米，由一处带回廊和门塾及庭院的夯土基址ⅢFJT2 统领。[11]ⅢFJT2 面积约 1300 平方米（图 11），是手工业区最大的夯土建筑基址，规格很高，大约是工官管理手工业区的衙署性质的建筑基址。

手工业区内大约有 6 个工业园区，分别从事石器制造和陶器制造业。所谓工业园是有工作场所、工匠房屋甚至墓地组合构成。工业区内还有一些沟墙分割与封闭，显现出明显的监控态势（图 12）[12]。

（六）陶寺王陵区

陶寺早期的王族墓地位于宫城外东南部，面积约 4 万平方米，墓葬约 1 万座。延续时代为陶寺早、中、晚三期。已发掘清理 1000 余座墓，贵族墓葬相对集中在一个区域。其中元首 6 座，时代均为陶寺早期，5 座墓出土龙盘各 1 件。元首墓以彩绘陶器、彩绘木器、日用陶器、玉石器、陶鼓、鼍鼓、石磬、厨刀为随葬品组合，多达100余件。中型贵族墓40余座，均为陶寺早期，以陶器组合为主，多为数十件随葬品。小型平民墓一般没有任何随葬品。[13]

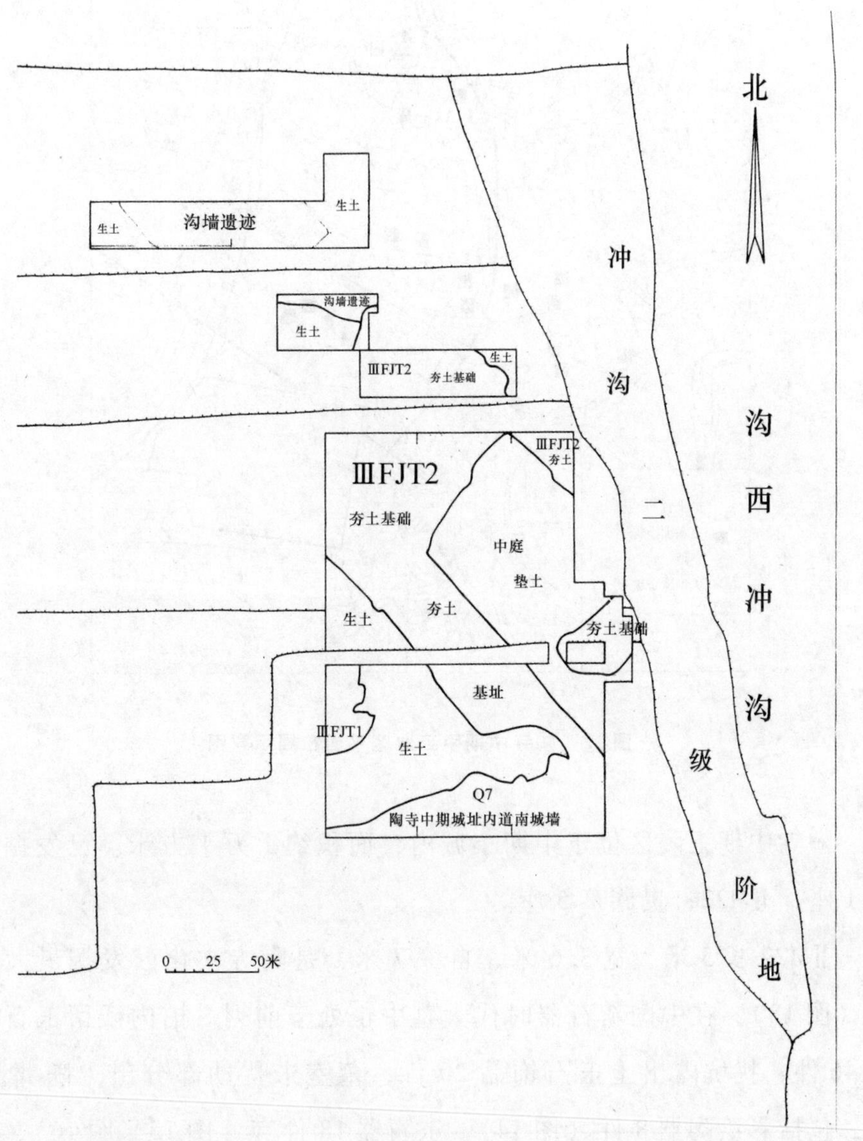

图11　ⅢFJT2平面图

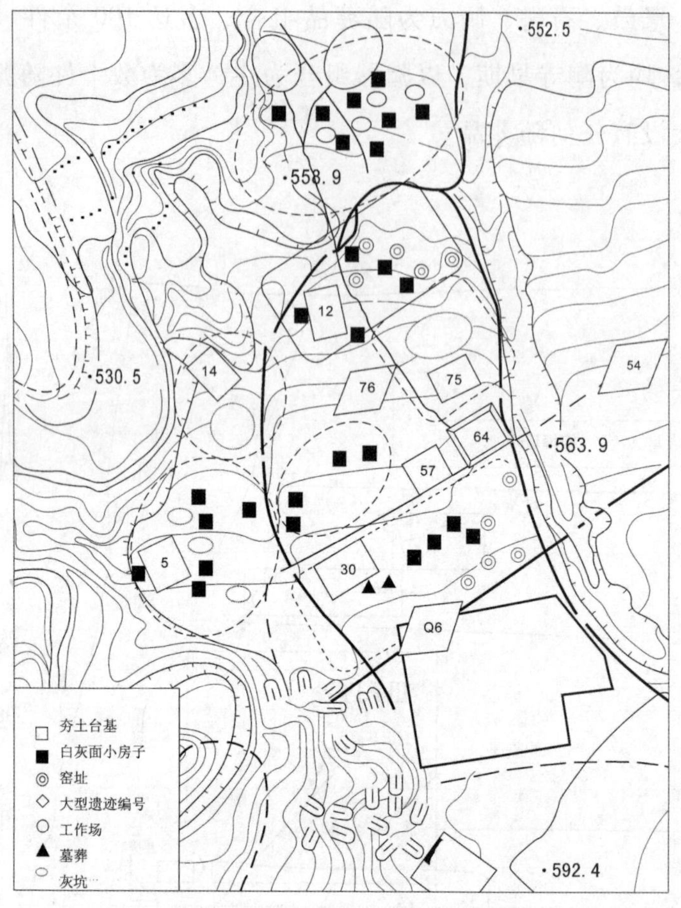

图 12　陶寺中期手工业区平面布局示意图

陶寺中期王陵区位于中期小城内，面积约 1 万平方米。已发掘元首墓 1 座，ⅡM22；贵族墓 5 座。

ⅡM22 长 5 米、宽 3.6 米、自深 7 米，是陶寺文化已发掘最大的墓葬（图 13），在中国新石器时代大墓中也处于前列。棺内残留玉石饰品等 46 件，扰坑内出土玉石饰品 20 件，墓室未扰动部分出土随葬品 72 件，包括彩绘陶器 8 件（图 14）、玉石器 18 件套（图 15、图 16）、骨组 8 组、漆木器 25 件、红彩草编物 2 件、猪 10 头、公猪下颌骨 1 具。[14]

图 13　陶寺中期元首墓ⅡM22 平面

图 14　彩绘陶簋

中型贵族墓清理 5 座，长度一般在 3 米左右，宽 2 米左右，深 3 米左右。曾遭到彻底摧毁，残留部分彩绘陶器和绿松石饰件。[15]ⅡM26 壁盒内残留一组彩绘陶器，组合为小口折肩罐 1 对（图 17）、双耳罐 1 对（图 18）、折沿盆 1 件，另在一壁盒内郑重其事地放置骨耜 1 件（图

19)。由于骨耜为没有使用痕迹的礼器，当标志ⅡM26墓主很可能是农事官。

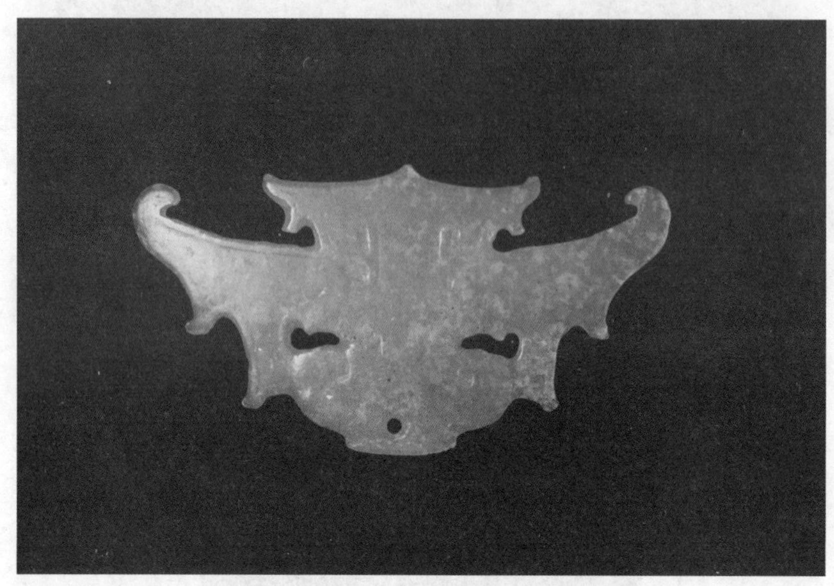

图15　玉兽面

图16　玉璜形佩

图 17　彩绘小口折肩罐

图 18　彩绘双耳罐

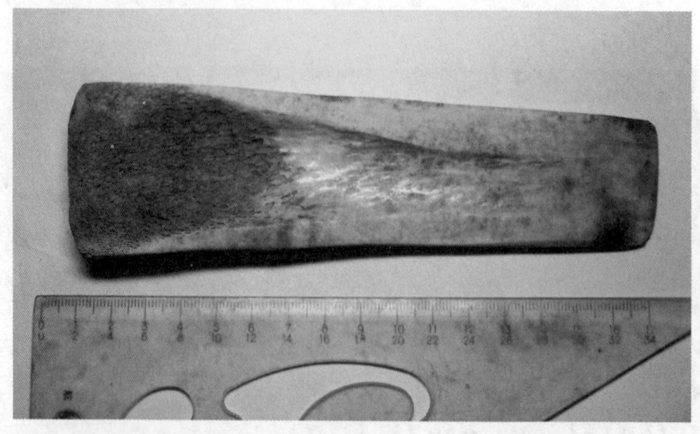

图 19　骨耜

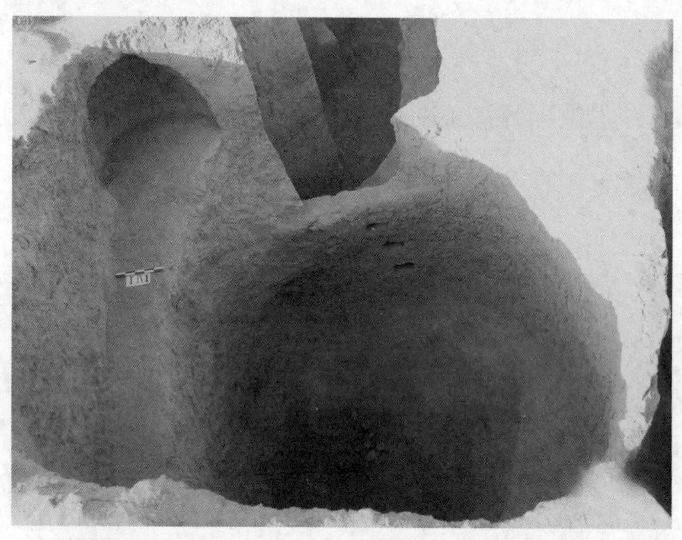

图 20　大型窖穴

（七）王权控制的仓储区

位于宫城以东，面积约 1000 平方米，相对独立。时代以陶寺早中期为主。仓储区内仅有大型窖穴（图 20），直径 5—10 米，深 4—5 米。曾发现有的窖穴有岗哨看护出土口。这里的窖穴不属于某个家庭或某个村社，而应当属于王权直接掌控的仓储设施，相当于“国库”。这是一个国家政权不可或缺的行政设施，用于储藏国家的赋税（很可能主要是粮食），备战备荒。

（八）陶寺晚期的政治报复现象

陶寺晚期凸显暴力行为，伴随扒城墙、毁宫殿、捣王陵，政治报复行为特征显著。所谓政治报复是新政权对旧政权合法性挑战与摧毁行为，以挖祖陵、扒城墙、毁宫庙为最主要行为，表现着新政权对旧政权从意识形态领域里的彻底否定与根除，并以此作为确立新政权统治合法性基础之一，是正统思想的一种异化观念。陶寺城址中晚期之际，被彻底夷为平地，宫城遭到摧毁，宫殿台基被平毁，宫城内核心建筑ⅠFJT3被垃圾沟破坏，埋入死猪、死狗、被污辱的女性尸体（图21）、砍下的人头等，进行亵渎。郊天祭日的观象台和祭地的社坛均遭到彻底破坏。观象台第三层台基夯土台基芯是举行迎日仪式的处所，被挖成圆坑注入水（图22），以水克日火；还买入战死（凶死）的尸体，以压胜巫术的方法亵渎神圣的天坛。陶寺中期的所有贵族墓葬被大规模有组织地捣毁（图23），挫骨扬尸。[16]陶寺遗址遭到的政治报复极为惨烈。

图21　ⅠHG8女性尸骨

图 22　观象台被挖坑破坏

图 23　ⅡM22 扰坑

(九) 陶寺中期王墓ⅡM22漆圭尺证明“地中”政治意识形态的形成

陶寺中期元首墓ⅡM22出土漆杆有彩绘刻度，为测日影仪器圭尺(图24)，可测量陶寺本地夏至、春分、秋分、冬至以及其他节令。还可以用于天文大地测量。值得注意的是，第11号红色带处标志夏至影长，总长39.9厘米，等于陶寺1.596尺。《周髀算经》记载夏至标准暑影一尺六寸。《周礼》说夏至影长一尺五寸是地中。《隋书·天文志上》引《周髀算经》作“成周土中，夏至景一尺六寸”，虽然是误将1.6尺夏至影长作为洛阳中土的标志，但是暗示了古人曾经将1.6尺夏至影长也作为另一个地中的标准。

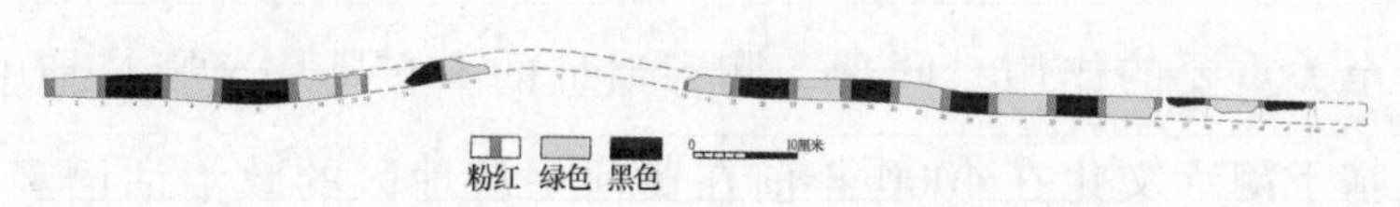

图24　陶寺ⅡM22出土漆木圭尺

根据天文学家的计算，结合文献记载，联系陶寺城址和河南登封告成王城岗城址的发现，现在又有陶寺圭尺的物证，表明4000年前的龙山晚期，在中原地区存在着至少两个地中标准，这是因为当时陶寺城址与王城岗城址分别是两个邦国政体的中心。由于陶寺城址始建年代略早于王城岗（禹都阳城）城址，因此陶寺对外宣称的1.6尺夏至影长地中标准可能略早一些，甚至很有可能是从陶寺文化的老家山西垣曲盆地继承来的，因为陶寺遗址本地的夏至影长实际为1.69尺，而不是1.6尺。[17]

《周礼·地官司徒·大司徒》说：“以土圭之法测土深，正日景以求地中。日南则景短，多暑；日北则景长，多寒；日东则景夕，多风；日西则景朝，多阴。日至之景，尺有五寸，谓之地中。天地之所合也，四时之所交也，风雨之所会也，阴阳之所和也。然则百物阜安，乃建王国焉。”王者建都为何首先要占有地中？因为地中被认为是与居住在天极的上帝沟通的唯一通道。只有王者居中，才能保证君权、国祚、都城的命运受到天帝的庇佑，才能确保其政权和统治的合法性与正统性。

显然地中的概念不是人们与生俱来的，而是在国家形成后，统治者头脑中产生了地缘性的“疆土”观念以及与之相对应的“天下观”，才能激发“地中”意识的“觉醒”。

地中的观念，必须有政治话语霸权作为支撑，否则难以流传和得到公认，更不会在历史的星空留下印记。比如18世纪，大英帝国确定经过首都伦敦郊区格林尼治皇家天文台的经线为本初子午线，格林威治时间为标准时（Greenwich Mean Time）。这套游戏规则随着英帝国殖民地的全球性扩张，成为沿用至今的实际世界时和经线系统。18—19世纪英国强大的政治话语霸权，对于格林尼治时间和本初子午线在全球的普及，具有至关重要的作用。同理，陶寺遗址的1.6尺夏至影长地中标准，很可能是基于陶寺文化在4000年前在黄河中游地区的政治话语霸权，才在《周髀算经》里留下了一套数据。足见，地中概念尽管披着天文地理的外衣，但从本质上说是国家政治意识形态。

（十）陶寺遗址群的宏观聚落形态反映出来的国家社会组织性质

2009年11月至2010年8月，中国社会科学院考古研究所山西队联合山西省考古研究所和临汾市文物局及襄汾县文物局，对塔儿山东、西两麓黄土源，北起临汾市的山前，南至浍河北岸，西起汾河，东至塔儿山东麓滏河上游进行拉网式区域调查。调查区域面积大约1750平方千米。发现和确定仰韶文化至汉代遗址或遗存点128处，其中陶寺文化遗址54处。[18]

陶寺遗址群在汾河以东、塔儿山两侧分布，大致可分为三个区：北区、中区和南区。中区以陶寺城址为核心，有丁村、伯玉等6处中小遗址，城址周边2千米内没有遗址，此区可称为“京畿”（图25）。

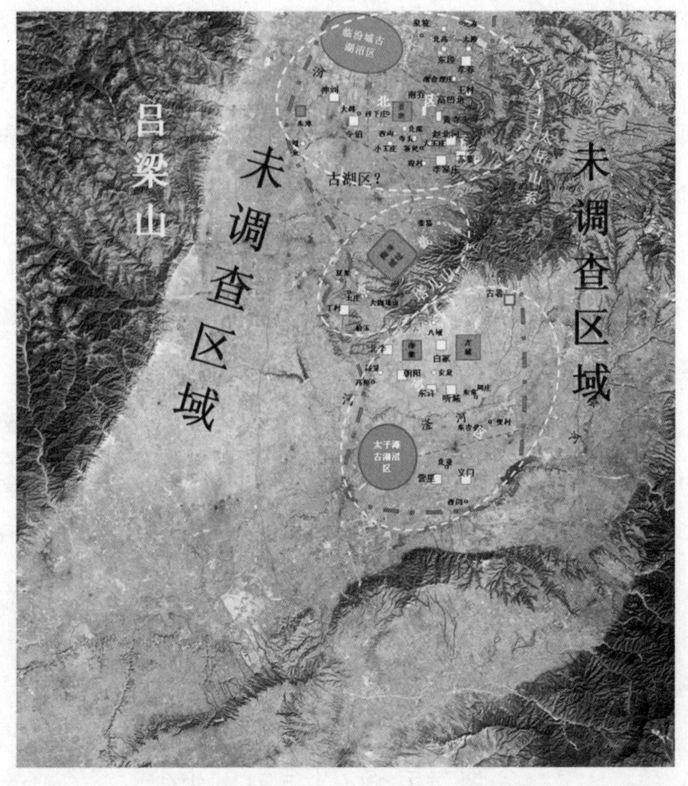

图 25　陶寺遗址群宏观聚落形态区域调查

北区以县底遗址为地方中心，时代为陶寺中期。南区以南柴遗址为地方中心。南、北两区地方中心，面积都在 100 万—200 万平方米，是大型的邑级聚落，相当于现在的省会，下辖大中型遗址和小型遗址，相当于现在的乡镇、村两级聚落和社会组织。而县底和南柴邑级聚落并无早期小微遗址自然成长为中心聚落的历史，显然是派驻机构式的“空降”模式——自上而下的行政分支发散式发展模式。这是与国家中央对地方行政管理体系暗合符节的。

更重要的是，以曲沃周庄驿站遗址为物化表现的中央与地方行政网络的存在，从中央与地方行政关系的角度力证陶寺文化的国家社会性质。

周庄遗址位于陶寺城址东南 22.2 千米，步行 4 小时路程，面积

1500 平方米。遗址面积极小，属于微聚落，出土器物数量却较多，以炊器和盛储器为主，生活用器数量大大多于居址常住人口量，具有驿站遗址特征，很可能是陶寺城址行政交通线上的驿站，由其北部的八顷遗址管理和供给，由东常据点支撑。驿站遗址自身没有生产功能，不能自给自足，而送往迎来的供养任务却很重，主要服务对象为政府人员或军队，所以是国家地方行政网络节点上的一个设施，由政府设立，保障安全，提供物资供给，相当于现在的兵站。

通过上述考古分析，足以证明，地中观念与国家社会在陶寺遗址得到了完美的结合。陶寺遗址完美地诠释了本初“中国”的概念——地中之都，中土之国。由于“王者居中”的意识形态，决定了王都应建于地中，这才有了《五帝本纪》《集解》刘熙的说法，“帝王所都日中，故曰中国。”

三　陶寺尧都的考古证据链

学界内认为陶寺为尧都的观点由来已久。最初提出陶寺遗址与尧都关系的学者是李民先生，他将陶寺遗址视为尧舜时代尧舜部落的遗存[19]，邹衡先生则明确认为陶寺文化的族属应是陶唐氏[20]。随后王文清[21]、俞伟超[22]、罗新和田建文[23]、董琦[24]、王守春[25]、王迅[26]、解希恭和陶富海[27]、卫斯[28]、王震中[29]等诸先生，均认为陶寺遗址为唐尧氏遗存。

上述先生的先见之明不言而喻，然依据的主要是早年陶寺遗址考古发掘资料，或并未构成比较完整的证据链。近年来，陶寺遗址不断有新的重大收获，正逐步形成比较完整的考古物证证据链。

（一）陶寺遗址出土文字自证

20 世纪陶寺遗址发掘出土陶寺晚期朱书扁壶，引起了学界的重视与讨论。[30]罗琨先生释读为“易文”，即“明文”，与尧有关。[31]冯时先生先主张释为“文命”，同夏禹有关[32]；后又释为“文邑”，同夏启有关[33]。我将陶寺扁壶朱书释为“文尧”二字。“尧”的构型由“◇”“土”与“人”构成。圆角方形的“◇”“土”，既象形陶寺城址，又象形建筑城墙与宫殿的夯土板块。“◇”“土”与“人”之间“一”，是指示夯土板块建筑的城址在“人”的头顶上。表现的是黄土塬地貌，人在冲沟里，城在头顶上。引申为“在黄土高原上用夯土板块建筑的大城”即为“尧”，用以命名营建这座大城的杰出领袖即为“尧”。[34]

《说文解字注》日：“垚，土高貌。从三土。凡垚之属皆从直。堯，高也。从垚在兀上，高远也。”段玉裁注言：“会意。兀者，高而上平也。高而上平之上又增益之以为垚。是其高且远可知也。”又，“兀，高而上平也。从一在儿上。”段注云：“儿，各本做人。今正，一在儿上。高平之意也。凡从兀声之字，多取孤高之意。”尽管从古文字的角度说，“兀”字出现在汉代[35]，但是将段注《说文》兀、垚与堯的解释通盘考虑，则不难看出，兀是指示或会意“人的头顶上高而平”的地貌，那还是指黄土塬地貌。在高而平的黄土塬上，再加墼土体谓之垚，于是《说文》解释的“堯”仍旧是“在黄土塬上建造的夯土城”之意，与陶寺朱书“堯”字本义不谋而合，无非是将陶寺朱书“堯”字里指示黄土塬地貌的“一”与“人”合并成一个新字符“兀”，依然表达“高而上平”的黄土塬地貌。

陶寺城址是黄土高原上唯一一座用夯土板块建造的都邑性大城。由是我认为，陶寺朱书“文尧”二字，无疑可作为陶寺城址为尧都的文字自供。古文字学家葛英会先生认同“文尧”的释读。[36]2006年，陶寺宫殿区晚期基址发掘时，又发掘出一片扁壶残片，内侧用朱砂写着“尧”字的下半部“人”字[37]，尽管残缺较甚，但仍能看出大概。

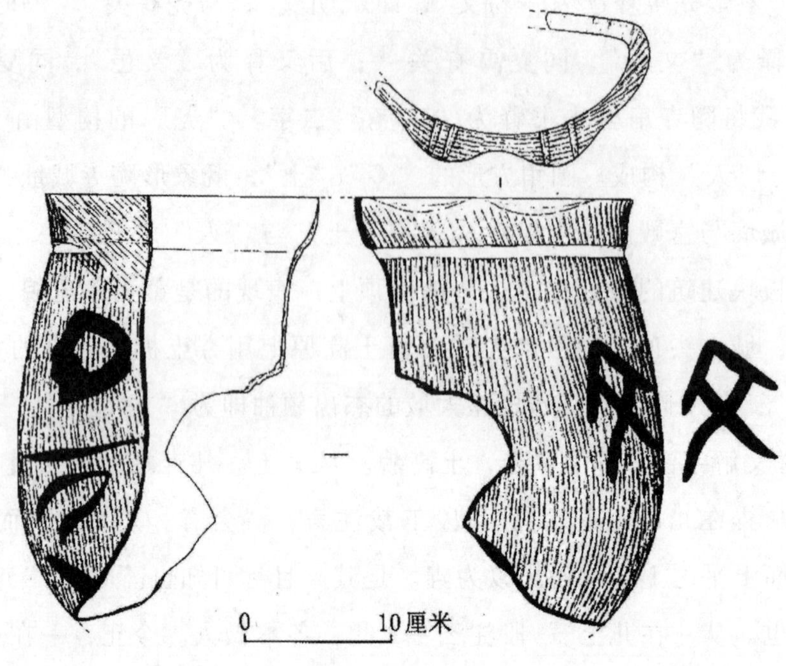

图 26　陶寺朱书文字

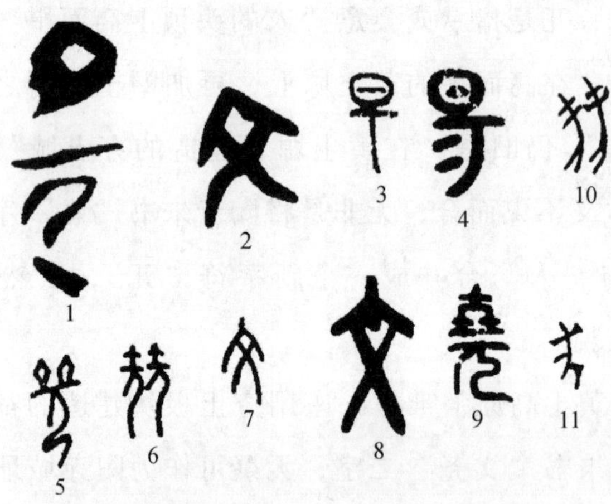

图 27　文尧字体对比

1. 陶寺朱书尧　2. 陶寺朱书文　3. 甲骨文《前》7.14.1 昜　4. 昜《昜叔盨》铭　5. 甲骨文《后》下 32.16 尧　6.《说文》古文尧　7. 甲骨文《后》下 14.13 文　8.《毛公鼎》铭文　9.《说文》小篆尧　10. 洛阳北窑西周墓 M172：4 戈墨书尧　11. 洛阳北窑西周墓 M172：2 戈墨书尧

至于释为“昜”，其与陶寺朱书“尧”字，在“日”与“土”形符上的差异，一目了然（图27）。而释为“邑”，则“邑”字上部象形城圈的“□”从来都做正方形“□”，从不见做“◇”，且□与“ㄗ”（人）之间，从不见“一”指示，可见陶寺朱书“尧”字形体与“邑”的似是而非，明如观火。

诚然，陶寺朱书文尧二字的扁壶均为陶寺文化晚期，早已不是帝尧的时代了。可是我认为，其一，文尧二字写在扁壶上，是尧的后人对于先王尧的追颂。正如《尚书·尧典》开篇称“日若稽古帝尧”，显然是追述的口吻，是后人追述先王的辉煌历史。其二，朱书扁壶破边用毛笔蘸朱砂描一圈红带，我完全赞同罗琨先生的解释：是以句意式符号的形式，表达《尚书·尧典》那句名言，“光被四表，格于上下”。表明陶寺晚期，尧的后人在作法事写朱书“文尧”于破扁壶上时，已经几成文盲，仅会写“文尧”二字，“光被四表，格于上下”已不会写了。[38]就像新中国扫盲运动之前，许多中国文盲只会写自己的名字，其余文字均不会写一样。而陶寺早期王族墓地，从逻辑上说应当是尧的王族墓地，该墓地墓葬早、中、晚三期均有，且晚期仅发掘出小墓。虽不能完全排除早期王族墓地存在晚期王墓的可能，但是早期王族墓地在陶寺文化晚期以小墓占绝对优势。表明陶寺晚期主要时间段内，陶寺早期王族墓地的后人地位一直以平民为主。因此，判断陶寺晚期尧王族的后裔为缺少文化的文盲是有一定道理的。其三，20世纪出土的朱书陶文扁壶与2006年发现的文字扁壶残片，均出自陶寺晚期宫城内的灰坑里。虽然我们尚且不清楚这些灰坑与宫城内晚期夯土建筑基址的关系，但至少可以发现这些追颂先王尧的文字扁壶，比较集中存在于宫城内，而这个宫城始建于陶寺早期即相当于尧时期，修缮于陶寺中期，也从一个侧面反映出朱书陶文很有可能追颂的是陶寺早期的元首尧。

（二）《尚书·尧典》系统对比

《尚书·尧典》称：“曰若稽古，帝尧曰放勋。钦明文思安安，允恭克让，光被四表，格于上下。”“乃命羲和，钦若昊天，历象日月星辰，敬授民时。分命羲仲，宅嵎夷，曰旸谷。寅宾出日，平秩东作。日中，星鸟，以殷仲春。厥民析，鸟兽孳尾。申命羲叔，宅南交，曰明都。平秩南讹，敬致。日永，星火，以正仲夏。厥民因，鸟兽希革。分命和仲，宅西，曰昧谷。寅饯纳日，平秩西成。宵中，星虚，以殷仲秋。厥民夷，鸟兽毛毨。申命和叔，宅朔方，曰幽都。平在朔易。日短，星昴，以正仲冬。厥民隩，鸟兽氄毛。帝曰：咨！汝羲暨和。期三百有六旬有六日，以闰月定四时，成岁。允厘百工，庶绩咸熙。”这是一段关于帝尧史迹最权威、最经典也最不易解的记述。恰是这段如诗一般跳跃记述的只言片语，我们能够从陶寺考古资料的分析中，找到与之系统对应的考古印记。

1. 陶寺五表：四表与中表

“光被四表”之表，孔颖达疏解释为：“表里内外相对之言，故以表为外向，不向上，至有所限。旁行四方，无复限极，故四表言被，上下言至。四外者，以其无限；自内言之，言其至于远处。正谓四方之外畔者，当如《尔雅》所谓四海、四荒之地也。”而贾公彦的五表之说，从技术层面上看更加贴近。《周礼·地官司徒》谈到圭表法测 1.5 尺影长地中时，贾公彦疏云：“周公度日景之时，置五表。五表者，于颍川阳城置一表为中表，中表南千里又置一表，中表北千里又置一表，中表东千里又置一表，中表西千里又置一表。”

根据这两条解释，我认为陶寺文化的四表是以地中作为中表基点的东西南北四海之畔上的四至点。陶寺文化的四表以陶寺城址的地中所立中表为基点，即按照陶寺城址的纬度线 N35°52′55.9″约 N35°53′测量寻找陶寺文化所处欧亚的东、西两端点，确定东、西二表；按照陶寺经度线 E111°29′54.9″约 E111°30′测量寻找欧亚大陆南、北两端点，确定陶寺文化南、北二表。按照这样的技术路线，可以推导出陶寺文化四表点位置如下：

（1）南表点：广东阳西沙扒月亮湾陶寺南表测点南距山西襄汾陶寺城址1593千米，纬度N21°30′21.77″，经度E111°29′20.28″。濒南海。这一带上古时期称为交阯。

（2）北表点：俄罗斯萨哈共和国诺尔德维克（Nordvik）以东的拉普捷夫海南岸上，纬度为N76°40′26.77″，经度E111°30′29.08″。濒北冰洋。这一带上古被视为幽都。

（3）东表点：胶南市朝阳山嘴矶头，濒临灵山湾，纬度为N35°53′17.34″，经度为E120°05′14.95″。濒黄海。陶寺东表标志点直陶寺城址中心桩直线距离771千米。这一点上古被称为嵎夷。

（4）西表点：叙利亚拉塔基亚省Ras al Basit之Badrusiye Shore（海岸），纬度为N35 °53′13.05″，经度为E35° 53′10.68″。濒地中海。这一带上古曾被视为流沙。

诚然，如此广袤的陶寺四表点空间，在4000年前就已确立，的确令人难以置信。在几乎难以考古实证的情况下，其他的旁证是必不可少的。

2. 以中国古代文献中四海之内地广数据做校验

据徐凤先博士研究，依据陶寺长度基元1尺=25厘米得出1000尺=1里=250米，四海之内东西地广28000里，折合7000千米，南北地广26000里，合6500千米。[39]以陶寺城址中表为测量十字基线，则陶寺文化东西两表间距7563千米，比28000里7000千米多563千米，误差率7.4%。陶寺文化南北两表间距为6113千米，比26000里6500千米少387千米，误差率6%。

上述计算表明，文献所说四海之内东西地广28000里、南北26000里数据是实测得到，并非虚妄臆造。该套地广数据是陶寺文化以陶寺遗址为中表的四表之间的实际直线距离。我们所推测的陶寺文化四表实测地点是合理的，先秦文献所记四海之内地广数据证明它们的存在。

分别位于交阯、幽都、嵎夷、流沙的陶寺南、北、东、西四表，标志着尧舜时期的天下观在陶寺文化时期形成，至战国时期被广泛认同与传颂。《墨子·节用中》说："古者尧治天下，南抚交阯，北降幽都。东西至日所出入，莫不宾服。"《韩非子·十过》也有同样的说法。这些都与四海之内地广数据所暗合。

3. 敬授民时

《尚书·尧典》："历象日月星辰，敬授民时。"在陶寺观象台地平历中得到验证（图 28），前文已证，不再赘述。

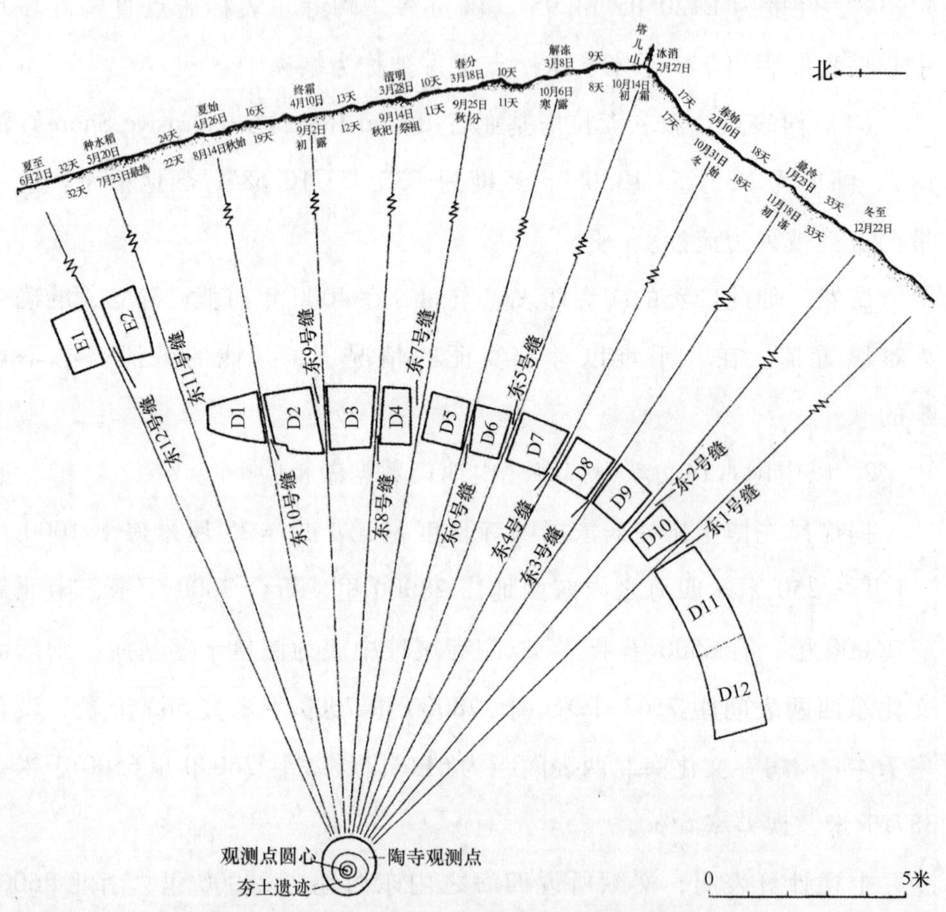

注：观测点至崇山距离为示意。E1、E2、D1—D11为夯土柱基础。

图 28　陶寺观象台观测地平历示意图

4. 寅宾出日

《尧典》曰：“寅宾出日，平秩东作。”《孔传》说：“寅，敬；宾，导；秩，序也。岁起于东，而始就耕，谓之东作。东方之官，敬导出日，平均次序东作之事，以务农也。”《舜典》则说：“宾于四门。”《孔传》释道：“舜流四凶族，四方诸侯来朝者，舜宾迎之。”综合起来考虑，我认为“寅宾出日”的本义是在门口迎接日出的仪式。

陶寺观测台的观测缝东 11 号缝与东 12 号缝用于观测夏至日出的观测缝之观测柱系统，被人为“违反观测技术规范地”错开，就是将观测夏至日出的观测柱缝系统与 E2 向外推移到第二层台基上，这样便形成一道宽约 1.8 米的门（图 29）。如果站在第三层夯土台基芯上，可以通过这个迎日门（图 30），举行 12 月 22 日冬至至 5 月 20 日种水稻，7 月 23 日最热至冬至迎日仪式。“迎日门”的别有用心的设计，完全是出于宗教祭祀的考虑，对于天文观测没有必要。由此也可证明陶寺观象台是集观象授时与郊天祭日为一体的复合型建筑。如此也就解释了许多专家的疑惑——为何陶寺观象台夏至观测柱缝系统被“违反观测技术规范地”向外推出。如果将“寅宾出日”硬与汉儒的解释有关春天农事相附会，则陶寺观象台第一层台基面向正东，从路沟上第一层台基有正规的台阶和门。路沟南侧第一层台基的夯土壁在正门的西侧，还有包木板的痕迹，正门台阶也有包木板的痕迹[40]（图 31）。第一层台基有月牙形的生土台基芯。这些遗迹均暗示第一层台基及其正门和踏步台阶，都具有强烈的宗教礼仪象征意义，这里也是举行重要礼仪的一个位置。按照中国传统的阴阳五行方位观念，东方为春、为木、为农事。陶寺观象台第一层台基及其正门，很可能与 2 月 10 日春始节令举行“迎春”暨“平秩东作”仪式有关。在第一层台基通过正门迎接“春始”日出，也可以表达为“寅宾出日”，其意义很明确为“平秩东作”，与农耕开始的礼仪相关联。据《礼记·月令》记载，“孟春之月”，天子有迎春、祈谷、躬耕帝藉等仪式，均与农事开始有关。

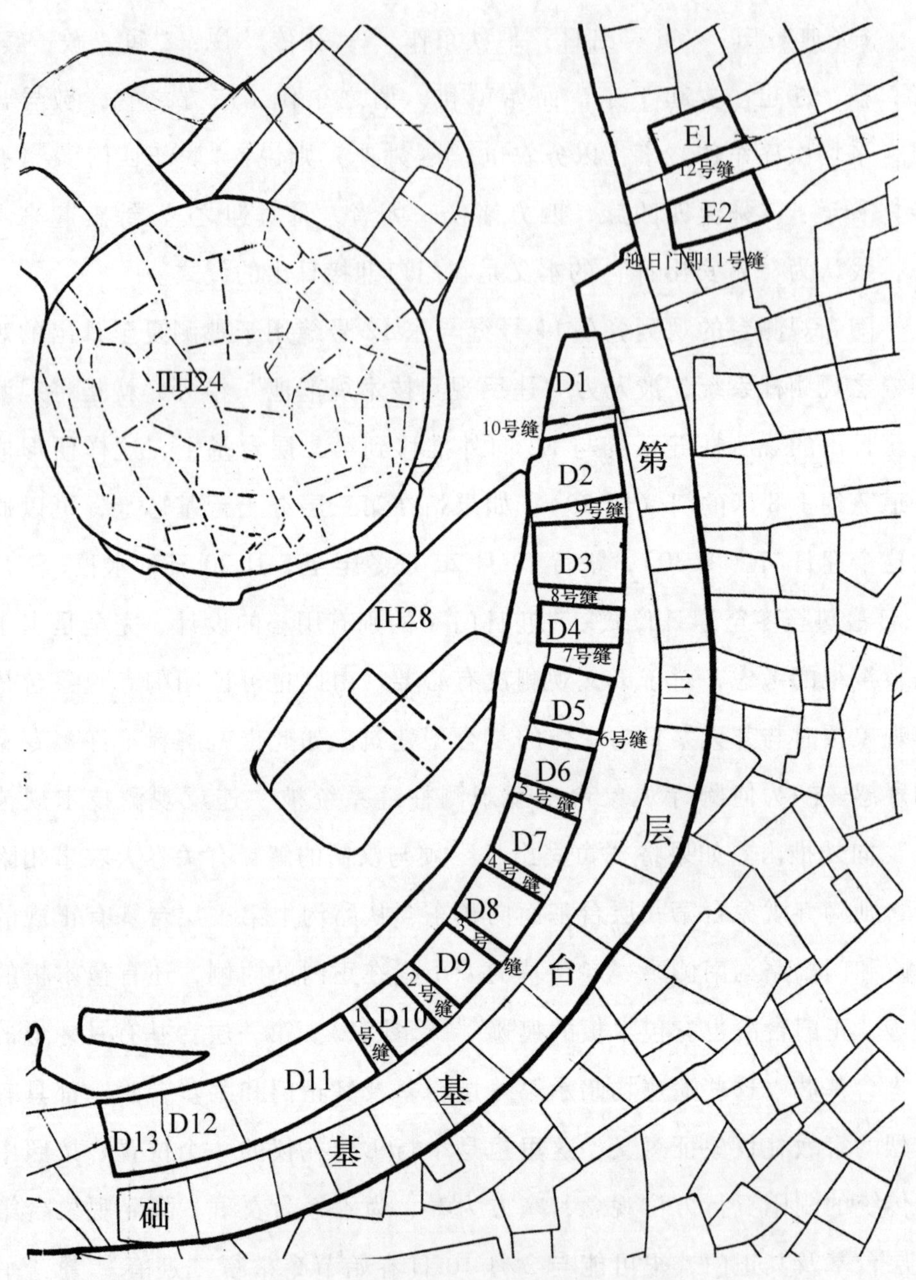

图29 陶寺观象台观测柱缝系统局部图

5. 阴阳合历

《尧典》："期三百有六旬有六日，以闰月定四时，成岁。"《孔传》

图 30　陶寺观象台迎日门复原

图 31　陶寺观象台正门东阶包木板痕迹

曰："匝四时约期一岁，十二月，月三十日，正三百六十日。除小月六为六日，是为一岁有余十二日未盈。三岁足得一月，则置闰焉。以定四时之气节，成一岁之历象。"说通俗一些，这种历法是将一个太阳回归年（太阳历）365天或366天与12个月（太阴历）相配，用3年置一闰月的方法将阳历和阴历统一起来，这是典型的阴阳合历，就是我国今天仍在使用的农历。陶寺晚期小墓M11出土的铜朔望月小轮（图32），29个不具有传动功能的齿，很容易将我们引导向每个朔望月29.53059平太阳日方面思考，表明陶寺很可能存在太阴历。而朔望月小轮除了用于象征月相周期功能之外，其使用功能更有可能用于阴阳合历的配制。29齿朔望月小轮，分别与30齿和31日太阳历大日轮相配；30齿朔望月大轮，分别与30齿和31日太阳历大日轮相配，即可制定出阴阳合历的日历[41]，目的在于推算相当长一段时间之后的阳历哪天是阴历的哪天，会有怎样的月相，如新月、上弦月、满月、下弦月、晦（无月亮）等。

图32　陶寺出土铜朔望月小轮

6. 尧时四岳官僚

《尧典》帝曰:“咨!四岳，汤汤洪水方割，荡荡怀山襄陵，浩浩滔天。下民其咨，有能俾乂?”佥曰:“於!鲧哉。”帝曰:“吁!咈哉，方命圮族。”岳曰:“异哉!试可乃已。”

陶寺早期和中期的中型贵族墓葬，很有可能是官僚墓葬，其中职官包括农官、天文官等。陶寺早期贵族墓葬随葬的玉石圭，是官僚委任的凭信。

《尚书·舜典》:“辑五瑞。既月，乃日觐四岳群牧，班瑞于群后。”《孔传》:“舜敛公侯伯子男之瑞圭璧尽，以正月中乃日日见四岳及九州牧监，还五瑞于诸侯，与之正始。”孔颖达疏:“是圭璧为五等之瑞。诸侯执之以为王者瑞信，故称瑞也。”《白虎通疏证·瑞贽》申论更清楚:“《尚书》‘揖五瑞’，‘觐四岳’。谓舜始即位，见四方诸侯，合符信。……何谓五瑞?谓珪、璧、琮、璜、璋也。……五玉者各何施?盖以为璜征召，璧以聘问，璋以发兵，珪质信，琮以起土功之事也。珪以为信何?珪者，兑上，象物始生见于上也。信莫著于作见，故以珪为信，而见万物之始莫不自洁。”《周礼·大宗伯》注亦云:“礼神者必象其类，圭锐，象春物初生。”

根据陶寺早期王族墓地贵族中型墓出土的玉石圭形态看，圭的顶端皆钝角，即所谓的琰，明显一边刃长，一边刃短，并非等腰三角形，呈︿状，象征每年春天小苗将地面拱起，此所谓“兑上，象物始生见于上也”,“圭锐，象春物初生”。每年春天小苗萌发，象征守信，此所谓“信莫著于作见”。那么，《舜典》所谓的揖五瑞、班群后，应当说是指帝舜对四岳群后等官员进行定期考核时，收集和颁发玉圭作为委任凭信。《史记·五帝本纪》说尧使舜摄政时，“五岁一巡狩，群后四朝”。《集解》:郑玄曰:“巡狩之年，诸侯见于方岳之下。其间四年，四方诸侯分来朝于京师也。”也就是群后诸侯进京考核。于是五瑞之一的圭，就相当于后世的官印符节、委任状。考核前一律收缴玉圭委任凭信符节，考核合格才能再颁发玉圭委任凭信符节。玉圭出自陶寺早期王族墓地贵族中型墓中，一方面表明这些随葬玉圭的中型墓墓主确应是官僚，更表明陶寺文化存在比较完善的官僚委任和考核制度。

《周礼·春官宗伯》曰："以玉作六瑞，以等邦圃。王执镇圭，公执桓圭，侯执信圭，伯执躬圭，子执款璧，男执蒲璧。"《周礼·考工记·玉人》称："玉人之事，镇圭尺有二寸，天子守之。命圭九寸，谓之桓圭，公守之。命圭七寸，谓之信圭，侯守之。命圭七寸，谓之躬圭，伯守之。"

图 33　陶寺出土玉石圭

陶寺遗址出土过两件尖首圭。早期中型墓 M3032 出土一件，长 15.8 厘米，该墓位于早期大墓附近。早期小墓 M1700 出土一件，长 17 厘米（图 33）。[42]河南淅川下王岗遗址龙山晚期文化层中也出土过一件石圭，长 9.2 厘米[43]。陕西神木石赤出土玉圭 SSY119，长 12.4 厘米。SSY118，残长 36.5 厘米，笔者按图复原长 40.3 厘米。[44]

依照笔者的研究结果，陶寺 1 尺 =25 厘米[45]，《周礼》所谓的镇圭当为 30 厘米长，陕西神木石赤收集的玉圭 SSY118 残长 36.5 厘米、复原长 40.3 厘米，远远超出了王所用镇圭的长度，显然不合于《周礼》所谓的镇圭长度，却极为接近晋南地区即陶寺宣称的地中标准夏至影长 1.6 尺 =40 厘米。因此笔者推测石赤玉圭 SSY118 有可能是象征地中标准的玉圭。根据"王者居中"的宇宙观和社会观理念，王所执镇圭长度，理应等于地中标准夏至暴影长度，因而镇圭长度应为 1.6 尺或 1.5 尺（《周礼》地中标准）。《周礼·大司徒》注云："郑司农云土圭之长尺有五寸，以夏至之日，立八尺之表，其景适与土圭等，谓之地中。"于是，石赤玉圭 SSY118 也可以作为地中标准的土圭。且备一说。

桓圭长9寸，折合今22.5厘米。迄今考古没有发现如此长度的玉石圭。

信圭和躬圭长均7寸，折合今17.5厘米，陶寺M1700玉圭长度与此基本相符，陶寺M3032玉石圭长度约16厘米，大致接近。暗示陶寺早期王族墓地中随葬玉石圭的贵族大约相当于《周礼》所谓的侯伯官僚。

《周礼·秋官司寇》称：“诸子执谷璧五寸。”折合今12.5厘米。石峁玉圭SSY119长12.4厘米，非常符合《周礼》所谓的“子男之爵所执璧”的直径，暗示石峁的玉圭SSY119可能是子男之爵官僚的凭信。

下王岗遗址石圭长9.2厘米，合3.6寸，大约4寸，可能是相当于或略低于“子男”之爵的基层官吏的凭信。

玉石圭长度与官僚等级的对应，理论基础是圭尺用于天文大地测量。《周礼·考工记》曰：“土圭尺有五寸以致日，以土地。”《周礼·夏官司马》云：“土方氏掌土圭之法，以致日景。以土地相宅，而建邦国都鄙。”《周礼·地官司徒》云：“以土圭之法测土深，正日景以求地中。……日至之景，尺有五寸，谓之地中。天地之所合也，四时之所交也，风雨之所会也，阴阳之所和也，然则百物阜安，乃建王国焉。制其畿方千里，而封树之。凡建邦国，以土圭土其地而制其域。诸公之地，封疆方五百里，其食者半；诸侯之地，封疆方四百里，其食者参之一；诸伯之地，封疆方三百里，其食者参之一；诸子之地，封疆方二百里，其食者四之一；诸男之地，封疆方百里，其食者四之一。”贾公彦疏言：“土，犹度也，以土圭度其地。假令封上公五百里，国北畔立八尺之表，夏至昼漏半得尺五寸，景与土圭等；南畔得尺四寸五分，其中减五分，一分百里，五分则五百里。减四分则四百里封侯，减三分则三百里封伯，减二分则二百里封子，减一分则一百里封男。是土其地之法。”

根据“凡建邦国，以土圭土（度）其地而制其域”的原则以及贾公彦对于“度其地之法”的详解，笔者推测圭尺的长度或许象征官吏委任辖区夏至影长、地理区位或地广。虽然徐凤先博士分析证明中国古代“日影千里影长差一寸”（意为“夏至晷影差一寸，南北大地距离差一千里”）的天文大地测量计算常数是错误的[46]，但是，笔者根据徐凤先博士的研究思路和原理计算，山西襄汾陶寺的纬度是 N35°52′55.9″，经度 E111°29′54.9″，河南登封告成王城岗的纬度是 N34°24′04.4″，经度 E113°07′31.2″。二者之间纬度差 1°28′51.5″，约合 1.5°。根据文献和天文学计算，陶寺与王城岗两城址之间夏至影长实际差 1.69 - 1.5 = 1.19 寸。[47] 也就是说夏至晷影差 1 寸 = 1.9 ÷ 1.5 ≈ 1.27°，子午线上约差 1.27°。则陶寺夏至晷影差 1 寸，子午线上南北大地距离差 1.27° × 111 千米 ≈ 140.6 千米 = 562.4 陶寺里。由于陶寺 1 寸 = 2.5 厘米，按照《周礼》所谓诸公之国五百里，标志其南北畔之间地广的玉石圭长度定不足 2.5 厘米（1 寸），从象征性的角度看过于小气，缺乏足够的视觉效果。因此笔者大胆推测，玉石圭的长度有可能是官吏委任辖区南北地广夏至晷影差的 10 倍。

以陶寺 M1700 玉圭长 17 厘米为例，约合 6.8 寸，意味着其墓主委任辖区南北畔夏至晷影差实际为 6.8 寸 ÷ 10 = 0.68 寸。则实际南北地广 0.68 寸 × 562.4 陶寺里 = 382.4 陶寺里，不足 400 里诸侯封地等级，大于《周礼》诸伯国之地的等级 300 里，当归为诸伯封国之等级，长度且合于《考工记》所谓诸伯所持 7 寸躬圭之等级。陶寺 M3032 玉石圭长 15.8 厘米，合 6.32 寸，所辖区南北实地地广 0.632 寸 × 562.4 陶寺里 = 355.4 陶寺里，小于 400 里，大于《周礼》诸伯国之地的等级 300 里，当归为诸伯封国之等级，长度且合于《考工记》所谓诸伯所持 7 寸躬圭之等级。因此笔者倾向于认为，陶寺 M1700 和 M3032 玉石圭长度是伯级官僚辖区的南北地广基于南北畔夏至晷影差的象征物。

石峁出土玉圭 SSY119 长 12.4 厘米，合 4.96 寸，所辖区南北实地地广 0.496 寸 × 562.4 陶寺里 = 278.9 陶寺里，不足诸伯封国 300 里之等级，大于诸子封国 200 里之等级，当归为诸子封国之等级，且长度合于

《周礼》所谓的“子男之爵所执璧”的直径5寸之等级。因此，笔者倾向于认为，石赤玉圭SSY118是诸子级官僚辖区南北地广的象征凭信。

下王岗遗址石圭长9.2厘米，合3.6寸，所辖区南北实地地广0.36寸×562.4陶寺里≈202.5陶寺里，与《周礼》所谓诸子封国等级相同。下王岗石圭长度接近4寸，似乎略短于《周礼》所谓“子男之爵所执璧”5寸直径的标准，出现了封国地广等级与圭尺长度等级略有不符的现象，个中原因有待进一步深究。或许这也因为下王岗遗址龙山文化属于王湾三期文化，与陶寺文化分属于不同的政体有关。

我上述不厌其烦地分析龙山时代黄河中游地区与陶寺文化玉石圭有关的考古资料的用法及其等级象征含义，并非论证《周礼》有关玉石圭等邦国的等级制度是陶寺文化用圭制度的翻版，而意在利用《周礼》记载的相关制度，试图揭示陶寺文化官僚等级体制的制度化现象，暗示尧舜时期的四岳相当于西周时期所谓的分封诸侯级的地方“总督”，群后则有可能相当于西周的子男级的地方下级行政官员。而玉石圭是陶寺中央政权颁发给他们的委任凭信物。

（三）允执其中

《论语》说，帝尧当时禅位给舜的时候叮嘱：“天之历数在尔躬，允执其中。”陶寺圭尺、玉琮游标构成完整的“中”。甲骨文“中”字写作𠁧，其中“丨”描绘的是圭尺漆木杆，“口”描绘的是套在圭尺上追逐晷影移动的玉琮游标，上下两端所谓的“飘带”是指示圭尺漆杆上有彩绘的刻度。总起来看，甲骨文字就是圭尺的象形与指示，“中”是西周之前乃至史前时期对圭尺的称谓。[48]圭尺以其测晷影确定地中（即甲骨文所谓“立中”）、制定历法以及天文大地测量功能，被作为王权象征的权杖，故而掌握权柄称为“允执其中”。明清紫禁城内核心建筑群三大殿中央殿称“中和殿”，殿内高悬的匾额上书“允执厥中”。足见允执其中这个“牢牢掌握印把子”的思想对整个中国历代王朝的影响极为深远。

（四）豮豕之牙：尧舜上政之楷模

《周易·系辞下》："黄帝、尧舜垂衣裳而天下治。"《帛书·周易·昭力》："又问：'豮豕之牙，何胃（谓）也？'子曰：'……上正（政）陲（垂）衣常（裳）以来远人，次正（政）橐弓矢以伏天下。《易》曰：豮豕之牙，吉。其豕之牙，成而不用也。又（有）笑而后见，言国修兵不单（战）而威之胃（谓）也。'"

《周易·大畜》："豮豕之牙，吉。"王弼注曰："豕牙横猾刚暴，难制之物，谓二也。五处得尊位，为畜之主二。刚而进能豮其牙，柔能制健，禁暴抑盛，岂唯能固其位？乃将有庆也。"《正义》曰："能豮其牙者，观注意则豮是禁制损去之名。褚氏云，豮，除也，除其牙也。然豮之为除，《尔雅》无训。案《尔雅》豮，大防。则豮是堤防之义。此豮其牙，谓防止其牙。古字假借，虽豕傍上边之异，其义亦通。豮其牙谓止其牙也。"可见，汉儒们对"镇"字义的解释，有些含糊，大致认为意为拔除猪犬齿（俗称獠牙），或防止猪獠牙长大。这里的豮是动词。

《说文》解释说："豮，羠豕也。"段玉裁注云："羠，騬羊也。騬，犗马也。犗，騬牛也。皆去势之谓也。"《说文》将豮视为名词，指阉割了的公猪。

如果考虑到《帛书·周易·昭力》所谓的"其豕之牙，成而不用也"，似乎是将豮视为名词。经请教中国社会科学院考古研究所科技中心动物考古专家袁靖先生，得知家养公猪獠牙过大或过长，都会伤及人或其他猪，因此可以在一定的年龄段将公猪阉割去势，一方面减轻公猪的暴戾倾向，客观上有可能减缓獠牙（夫齿）的生长。这似乎比较符合《尔雅》对豮的解释。

图 34　陶寺ⅡM22 头端豮豕之牙

陶寺中期元首墓ⅡM22 头端墓壁上，以公猪下颌骨为对称轴（图 34），左右各摆 3 柄带彩漆木把的玉石钺（玉兵器）。[49]公猪下颌骨上的獠牙出土时已经残断，不知是公猪生前獠牙即被损坏还是下葬时被刻意掰断。总之是被损坏獠牙的公猪下颌骨，似乎又与《周易·大畜》正义的解释暗合符节。至于是否是去了势的公猪，袁靖先生惠告，目前国内外尚无相关动物考古研究成果可以借鉴，无从判别。然而至少我们可以从拔除公猪獠牙的角度来理解陶寺Ⅱ M22 头端的公猪下颌骨即为“豮豕之牙”。这一豮豕之牙的图示，象征修兵不战、兵不血刃、耀武扬威、不战而屈人之兵的文德治国的“上政”理念[50]，与陶寺朱书扁壶“文尧”二字，对帝尧文德的颂扬，不谋而合。

而更有趣的是，ⅡM22 南侧墓则放置折断的木弓和去除箭竿的装在布袋里的鹿角镞 8 组，图解《昭力》所谓的“次政橐弓矢以伏天下”，仿佛反衬头端“豮豕之牙”上政图式的正统地位。同时，如果断弓与去竿鹿角矢不是出于“损器葬”宗教目的，则有可能配合“豮豕之牙”使弓矢去功能化，同样表达“成而不用”的上政思想。

图 35　陶寺早期元首墓出土龙盘

（五）赤龙与尧诞传说

《竹书纪年》曰：“帝尧陶唐氏，母曰庆都，生于斗维之野，常有黄云覆其上。及长，观于三河，常有龙随之。一旦，龙负图而至，其文要曰：亦受天佑，眉八彩，须发长七尺二寸，面锐上丰下，足履翼宿。既而阴风四合，赤龙感之。孕十四月而生尧于丹陵，其状如图。及长，身长十尺，有圣德，封于唐。梦攀天而上。高辛氏衰，天下归之。元年丙子帝即位居冀。命羲和历象。”

陶寺早期王族墓地中的元首墓，出土龙盘（图 35），图案中的龙用朱砂绘制，因而是“赤龙”。盘龙身上鳞状斑纹，可谓“龙负图”。赤龙自盘底向盘口盘旋，可谓“攀天而上”。虽然陶寺文化早已脱离了图腾崇拜的阶段，鱼、蛇并非陶寺早期王族的图腾，但是陶寺龙盘中鱼龙的形象，与《竹书纪年》帝尧父系赤龙传说耦合，或可作为帝尧王族神化象征图示。

(六) 尧舜禅让与陶寺早期与中期政权交替

《尚书·舜典》云：“曰若稽古帝舜，曰重华协于帝。浚咨文明，温恭允塞，玄德升闻，乃命以位。慎徽五典，五典克从；纳于百揆，百揆时叙；宾于四门，四门穆穆；纳于大麓，烈风雷雨弗迷。帝曰：‘格！汝舜。询事考言，乃言底可绩，三载。汝陟帝位。’舜让于德，弗嗣。正月上日，受终于文祖。”这是关于尧舜禅让的权威记载。《史记·五帝本纪》将类似的记载说得更详细一些：“于是帝尧老，命舜摄行天子之政，以观天命。……尧立七十年得舜，二十年而老，令舜摄行天子之政，荐之于天。尧辟位凡二十八年而崩。尧知子丹硃之不肖，不足授天下，于是乃权授舜。授舜，则天下得其利而丹硃病；授丹硃，则天下病而丹硃得其利。尧曰‘终不以天下之病而利一人’，而卒授舜以天下。尧崩，三年之丧毕，舜让辟丹硃于南河之南。诸侯朝觐者不之丹硃而之舜，狱讼者不之丹硃而之舜，讴歌者不讴歌丹硃而讴歌舜。舜曰‘天也’，夫而后之中国践天子位焉，是为帝舜。”所谓“中国”，《集解》：刘熙曰：“帝王所都为中，故曰中国。”《五帝本纪》还说：“舜入于大麓，烈风雷雨不迷，尧乃知舜之足授天下。尧老，使舜摄行天子政，巡狩。舜得举用事二十年，而尧使摄政。摄政八年而尧崩。三年丧毕，让丹硃，天下归舜。”

以上是被儒家历代讴歌的尧舜禹禅让的官方记载。

陶寺早期城址与中期城址在聚落形态上有重大的差别，早期王族墓地位于早期宫城外的东南，中期王族墓地则位于中期小城内。早期与中期的王族不同茔域，显然不是同一王族。

陶寺早期元首墓随葬品组合为龙盘、鼍鼓、陶鼓、石磬、彩绘陶器、日用陶器、彩绘木器等。[51]陶寺中期元首墓随葬品组合为彩绘陶器、玉器、玉石列钺、漆器、漆柷、青石列厨刀、豳宰猪肉等[52]，不见龙盘、鼍鼓、陶鼓、石磬、日用陶器等早期王墓重要器物组合主体。足见早期与中期元首墓的丧葬礼制有了重大变化。

而体质人类学人骨形态分析，陶寺早期与中期的人骨在体质形态上和DNA都存在着明显的差别。[53]可以说直接表明陶寺早期与中期人群在族属上的差别。

上述证据表明，陶寺文化早期与中期之间，政权是在两个没有血缘关系的王族之间交替的。然而另一方面，陶寺城址的都城地位却是在中期得到进一步完善、扩大与发展，政体也没有出现断层现象，早期的国家社会在中期也得到顺利发展。这又充分说明陶寺早期与中期政权的交替是顺畅的，没有经过疾风暴雨式的政权更迭改朝换代，完全可以解释为“禅让”。虽然王晓毅和丁金龙先生根据陶寺晚期政治报复现象，质疑尧舜禅让[54]，然而如果将视角从陶寺中晚期的动荡前移至陶寺早中期的政权顺利交接，史称“尧舜禅让”恐非空穴来风。

（七）称日为“尧王”方言与陶寺文化核心区的关系对应

根据地方志和方言资料，山西襄汾、临汾南部、乡宁东部、曲沃一带方言称太阳为“尧王”，发音近“窑窝”[55]，旧县志方言记载为“鸦窝”，或称“尧窝”。[56]这一极为特殊称谓的方言，使用地域十分有限，几乎与陶寺文化最核心区即陶寺城址及其周边地区（相当于京畿区）大致重合。看来这一重合绝非偶然。“尧天舜日”的成语恐非空穴来风。《史记·五帝本纪》云：“帝尧者，放勋。其仁如天，其知如神。就之如日，望之如云。”《索隐》释曰：“如日之照临，人咸依就之，若葵藿倾心以向日也。”帝尧故都的后人在历史记忆中，将尧比作太阳，言下之意将自己比作葵藿，在方言中留下“就之如日”的历史印记。

可资辅证的是，陶寺遗址不仅有观测日出的观象台，早期王族墓地中随葬的陶器中常在大口罐肩部用朱砂绘制圆圆的红太阳或日半出的形象，恰是陶寺观象台观测节令所定的标准天象——日下缘切山脊线（简称日切）或日半出。具体说，日半出天象用于冬至和夏至节令判断的标准时刻天象，即日出一半在山脊线上。日切则用于判断其余 18 个节令的标准时刻天象。因此，陶寺文化对于太阳的观测与崇拜具有十分特别重要的意义。足见以陶寺遗址为中心的陶寺文化京畿区方言称太阳为尧王，确有其深厚的历史渊源。

（八）关于陶寺之名的推测

陶寺遗址命名源自陶寺村。而据笔者了解，陶寺镇所辖五个自然村，历来没有陶姓村民。陶寺村何以得名一直是个谜。《尚书序》云："少昊、颛顼、高辛、唐、虞之书，谓之五典，言常道也。"注云："唐帝，尧也。姓伊耆氏。尧初为唐侯，后为天子，都陶，故号陶唐氏。"所谓"都陶"是否是陶寺地名的缘起?

解希恭和陶富海是临汾地区的地方文博学者，他们曾分析陶寺作为村名，已无从考证始于何时，然而陶寺之"陶"很可能源于地名。而"寺"可依文献解释为朝中立法执法之所。于是"陶寺"本宜从字面可以解释为"古陶国的首脑机关所在，即国都"[57]。文献关于陶的地名记载主要为山东的定陶。假如尧都定陶是真的，那么山东定陶一带应当能发现龙山晚期的都城遗址，规模与内涵应当与陶寺遗址等量齐观。遗憾的是至今定陶没有任何史前都城遗址的考古发现。据目前考古资料，我认为陶寺作为尧都之陶比山东的定陶更有考古证据说服力，陶寺作为地名本宜为"古陶国的首脑机关所在即国都"之说可从。

（九）古唐国与晋侯墓地的旁证

《毛诗·唐谱》郑氏笺云："唐者，帝尧旧都之地。今日太原晋阳是尧始居此，后乃迁河东平阳。”田建文先生认为，唐与晋是两个相邻却不同的地方。他认为山西浮山桥北墓地和临汾庞杜墓地，很可能是商末周初古唐国，即虞叔封唐的唐国。曲沃天马—曲村晋侯墓地是唐伯徙晋之后的晋国所在地[58]，与陶寺遗址仅隔塔儿山，笔者很以为然。临汾与浮山原本就是陶寺文化分布区，确切说是陶寺都城以北的陶寺文化遗址群分布区。在陶寺文化分崩离析之后，部分留在临汾盆地的陶寺文化后裔，或乃《史记·晋世家》《索隐》所谓“且唐本尧后”，被二里头文化东下冯类型所同化，大概是《索隐》所谓“封在夏墟”，继续苟延残喘，被称为“唐国”，历史上曾属于帝尧故都的管辖范围，却不一定是帝尧旧都本身。商周时期唐与晋的考古判定，从一个侧面证明陶寺遗址乃帝尧旧都。

四　陶寺城址是尧都还是尧舜之都问题

如果陶寺城址早期是尧都，那么中期是谁的都城？这便成为一个不容回避的问题。按照史书传颂的尧舜禅让的逻辑对应，陶寺中期城址则就应是舜的都城。《五帝本纪》说尧晚年将天下授予舜，尧丧三年，舜避尧子朱丹于南河之南，诸侯朝觐、狱讼、讴歌都找舜，舜叹“天也”，“夫而后之中国践天子位，是为帝舜”。显然，舜接受政权的都城还是帝尧的地中之都，也就是陶寺。先是，据《尚书·舜典》称：“舜让于德，弗嗣。正月上日，受终于文祖。”孔氏传云：“上日，朔日也。终，谓尧终帝位之事。文祖者，尧文德之祖庙。……王云文祖者，庙名。马云文祖，天也，天为文，万物之祖，故曰文祖。”不论是尧文德之祖庙，还是天宗，都应在尧的故都。若是文德祖庙就很可能在陶寺宫城里，如果是天宗就应在观象祭祀台附近。所以《水经注》引汉人应劭曰“县在平河之阳，尧舜并都之也”，应当有所本。

其实，李民[59]、许宏[60]、王克林[61]、黄石林[62]、马世之[63]、曲英杰[64]、彭邦本[65]、张国硕[66]等先生，都曾认为陶寺遗址是虞舜、尧舜甚至是尧舜禹的都城。笔者认为这些先生的洞见颇有道理。陶寺早期城址是尧都，中期是舜都。如此，中期完备的都城便有了明确的主人，也才能使陶寺早中期都城形态变化、政权顺利交替与文献称颂的“尧舜禅让”不悖；陶寺中期的观象台才能继承《尧典》的天文学知识体系，才能“协时月正日”；陶寺中期元首墓ⅡM22随葬的圭尺才能继承尧帝的地中标准1.6尺夏至影长，才能与《论语·尧日》所谓尧禅位于舜谆谆嘱托“允执其中”相合符节。

关于陶寺中期城址有可能是舜都的推测，我们还可以找到以下一些证据。

（一）大虹舜诞传说与龙形玉璜组珮

有趣的是，与陶寺早期王墓随葬龙盘可与《竹书纪年》关于赤龙与尧诞传说的附会相类似，舜诞传说也可在陶寺中期元首墓ⅡM22随葬品中找到相应的影子。

《尚书序》孔颖达疏曰：“尧母庆都观河遇赤龙，唵然阴风感而有孕，十四月而生尧。又云舜母曰握登，见大虹，感而生舜。”丁山先生曾分析认为，双头龙或蛇的图形谓之“穷奇”，即甲骨文所常见的“虹”字，郭沫若先生始隶为“蜺”，像雌雄二虹两端有首。[67]辽宁喀左东山嘴“女神庙”建筑基址内出土的双龙首璜形玉饰（图36:1），是最早的所谓“穷奇”霓虹的宗教艺术形象。[68]

根据甲骨文“虹”字象形双头龙以及东山嘴红山文化双头龙形玉璜，我们似乎可以推断上古时期双头龙形玉璜很可能象征霓虹。

陶寺中期最大元首墓ⅡM22东北角壁盒内的大漆箱子顶部和背部，共放置了三组龙形玉璜，两两一组。其中箱顶的两组出土时有黑色皮带相连（图37）。

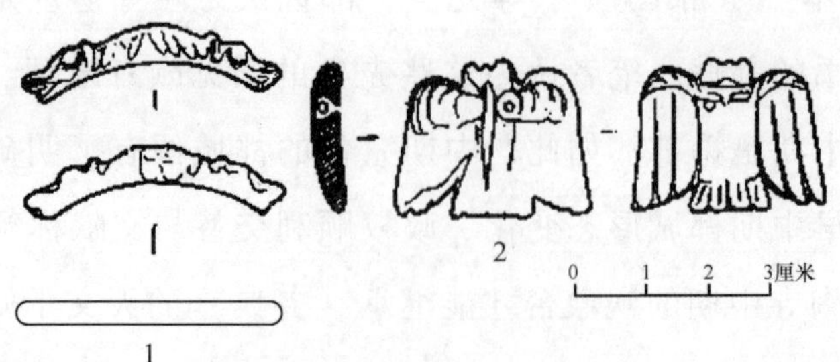

图 36 东山嘴出土玉器

1. 双龙首璜形玉饰（TE6② g1∶1） 2. 鸮形绿松石饰（Tc6②∶1）

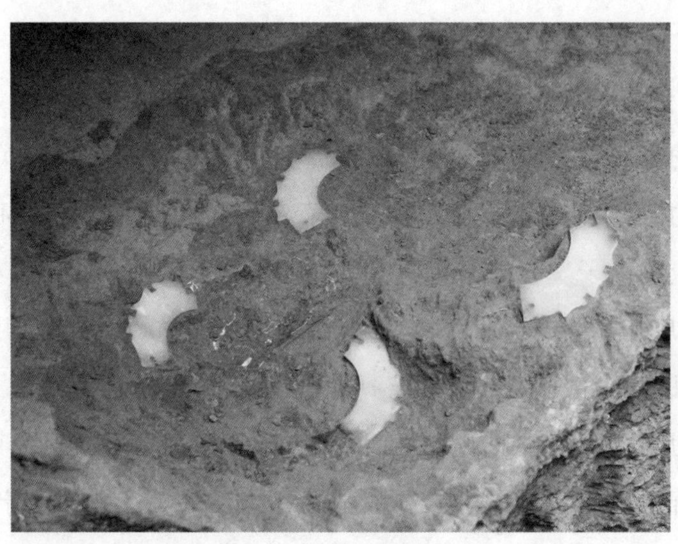

图 37 ⅡM22 出土龙形玉璜组珮

ⅡM22 随葬玉璜组，背部带扉棱，头端有矩形口。连以皮带，便构成双头龙。该墓出土龙形玉璜组不仅是陶寺文化墓葬最多的，玉质也是最好的。于此形成鲜明对比的是，陶寺早期 6 座元首墓均不随葬龙形玉璜。足见，龙形玉璜组珮，是陶寺中期元首墓ⅡM22 墓主的一大特色。如果说陶寺早期元首墓随葬龙盘（图 35），与庆都感于赤龙诞尧的传说附会，可作为帝尧王族的标识或族徽，那么陶寺中期元首墓ⅡM22 随葬的三组龙形玉璜组珮，则可与握登感于大虹而诞舜的传说附会，作为帝尧王族的标识物。

（二）豮豕之牙与允执其中的深究

《周易·系辞下》“黄帝、尧舜垂衣裳而天下治”。《帛书·周易·昭力》解释说豮豕之牙表现的垂衣裳而治的上政，“豮豕之牙”图式出现在陶寺中期元首墓ⅡM22 头端墓壁上（图 34），是否也在标榜ⅡM22墓主是帝舜王族的成员呢?

再者，ⅡM22 随葬的圭尺，又与《论语·尧曰》所谓尧禅位于舜时说“允执其中”之“中”权柄相套合，而圭尺上理论地中标准夏至影长1.6 尺是陶寺文化早期从母体文化庙底沟二期文化大本营垣曲盆地继承来的（图 24），于是将陶寺中期元首墓ⅡM22 随葬的圭尺释为“舜”继承早期“尧”的权柄“中”，似乎更合逻辑。

（三）舜与花的关系

《说文》曰：“舜，艸也。楚谓之葍，秦谓之藑。漫地生而连花，象形。”陶寺中期王族墓地中型墓ⅡM32 随葬一件彩绘双耳陶罐[69]，所绘图案为回旋勾连花纹（图 38），很可能就是“漫地生而连花”艸的象形。这种勾连花纹，有可能是舜王族的另一种徽章图式。

（四）舜井、仓廪、牛羊与宫室

《史记·五帝本纪》讲了一段关于舜的故事：“尧乃赐舜絺衣与琴，为筑仓廪，予牛羊。瞽叟尚复欲杀之，使舜上涂廪，瞽叟从下纵火焚廪。舜乃以两笠自扞而下，去，得不死。后瞽叟又使舜穿井，舜穿井为匿空旁出。舜既入深，瞽叟与象共下土实井，舜从匿空出，去。瞽叟、象喜，以舜为已死。象曰：‘本谋者象。’象与其父母分，于是曰：‘舜妻尧二女，与琴，象取之。牛羊仓廪予父母。’象乃止舜宫居，鼓其琴。舜往见之。”故事中提到了絺衣、琴、仓廪、牛羊、水井、宫室。关于絺衣，《史记·正义》解释为：“絺，敕迟反，细葛布衣也。”陶寺中期宫城内有中期的宫殿建筑基址，其中最大者ⅠFJT3面积约8000平方米，有前后主殿。我们在清理ⅠFJT3基础的过程中，曾发现过红色纺织残片，ⅡM22扰坑底部残留有细麻布残片，足见絺之说或有所本。而陶寺遗址20世纪曾清理过4个水井，3个早期的，1个晚期的。[70]陶寺遗址有陶寺早期和中期的独立仓储区，居址内也常见早中晚期的窖穴。陶寺遗址动物考古分析表明，陶寺遗址早、中、晚三期均有黄牛和绵羊，早期引入陶寺，数量略少，中期牛羊数量有一定数量，但是晚期绵羊数量大幅增加。[71]可见，除了琴难以保存之外，《五帝本纪》所述舜孝悌的故事中所提到的事物，陶寺遗址早中期考古遗存中均见。

图38　ⅡM32彩绘双耳陶罐

尽管考古学将陶寺早期城址判定为帝尧之都，将中期城址判定为帝舜之都似乎并不困难，但是从文献记载中完全将帝尧史迹同帝舜史迹剥离出来却并非易事。《尚书》将《尧典》与《舜典》并称虞书，便已经透露出一些尧舜史迹杂糅的端倪。

(五)《尧典》与《舜典》的关系

据《尚书序》记述:“济南伏生,年过九十,失其本经,口以传授,裁二十余篇,以其上古之书,谓之尚书。……伏生又以《舜典》合于《尧典》……”可见,汉初济南伏生口传的《尚书》中,《尧典》与《舜典》是合二为一的。伏生的做法也是有一定道理的。《尚书·尧典第一》孔颖达疏曰:“然《书》者理由舜史,勒成一家,可以为法,上取尧事,下终禅禹,以至舜终,皆为舜史所录。其尧、舜之典,多陈行事之状,其言寡矣。”又,“正义曰,尧典虽曰唐事,本以虞史所录,末言舜登庸由尧,故追尧作典,非唐史所录,故谓之《虞书》也。郑玄云,舜之美事在于尧时,是也”。足见,伏生将《尧典》与《舜典》合为一体,是因为《尧典》实际上是从舜时代的历史中摘出来的关于尧的史迹。

从《尧典》与《舜典》的行文,也可看出二者行文的连贯性。《尧典》的结束语为“厘降二女于妫汭,嫔于虞。帝曰:‘钦哉!’”《尧典》戛然而止,缺少《舜典》结尾对帝舜功绩的总结那样的对帝尧功绩的概论。假如将《舜典》开篇“曰若稽古帝舜,曰重华协于帝。浚咨文明,温恭允塞,玄德升闻,乃命以位。慎徽五典,五典克从;纳于百揆,百揆时叙;宾于四门,四门穆穆;纳于大麓,烈风雷雨弗迷”这段对舜的赞美之词去掉,《舜典》直接接续《尧典》的应是“帝曰:‘格!汝舜。询事考言,乃言底可绩,三载。汝陟帝位。’”《尧典》结束于讲述“尧妻舜二女”之事,《舜典》开篇继续讲“尧禅位于舜”之事,事理十分顺畅。

《尧典》从《舜典》中分离出来,表明尧和舜的关系相当密切,这就是郑玄所谓“舜之美事在于尧时”,从一个侧面反映尧舜并都的真实性。也正是由于《尧典》记述的史迹是从虞舜的史书中摘出来的,那么就会有可能将舜的功绩误记为尧的。比如说,陶寺早期城址当为尧都,中期城址当为舜都，而与《尧典》所谓的“历象日月星辰，敬授民时”、“寅宾出日”等记载，与陶寺中期的观象台得以契合，这暗示《尧典》中相关的记载至少包含了陶寺中期舜的观象授时史迹。陶寺早期王族墓地天文官 M2200 随葬的立表[72]，虽然表明《尧典》所记分派羲叔、和叔、羲仲、和仲进行陶寺四表测量是很有可能的，但是陶寺中期元首墓ⅡM22 随葬的圭尺则更加完备，也不能排除陶寺四表测量的最终完成于帝舜时代。因为如此艰巨的测量任务不可能在短期内完成，四支“陶寺科考队”在进行作业时均“宅某方”，说明测量工作过程的漫长。这可能是四千年来人类历史上第一次天文大地测量的壮举，历经两个王族统治时期是极有可能的。

（六）尧舜八音

《尚书·舜典》云：“二十有八载，帝乃殂落。百姓如丧考妣，三载，四海遏密八音。”孔颖达疏云：“《周礼》太师云播之以八音，金、石、土、革、丝、木、匏、竹。郑云：金，钟镈也；石，磬也；土，埙也；革，鼓鼗也；丝，琴瑟也；木，柷敔也；匏，笙也；竹，管箫也。”《舜典》又云：“帝曰：‘夔！命汝典乐，教胄子。……八音克谐，无相夺伦，神人以和。’夔曰：‘於！予击石拊石，百兽率舞。’”注曰：“石，磬也。”

陶寺遗址早期王族墓地晚期小墓 M3269 出土过铜铃，虽不是钟镈，却属于金属乐器。尽管时代为陶寺晚期，但是陶寺中期有铜铃也是有可能的。因为陶寺中期所有贵族墓被捣毁，捣墓者出于政治报复目的，主要不为图财，但是对于极为稀有的铜器和货贝却很有可能要攫取的。M3269 墓主除腰悬铜铃外，没有其他任何随葬品[73]，身份当属平民。而陶寺晚期铜器依然是凤毛麟角，在正常情况下不可能“旧时王谢堂前燕，飞入寻常百姓家”，而极有可能是 M3269 的墓主作为陶寺早期王族（尧族）的后人，也参与到对陶寺中期王族（舜族）当权者墓葬的政治报复行动中，将陶寺中期贵族随葬的铜铃占为己有。陶寺中期核心宫殿建筑ⅠFJT3主殿基址内出土铜盆口沿[74]，确证中期已经有红铜铸造容器了。而陶寺中期墓地毁墓堆积第4层遗留的铜环[75]，表明陶寺中期王族墓地中的贵族墓原本很可能随葬有铜器，只是陶寺中晚期之际被捣毁时，被捣墓者攫取了。铜环是因为尺寸仅有4厘米，被捣墓者遗漏了。

陶寺早期元首墓葬中出土石磬、陶鼓、鼍鼓[76]，居址曾出土过陶埙和陶铃[77]，陶寺中期元首墓ⅡM22随葬1件木胎髹漆柷。[78]至于琴瑟笙箫以丝竹匏为材质，在考古遗存中难以保留，所以没有证据。大致可以这样认为，陶寺早中期已经形成了比较完整的礼乐制度，尽管早期与中期的乐器组合不尽相同，但大体上可以同文献记载的尧舜时期的礼乐八音组合相对应，至少具备了金、石、土、革、木五音。

从上述分析中我们不难看出，《尧典》里记载的史迹，不一定全部是帝尧的，很可能掺杂着帝舜的史迹。明白了这一点，便不难理解为何陶寺中期的考古资料可与应属于陶寺早期的帝尧时代的《尧典》史迹相契合，不会迷惑于文献时代与考古资料时代的错位。

根据文献记载尧舜史迹的糅合实际情况，我倾向于认为虽然陶寺遗址考古证据不可能与尧史迹严格对应，因为我们无法从文献中准确辨别出哪些是尧的史迹，哪些是舜的史迹，却可以认为陶寺遗址考古证据可以同文献记载尧舜史迹系统对应，那么陶寺遗址既是尧都也是舜都的可能性就很大了。

五　余论

综上所述，我们有理由认为，陶寺遗址无疑进入了早期国家社会，而且已经出现了“地中”概念。地中概念与国家社会组织在陶寺遗址结合在一起，因而陶寺遗址是迄今考古发现可以证明的最符合本初意义的“中国”——地中之都，中土之国。

根据陶寺遗址的考古资料，结合古代文献和民族志资料甚至方言资料，我们认为已经建立起一条比较明晰的考古证据链与文献记载的尧都及其尧舜史迹系统对应。就目前考古证据链而言，陶寺遗址就是“尧都”，甚至包含舜之都。

目前，笔者认为陶寺遗址是尧舜之都，但是否是平阳，不敢下如此结论。《帝王纪》云：“尧都平阳，于《诗》为唐国。”《括地志》云：“今晋州所理平阳古城是也。平阳河水一名晋水。”钱穆认为平阳在“今临汾县西南”。[79]《水经注·汾水》云：“汾水又南径白马城西。魏刑白马而筑之，故世谓之白马城。今平阳郡治。汾水又南径平阳县故城东，晋大夫赵晁之故邑也。应劭曰：县在平河之阳，尧舜并都之也。……魏立平阳郡，治此矣。水侧有尧庙，庙前有碑。《魏土地记》曰：平阳城东十里，汾水东原上有小台，台上有尧神屋石碑。永嘉三年，刘渊徙平阳……汾水南与平水合，水出平阳县西壶口山，《尚书》所谓壶口治梁及岐也。其水东径狐谷亭北……又东径平阳城南，东入汾。俗以为晋水，非也。汾水又南历襄陵县故城西，晋大夫郤犨之邑也……又南过临汾县东。”上述有关尧都平阳的历史地理记载，线索比较庞杂错综，不可不信，也不可全信。从地质资料看，今天的临汾市在古代很长一段时间是湖沼，成陆时代很晚，根据今临汾市尧庙始建于唐的记载，临汾市成陆可能在隋唐时期。显然今天的临汾市不是北魏郦道元做《水经注》时的临汾县，所以钱穆所谓“平阳在今临汾县西南”的看法是有问题的。另一方面，陶寺晚期最后阶段，陶寺城址彻底被平毁，全部湮没于地表以下，并不为世人所知，因此所谓的平阳城、平阳县治等当时人能看到地表以上城址存在的“平阳”，肯定不是陶寺城址。再者，《水经注》中关于平水是有比较明确所指的，即发源于今山西临汾地区吉县壶口山区，向东注入汾河的一条支流，确实与地处汾河之东的陶寺遗址地望难合。解希恭与陶富海先生曾分析认为，平阳可解释为浍河以北的汾河两岸地域。[80]

据此，是否可以这样理解，“尧都平阳”的说法出现较晚，只是因为西汉在今临汾盆地因平水而设平阳郡，按《汉书·地理志》此区属河东郡，临汾盆地自汉或战国以来，才被习称为平阳。根据历史的记忆，尧都本在临汾盆地，汉以后人们就称尧都平阳，应为虚指，并非实指。也就是说，尧都在汉魏平阳即今临汾盆地一带，这样的说法可能更为妥帖。那么，四千年前陶寺城址存续期，是否有平水，是否有平阳之城，实在难以考证。再通俗点解读，“尧都旧址在平阳”不错，这里的“平阳”是指平阳郡范围内，即今临汾盆地；“平阳是尧都”恐怕就有问题了，此处的“平阳”只能是平阳故城，必在平水之阳，确实难与陶寺遗址发生关联。就好比说“尧都故城在今临汾（地区）”不错，说“今临汾市是四千年期的尧都故城”就不对了。明确了平阳郡区域、平阳城与陶寺城址的逻辑关系，才能正确理解“尧都平阳”的含义，才能向学界和社会正确引导和宣传“陶寺是尧都在平阳”这一史实及其概念。

而另一方面，以历史地理上的平水与平阳城的不确定性，来质疑陶寺与尧都的关系，恐怕也是没有太多的理由的。正如以今临汾市不是尧都故城的考古事实来质疑尧都不在临汾地区一样，我相信普通民众也能明辨出其中的逻辑问题。

总结我的理解，陶寺遗址是尧舜之都，在汉魏平阳郡区域内，但不是平阳城。

附记：本文得到国家科技部“十二五”科技支撑计划项目“中华文明探源及其相关文物保护技术研究（2013—2015）”之“中华文明起源过程中三大都邑性聚落综合研究”（课题编号2013BAK08B04）陶寺专项和中国社会科学院“哲学社会科学创新工程”之“陶寺遗址发掘与研究”经费支持。

注释

[1] 何驽:《"中"与"中国"由来》,《中国社会科学报》2010年5月18日,第14版。

[2] 何驽:《都城考古的理论与实践——从陶寺遗址和二里头遗址都城考古分析看中国早期城市化进程》,《三代考古》(三),科学出版社2009年版,第3—58页。

[3] 苏秉琦:《中国文明起源新探》,生活·读书·新知三联书店1999年版,第161页。

[4] 苏秉琦:《中国文明起源新探》,生活·读书·新知三联书店1999年版,第127页。

[5] 中国社会科学院考古研究所山西工作队、临汾地区文化局:《山西襄汾县陶寺遗址发掘简报》,《考古》1980年第1期;中国社会科学院考古研究所山西工作队、临汾地区文化局:《1978—1980年山西襄汾陶寺墓地发掘简报》,《考古》1983年第1期;中国社会科学院考古研究所山西工作队、临汾地区文化局:《陶寺遗址1983—1984年Ⅲ区居住址发掘的主要收获》,《考古》1986年第9期;高天麟、张岱海、高炜:《龙山文化陶寺类型的年代与分期》,《史前研究》1984年第3期。

[6] 何驽:《陶寺:中国早期城市化的重要里程碑》,《中国文物报》2004年9月3日,第7版。

[7] 何驽:《陶寺城址宫殿区发现的陶板功能试析——陶寺文化的陶瓦》,《中原地区文明化进程学术讨论会文集》,科学出版社2006年版;李乃胜、何驽、毛振伟、王昌燧:《陶寺遗址出土的板瓦分析》,《考古》2007年第9期。

[8] 鲁晓珂、李伟东、罗宏杰、何驽、李新伟:《陶寺遗址龙山时代黑色陶衣的研究》,《中国科学:技术科学》2011年第7期;

[9] 中国社会科学院考古研究所山西工作队、山西省考古研究所、临汾市文物局:《山西襄汾陶寺城址祭祀区大型建筑基址2003年发掘简报》,《考古》2004年第7期;中国社会科学院考古研究所山西工作队、山西省考古研究所、临汾市文物局:《山西襄汾县陶寺中期城址大型建筑ⅡFJT1基址2004—2005年发掘简报》,《考古》2007年第4期。

[10] 何驽:《陶寺中期观象台实地模拟观测资料初步分析》,《古代文明》,文物出版社2007年版,第83—115页。

[11] 中国社会科学院考古研究所山西队,山西省考古研究所:《山西襄汾县陶寺遗址Ⅲ区大型夯土基址发掘简报》,《考古》2015年第1期。

[12] 中国社会科学院考古研究所山西工作队、山西省考古研究所、临汾市文物局:《2010年陶寺遗址群聚落形态考古实践与理论收获》,《中国社会科学院古代文明研究中心通讯》2011年1月第21期。

[13] 高炜、高天麟、张岱海:《关于陶寺墓地的几个问题》,《考古》1983年第6期。

［14］中国社会科学院考古所山西队等:《陶寺城址发现陶寺文化中期墓葬》,《考古》2003 年第 9 期。

中国社会科学院考古所等:《2004—2005 年山西襄汾陶寺遗址发掘新进展》,《中国社会科学院古代文明研究中心通讯》2005 年 8 月第 10 期。

［15］王晓毅、严志斌:《陶寺中期墓地被盗墓葬抢救性发掘纪要》,《中原文物》2006 年第 5 期。

［16］何驽:《从陶寺遗址考古收获看中国早期国家特征》,《中国古代文明与国家起源学术研讨会论文集》,科学出版社 2011 年版,第 141 ~ 155 页。

［17］何驽:《陶寺圭尺“中”与“中国”概念由来新探》,《三代考古》(四),科学出版社 2011 年版,第 85 ~ 128 页。

［18］中国社会科学院考古研究所山西工作队、山西省考古研究所、临汾市文物局:《2010 年陶寺遗址群聚落形态考古实践与理论收获》,《中国社会科学院古代文明研究中心通讯》2011 年 1 月第 21 期。

［19］李民:《尧舜时代与陶寺遗址》,《史前研究》1985 年第 4 期。

［20］邹衡:《关于探讨夏文化的条件问题》,《华夏文明》(1),北京大学出版社 1987 年版。

［21］王文清:《陶寺遗存可能是陶唐氏文化遗存》,《华夏文明》(1),北京大学出版社 1987 年版。

［22］俞伟超:《考古所四十年成果笔谈》,《考古》1991 年第 1 期。

［23］罗新、田建文:《陶寺文化再研究》,《中原文物》1991 年第 2 期。

［24］董琦:《虞夏时期的中国》,科学出版社 2000 年版,第 249 ~ 262 页。

［25］王守春:《尧的政治中心的迁移及其意义》,北京大学《古代文明研究通讯》2001 年 3 月总第八期。

［26］王迅:《五帝时代与夏史迹的考古学观察》,《考古学研究》(五),科学出版社 2003 年版。

［27］解希恭、陶富海:《尧文化五题》,《临汾日报》2004 年 12 月 9 日。

［28］卫斯:《“陶寺遗址”与“尧都平阳”的考古学观察》,《中国考古网》2005 年 11 月。

［29］王震中:《中国古代国家的起源与王权的形成》,中国社会科学出版社 2013 年版,第 326 ~ 330 页。

［30］李健民:《陶寺遗址出土的朱书“文”字扁壶》,《中国社会科学院古代文明研究中

心通讯》2001 年 1 月第 1 期。

［31］罗琨：《陶寺陶文考释》，《中国社会科学院古代文明研究中心通讯》2001 年 7 月第 2 期。

［32］冯时：《文字起源与夷夏东西》，《中国社会科学院古代文明研究中心通讯》2002 年 1 月第 3 期。

［33］冯时：《文“邑”考》，《考古学报》2008 年第 3 期。

［34］何驽：《陶寺遗址扁壶朱书“文字”新探》，《三代考古》（一），科学出版社 2004 年版。

［35］葛英会：《破译帝尧名号，推进文明探源》，北京大学震旦古代文明研究中心编《古代文明研究通讯》2007 年 3 月总三十二期。

［36］葛英会：《破译帝尧名号，推进文明探源》，北京大学震旦古代文明研究中心编《古代文明研究通讯》2007 年 3 月总三十二期。

［37］中国社会科学院考古研究所山西工作队、山西省考古研究所、临汾市文物局：《山西襄汾县陶寺城址发现陶寺文化中期大型夯土建筑基址》，《考古》2008 年第 3 期。

［38］何驽：《陶寺遗址扁壶朱书“文字”新探》，《三代考古》（一），科学出版社 2004 年版。

［39］徐凤先、何驽：《“日影千里差一寸”观念起源新解》，《自然科学史研究》2011 年第 30 卷第 2 期，第 151—169 页。

［40］中国社会科学院考古研究所山西队，山西省考古研究所，临汾市文物局：《山西襄汾陶寺城址祭祀区大型建筑基址 2003 年发掘简报》，《考古》2004 年第 7 期。

［41］何驽：《陶寺出土铜齿轮形器功能辨析》，《中国文物报》2010 年 3 月 19 日，第七版。

［42］高炜：《陶寺文化玉器及相关问题》，《东亚玉器》，香港中文大学中国考古艺术研究中心，1988 年。

［43］中国社会科学院考古研究所山西队等：《2008 年河南省南水北调工程文物保护项目淅川下王岗遗址发掘新收获》，《中国社会科学院古代文明研究中心通讯》2009 年 1 月第 17 期。

［44］戴应新：《神木石峁龙山文化玉器》，《考古与文物》1988 年第 5、6 期合刊。

［45］何驽：《从陶寺观象台ⅡFJT1 相关尺寸管窥陶寺文化长度单位》，《中国社会科学院古代文明研究中心通讯》2005 年 8 月第 10 期。

［46］徐凤先、何驽：《“日影千里差一寸”观念起源新解》，《自然科学史研究》2011 年

第 2 期。

[47] 徐凤先、何驽:《“日影千里差一寸”观念起源新解》,《自然科学史研究》2011 年第 2 期。

[48] 何驽:《陶寺圭尺“中”与“中国”概念由来新探》,《三代考古》(四),科学出版社 2011 年版,第 85—119 页。

[49] 中国社会科学院考古研究所山西队,山西省考古研究所,临汾市文物局:《陶寺城址发现陶寺文化中期墓葬》,《考古》2003 年第 9 期。

[50] 罗明:《陶寺中期大墓 M22 随葬公猪下颌意义浅析》,《中国文物报》2004 年 6 月 4 日第七版。

[51] 中国社会科学院考古研究所山西工作队、临汾地区文化局:《1978—1980 年山西襄汾陶寺墓地发掘简报》,《考古》1983 年第 1 期。

[52] 中国社会科学院考古所山西队等:《陶寺城址发现陶寺文化中期墓葬》,《考古》2003 年第 9 期。

[53] 张雅军、何驽、张帆:《陶寺中晚期人骨的种系分析》,《人类学学报》2009 年第 4 期。

[54] 王晓毅、丁金龙:《也谈尧舜禅让与篡夺》,《中国文物报》2004 年 5 月 7 日第七版。

[55] 秦洪彦:《窑窝与尧王》,《龙乡陶寺》,山西人民出版社 2005 年版,第 97—98 页。

[56] 田建文:《“尧窝”——方言的力量》,“襄汾吧”网上发布,2006 年 8 月 29 日。

[57] 解希恭、陶富海:《尧文化五题》,《临汾日报》2004 年 12 月 9 日。转载于《襄汾陶寺遗址研究》,科学出版社 2007 年版,第 398—399 页。

[58] 田建文:《陶唐氏、唐国与鄂、鄂》,北京大学震旦古代文明研究中心编《古代文明研究通讯》2009 年 3 月总 40 期;田建文:《陶寺古城与尧都平阳》,《无限悠悠远古情——佟柱臣先生纪念文集》,科学出版社 2014 年版,第 355—364 页。

[59] 李民:《尧舜时代与陶寺遗址》,《史前研究》1985 年第 4 期。

[60] 许宏等:《陶寺类型为有虞氏遗存论》,《考古与文物》1991 年第 6 期。

[61] 王克林:《陶寺文化与唐尧、虞舜》,《文物世界》2001 年第 1、2 期。

[62] 黄石林:《陶寺遗址乃尧至禹都》,《文物世界》2001 年第 6 期,第 21 页。

[63] 马世之:《虞舜的王都与帝都》,《中原文物》2006 年第 1 期,第 24—27 页。

[64] 曲英杰:《尧舜禹及夏代都城综论》,《从考古到史学研究之路——尹达先生百年诞辰纪念文集》,云南人民出版 2007 年版,第 269—299 页。

［65］彭邦本：《陶寺古城——唐虞联盟与夏初中心都邑》，《中国社会科学院古代文明研究中心通讯》2009 年 8 月第 18 期。

［66］张国硕、魏继印：《试论陶寺文化的性质与族属》，《中国古代文明与国家起源学术研讨会论文集》，科学出版社 2011 年版，第 156—162 页。

［67］丁山：《中国古代宗教与神话考》，上海文艺出版社 1988 年影印本，第 258—260 页。

［68］郭大顺、张克举：《辽宁省喀左县东山嘴红山文化建筑群址发掘简报》，《文物》1984 年第 11 期。

［69］中国社会科学院考古所等：《2004—2005 年山西襄汾陶寺遗址发掘新进展》，《中国社会科学院古代文明研究中心通讯》2005 年 8 月第 10 期，第 58—64 页。王晓毅、严志斌：《陶寺中期墓地被盗墓葬抢救性发掘纪要》，《中原文物》2006 年第 5 期。

［70］高天麟：《陶寺遗址七年来的发掘工作汇报》，《晋文化研究座谈会纪要》，山西省考古研究所编，1986 年。

［71］博凯龄（Katherine Brunson）：《中国新石器时代晚期动物利用的变化个案探究——山西省龙山时代晚期陶寺遗址的动物研究》，《三代考古》（四），科学出版社 2011 年版，第 129—182 页。

［72］中国社会科学院考古研究所等：《襄汾陶寺》，文物出版社待刊；何驽：《陶寺圭尺补正》，《自然科学史研究》2011 年第 3 期。

［73］中国社会科学院考古研究所山西工作队、临汾地区文化局：《山西襄汾陶寺遗址首次发现铜器》，《考古》1984 年第 12 期。

［74］中国社会科学院考古研究所山西工作队、山西省考古研究所、临汾市文物局：《山西襄汾县陶寺城址发现陶寺文化中期大型夯土建筑基址》，《考古》2008 年第 3 期。

［75］中国社会科学院考古所等：《2004—2005 年山西襄汾陶寺遗址发掘新进展》，《中国社会科学院古代文明研究中心通讯》2005 年 8 月第 10 期。王晓毅、严志斌：《陶寺中期墓地被盗墓葬抢救性发掘纪要》，《中原文物》2006 年第 5 期。

［76］中国社会科学院考古研究所山西工作队、临汾地区文化局：《1978—1980 年山西襄汾陶寺墓地发掘简报》，《考古》1983 年第 1 期。

［77］中国社会科学院考古研究所山西工作队、临汾地区文化局：《山西襄汾陶寺遗址首次发现铜器》，《考古》1984 年第 12 期。

［78］中国社会科学院考古所等：《陶寺城址发现陶寺文化中期墓葬》，《考古》2003 年第 9 期。

[79] 钱穆:《史记地名考·上》，商务印书馆 2001 年版，第 355 页。

[80] 解希恭、陶富海:《尧文化五题》，《临汾日报》2004 年 12 月 9 日，转载于《襄汾陶寺遗址研究》，科学出版社 2007 年版，第 399—401 页。

（作者系中国社会科学院考古研究所研究员）

陶寺城址——我国尧舜禹时代进入文明社会的标志

梁星彭

提要：陶寺城址的发现，对探索中国古代文明起源具有重要学术意义，是尧舜禹时代进入文明的醒目标志。

我国有着悠久的历史，是世界六大文明古国之一。中国何时出现国家，进入文明时代这是学术界乃至所有中国人都十分关心的问题。据史书记载，尧舜禹时代是我国最早的文明国家。《尚书》是从《尧典》开始的。司马迁的《史记》是从《五帝本纪》开始的，其中叙述较为具体就是帝尧和虞舜部分。

山西临汾古称平阳。史有尧都平阳之说。《汉书 ·地理志下》："河东土地平易，有盐铁之饶，本唐尧所居，诗风唐、魏之国也。"又颜师古注引应劭曰：平阳，"尧都也，在平河之阳"。《后汉书·郡国志》：河东郡平阳，"尧都此"。注云："《晋地道记》曰有尧都。"《帝王世纪》："帝尧，陶唐氏……以火承木，都平阳，置敢谏之鼓。"《山西省辑要》卷二，平阳古城下："在临汾西南，尧都平阳。"如上述所记，帝尧所都之平阳应在今临汾市西南一带。

考古发现的陶寺文化与尧舜禹部族有密切的联系。据不完全统计，晋南地区陶寺文化遗址达 70 余处，主要集中在临汾盆地塔儿山周围的汾浍流域。此中最重要遗址当数陶寺遗址。

陶寺遗址位于山西省襄汾县城东北约 6.5 千米的汾河东岸，处于塔儿山（明清时称为崇山或崇峰）西麓，该遗址西北—东南最长 2400 米，东北—西南最宽 1800 米，面积约 300 万平方米。

20 世纪七八十年代，中国社会科学院考古研究所山西队与山西省临汾行政公署文物局合作，对该遗址作了大规模发掘，发现了陶寺文化大型墓地、分级墓葬以及铜器、有文字陶器、各种礼乐重器等大批珍贵文物，为揭示我国龙山时代的社会等级制度，探索中国古代文明起源等学术课题提供了重要资料，引起中外学者的广泛关注。其后，陶寺遗址的考古工作一度停顿。为充分发挥陶寺遗址在探索中国古代文明起源中的学术作用，从 1999 年秋季到 2001 年年底，中国社会科学院考古研究所山西队又与山西省临汾文物局合作，恢复了对该遗址的发掘，重点是寻找陶寺文化大型建筑基址和城址。我有幸主持了这段时间的考古工作，在大家共同努力下，经过前后三年共五个季度的发掘、钻探以及广泛而深入的调查，终于在陶寺遗址发现了一座陶寺文化的城址。现将当时发现的情况简述如下：

城址位于陶寺村西南，中梁村和宋村以东，东坡沟村和沟西村以北的山麓坡塬上，处在陶寺遗址的中心区域。

目前已发现城址的北、东、南三个方面的城墙。就目前情况来看，城址方向为 312°，其平面为圆角长方形或圆角梯形。城址南北最大距离为 2150 米，最小距离为 1725 米；东西最大距离为 1650 米。城址总面积在 200 万平方米以上。

北面的城址有两道，由北往南编号依次为 Q2、Q3。

Q2 已发现部分约长 740 米。据发掘了解，墙体上宽 7 米，下宽 7.3 米，残高 2 米。

Q3 位于 Q2 以南 25 米处，已发现部分长 250 米。西段基本上与 Q2 平行，东段逐渐与 Q2 合并在一起，然后向东南方向延伸，东端被南沟毁坏。

东面城墙一道，编号 Q4。它呈西北—东南走向，长 1660 米以上，宽 8—10 米。

南面城墙有两道，由南往北编号 Q5、Q6。

Q5 位于最南面，东北—西南走向，中段较平直，东段向北弧弯往 Q4 南端靠拢，西段呈曲尺形拐折，发现长度 875 米。

Q6 位于 Q5 的北侧，与 Q5 中段大致平行，相距 180 米。在 Q5 向北折部位二者相距约 85 米。

在城址东南部 Q5、Q6 之间，还钻探出一堵方向与 Q6 垂直的墙，编号为 Q7，其北端与 Q6 相接，长度可确定部分长约 50 米。

西面城墙情况不明，可能已毁于宋村沟。

陶寺的各道城墙构筑方法不一，有的为夯筑而成；有的墙体为内外两侧夯筑，中间填土踩踏结实；有的墙体则用稠泥加碎石拍打堆筑而成。

发掘情况表明，城址的各道城墙均被陶寺文化晚期遗存所叠压或打破，有的城墙还被中期灰坑打破，但有的墙体叠压着陶寺文化中期的遗存。由此可以推断陶寺文化城址年代大致属于陶寺文化中期。但据遗物分析，有的城墙建筑年代略有先后，如北面的两道墙体呈逐步外移之势。

在城内，还发现有夯土墙四道，编号分别为 Q8、Q9、Q10、Q11。其中 Q8 呈西北—东南走向，长约 200 米，宽约 4 米。估计这些墙体或许会与大城内有小城有关。

我在 2001 年退休。此后接任考古发掘的同志又有许多重大的新发现。

陶寺城址的发现，对探索中国古代文明起源具有重要的学术意义。可以说，它是我国尧舜禹时代进入文明的醒目标志。

第一，陶寺城址年代是在公元前 2350—前 2050 年之间，大致与尧舜禹时期相当。

第二，陶寺城址位于临汾市的南部，其地理位置与尧都平阳以及禹“又都平阳”的历史记载相符。

第三，陶寺城址规模宏大，有 200 万平方米以上。它比王城岗、平粮台等城址大许多倍，比黄河下游地区最大的城址——山东茬平教场铺城址大 100 万平方米，也比长江流域的湖北天门石家河城址大数十万平方米，是中原地区同时代城址中最大的一座。与尧舜禹时期都邑性城址的规模吻合。它的存在表明，当时已经形成了一个比氏族部落领导集团远为强大有力的管理机构，它能够调集大量人力、物力来兴建如此巨大的建筑工程，并且有能力调集足够的军事力量来守卫这座城。“筑城以卫君。”陶寺城址的兴建，其根本目的是保护统治阶级的利益。基于上述时代背景和考古发现考虑，可把陶寺城址作为一个初期国家权利中心已经形成的标志。

第四，城址内在 20 世纪七八十年代清理的 1300 多座墓葬中（这只占整个墓地很小的一部分），有大、中、小三种规格。几座大墓长 3 米余，宽 2 米余，每座出有一两百件随葬器物，其中有鼍鼓、石磬、土鼓、龙纹陶盘等礼乐重器和成组彩绘漆木器、彩绘陶器和玉石器。几十座中型墓也有较丰富的随葬器物，出有陶器、玉石器、木器等物。上千座小墓随葬品十分贫乏，有的一无所有。这些情况表明，当时社会确已存在阶级，贫富分化明显。符合古代脱离原始社会进入阶级社会，从血缘部族蜕变为地域国家的特征。从大墓的规模以及随葬品的数量和精美程度来看，都是其他地区同时期墓葬所不能比拟的，这与尧舜禹时代最高层统治者身份相称。有学者甚至把这些大墓称为王墓。

第五，陶寺城址周边的陶寺文化遗址具有分布密集、规模较大的特征。已发掘的曲沃东坪遗址在 200 万平方米以上，翼城的南石—曲沃方城遗址达 300 万平方米，侯马市的乔山底遗址达 50 万平方米，它们距陶寺城址都在三四十千米范围以内。这种情况与尧舜禹时期统治中心区域的繁盛情况相吻合。

根据上述分析，我们认为，陶寺城址就是尧舜禹时代都邑性城址。恩格斯在《家庭、私有制和国家的起源》这部经典著作中说，古代社会“在新设防城市的周围屹立高峻的墙壁并非无故，它们的壕沟深陷为氏族制度墓穴，而它们的城楼已经耸入文明时代了”。因此，我们可以把规模宏大的陶寺城址，视为我国早期国家的物化标志。

由此看来，临汾地区曾是我国古代文明的发祥地，晋南地区的先民在这里创造了光荣历史。现在，山西省委宣传部和临汾市委、临汾人民政府在此举办帝尧古都文化旅游节，展示临汾的悠久历史、灿烂的文化必将促进晋南地区社会经济的发展。我们要继承古代历史的这份光荣，在党的领导下，建造幸福家园，继续推动历史车轮，向复兴中华的光明大道前进！

（作者系中国社会科学院考古研究所研究员）

丰富多彩的陶寺文化

李健民

提要：陶寺遗址的地理、年代以及文化内涵，为正当其时的“尧都平阳说”提供了重要的考古学佐证，在中国早期国家起源和形成的探索中具有重大的学术意义。

陶寺文化是中国黄河中游地区的新石器时代晚期文化。从1978年开始，中国社会科学院考古研究所和临汾地区文化局合作发掘的山西襄汾陶寺遗址曾被称为中原龙山文化陶寺类型，后命名为陶寺文化。主要分布在晋南的汾河下游和浍河流域。年代距今4300—4000年。目前被划分为早、中、晚三期。陶寺聚落遗址规模宏大，文化内涵丰富多彩，达到中国史前时期社会发展的最高水平。陶寺文化的发现和确立，对探索中国古代文明起源和早期国家的形成具有重大的学术意义。

一　经济生活

主要从事农耕，种植的农作物以粟为主，许多窖穴内遗留很厚的炭化粟粒堆积。已经掌握了较高水平的凿井技术，最深的水井超过十三四米，近底部并施以木构框架式护壁。饲养的家畜有猪、牛、羊、狗等，以猪的数量最多。大、中型墓常见以整猪或数十枚乃至130余枚猪下颌骨

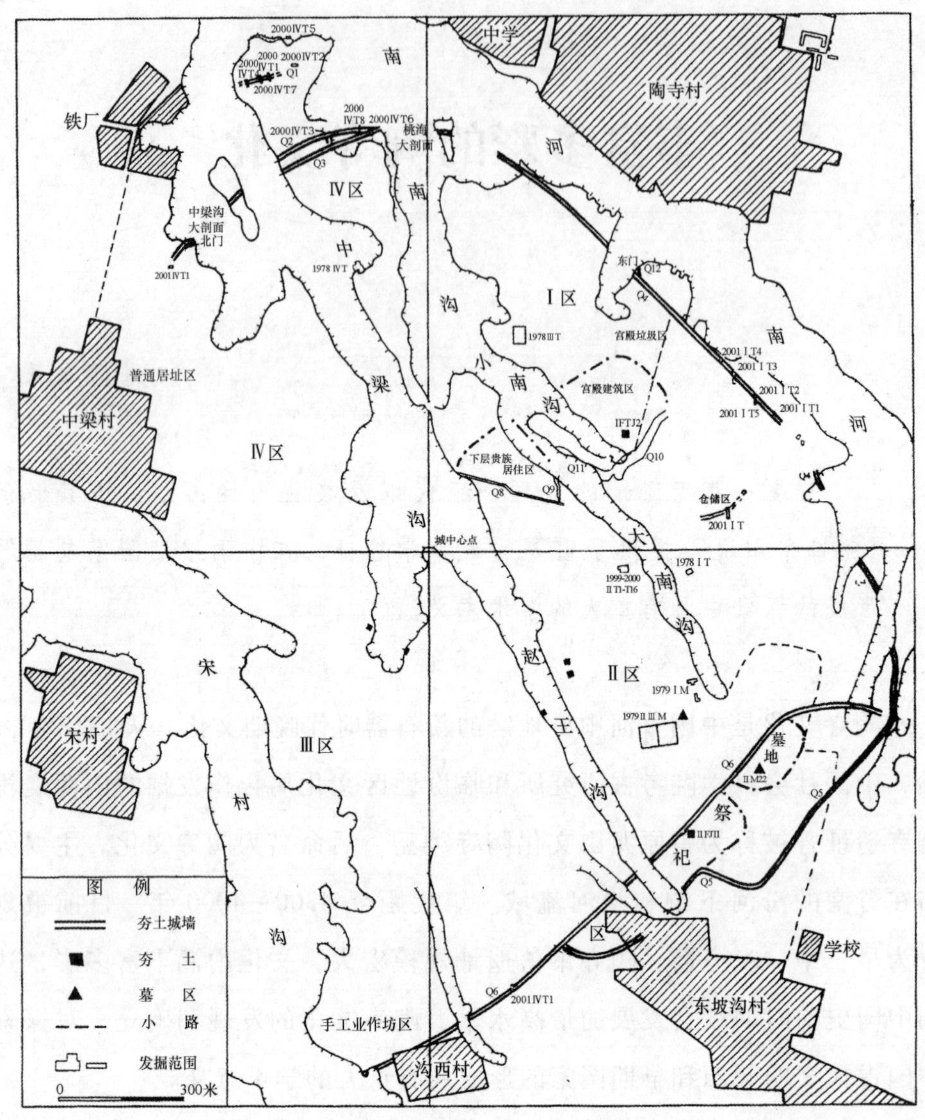

图1　陶寺城址平面图

随葬。

手工业已经从农业中分离出来成为独立的生产部门。制陶、漆木加工、琢玉、纺织等具有很高水平，金属冶铸业也开始出现。陶窑属横穴式。一座陶窑双层箅的结构为史前时期所罕见。同一时期的数座窑距离较近，表明当时陶器的制作是有一定规模的集中生产。陶器以夹砂灰陶和泥质灰陶为主，主要器型有釜灶、斝、鼎、鬲、罐、盆、豆、壶、瓶等。墓中随葬的泥质陶器多施红、黄、白色彩绘，均为烧成后着色，图案有圆点、条带、几何花纹、涡纹、云纹、龙纹、变体动物纹等。发现一座烧制石灰的窑址，属竖穴窑结构。与在房址和窖穴底部多见涂抹白灰面的现象相印证，反映当时白灰已经得到广泛应用。漆木器种类繁多，有鼓、案、几、俎、盘、豆、盆、斗、仓形器等。木鼓作直筒形，蒙以鳄鱼皮，即古文献中所称的鼍鼓。木器表面多遗留炭黑色胶状物，很有可能是生漆。其上再以红、白、绿、蓝、黄诸色绘出繁缛的图案，斑斓耀目。斫、刳、刮、削、拼合等技术运用娴熟。木作工具有斧、锛、凿、锲等。大型墓随葬成组大小、宽窄配套的石锛，最多达13件，可知木作工艺具有很高的专业化水平。玉器有璧、环、琮、钺、组合头饰等。纺织品主要是麻类织物，发现于墓葬之中，或铺垫敛衾裹尸，或覆盖包裹随葬器物。有的织物痕迹上还可以见到黄、白、灰等多种颜色，可知当时的织染已具有一定水平。突出的是发现砷青铜环和红铜铃各一件，其中铜铃含铜97.8%，是中国古代迄今所知最早的人工合范铸造的铜器，因而在中国古代金属冶铸史上具有划时代的意义。

二　聚落和建筑

陶寺文化遗址已发现70余处，以晋南的崇山周围、汾浍之间一带遗址密度为大，且多见大型遗址，其中曲沃与翼城之间的方城——南石遗址面积230万平方米。陶寺遗址的面积最大，达300万平方米，并形成以陶寺遗址为中心的大规模聚落群。

陶寺古城是中国目前发现最大的一座史前城址，城址平面大体呈圆角长方形，城内面积至少在200万平方米以上，基本包括了陶寺遗址的中心地区。陶寺古城内已发现大面积的夯土建筑基址。其中一座基址平面呈大半圆形，外缘半径25米，总面积1400平方米左右。台基上有呈半环形布列的 13 个夯土柱基础以及 12 道缝隙，中央有一个生土台芯，应为观测点。初步认定其为天文观测和举行相应祭祀活动的重要遗址。陶寺遗址发现许多小型房址，周围有道路、水井、陶窑和密集的灰坑。灰坑中出土许多夯土碎块和刻画几何图案的白灰墙皮，说明附近曾存在大型建筑。小型房址有窑洞、半地穴式和平地起建三种，以前两种居多。居室面积 4—10 平方米不等，当为小家庭所居住。发现自地面向下挖掘而成的天井式院落，窑洞掏挖在天井周壁，或两孔窑并列，或两窑相对。天井侧壁有通往地面的半环形坡道。圆形袋状坑坑底平整，为了防止潮湿，有的在坑底撒草木灰，或在周壁涂抹白灰，坑内往往遗留器物及炭化的粮食颗粒，显然是用于储物的窖穴。还有一种圆形或椭圆形的大坑，沿周壁侧多有供上下的坡道，当是用以储物的大型窖穴，或供圈养家畜之用。

三　墓地和葬制

陶寺公共墓地在居住址的东南，已发掘 1300 余座墓，其时间大部分属于陶寺文化早期。墓葬皆为长方形土坑竖穴，多数是仰身直肢单人葬。墓地划分为不同的茔域。同一茔域内的墓葬多成排分布，位列较为齐整，说明当时地表很可能有坟丘或标识。墓葬可分为大、中、小三等。大型墓仅 6 座，不及墓葬总数的 1%；中型墓占墓葬总数的近 10%；小型墓则约占 90%。大型墓长 3.2 米、宽 2.5 米左右，有木棺，棺底铺朱砂。随葬品丰富而精致，有成套彩绘漆木器和陶器，还有玉石器和整猪等。大型墓又可分为甲、乙两种。甲种大墓随葬彩绘蟠龙陶盘和鼍鼓、特磬等重器，乙种大墓则随葬有彩绘蟠龙陶盘。此种差异很可能是墓主人男女性别不同的反映。中型墓长 2.5 米、宽 1.5 米左右，墓内也有木棺，随葬成组的陶器、少量的木器，以及一些精美的玉石器和猪下颌骨等。小墓仅可容身，多数没有葬具，以席敛尸，仅少数墓随葬

图 2　陶寺遗址早期墓地局部

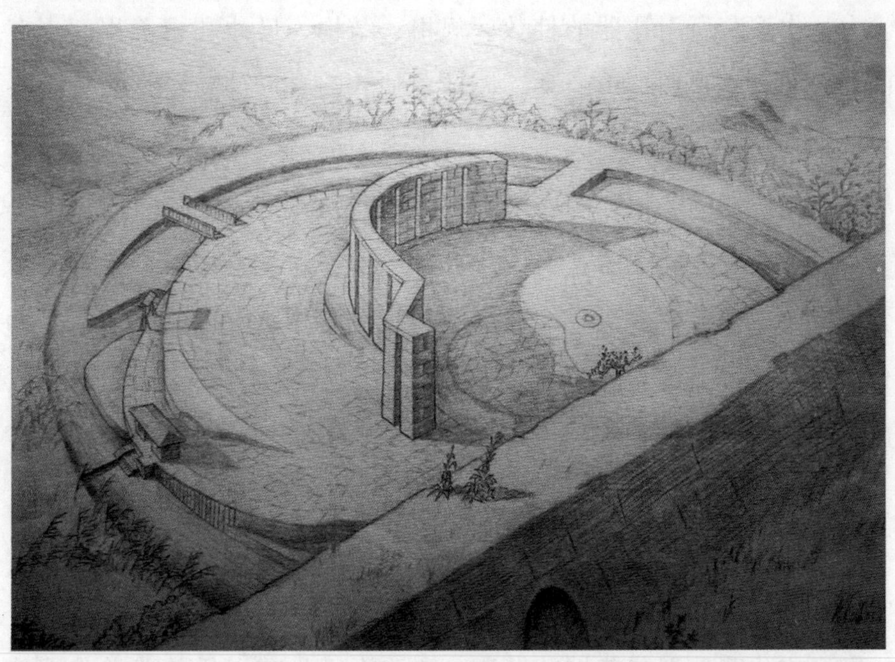

图 3　陶寺遗址观象台复原示意图

一两件小型器物，大多数墓没有任何随葬品。这三种不同规格墓葬墓主的身份当分别为首领人物、贵族和平民，其数量上的明显差异反映着当时社会中统治阶级与被统治阶级的比例关系。临汾下靳墓地已发掘墓葬533座，时代大致在陶寺文化早期。墓地的布局可以分为若干墓组，有的墓组内连接成较长的墓列，这些特点与陶寺墓地大体一致，但目前尚未发现高规格的大墓。

四　精神文化

陶寺墓地大、中型墓依照等级高低，随葬规格不同的成套礼器，并形成一定的规则，从而开创了商周礼乐制度的先河。礼器的构成包括用以陈设的案、几，鼍鼓、特磬组成的乐器，以及各种炊器、食器、酒器等。大、中型墓所用礼器的件数、规格、结构、尺寸和精美程度也有显著的差异。需要强调指出的是，大型墓随葬陶盘上的彩绘蟠龙，是一种复合动物的形象，为陶寺文化先民所崇奉的部落图腾。文字是人类社会发展到一定阶段的产物。陶寺遗址出土一件陶扁壶上的毛笔朱书“文”字，与殷墟甲骨卜辞中的“文”字几无差异。扁壶上另一组朱书符号被视为一个字，即古“尧”字，是古史传说中五帝之一的帝尧名号。陶寺文化先民已有占卜的习俗，陶寺遗址发现30余枚卜骨，用的是牛或猪的肩胛骨，一般未经整治，少数有钻孔，多数灼而不凿不钻。

五　社会发展状况与古史探索

陶寺文化墓地划分茔域的做法，表明人们生前以氏族为单位聚族而居，死后依然以氏族为单位聚族而葬。大、中、小型墓葬的显著差异，反映当时贫富分化极为悬殊，实际上已经划分出阶级。高踞于一般成员之上的首领和权贵，是社会的统治阶级，他们拥有大量财产，掌握着军事、祭祀的大权。而处于社会下层的一般成员，备受奴役与剥削，生活十分贫困，是社会中的被统治阶级。陶寺遗址已发现大规模城址，城内并有大型建筑基址，加之大型墓葬出土王权象征的礼乐器鼍鼓和特磬，以及部落图腾的标志物彩绘蟠龙陶盘，确可推断古城已非一般聚落，很可能是当地权力中心之所在。

临汾古为平阳，史有尧都平阳之说。陶寺遗址位于临汾西南 22 千米。陶寺墓地年代的上限约为距今 4300 年。陶寺遗址的地望、年代以及文化内涵，尤其是早期墓地和古城以及陶扁壶上朱书文字的发现，为正当其时的尧都平阳说提供了重要佐证。晋南自古有夏墟之称。陶寺遗址的下限已进入夏纪年，陶寺遗址正在夏墟的中心地域，加之陶寺先民崇

图 4　彩绘龙纹陶盘（M3072:6）

图5　铜铃（M3296:1）

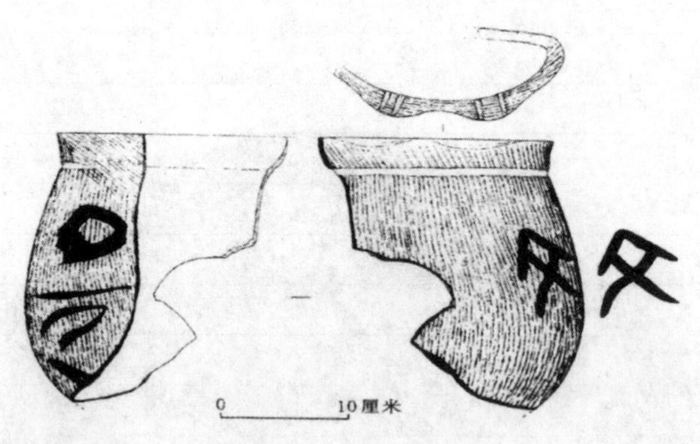

图6　陶寺朱书文字

奉龙的习俗，与文献记载夏人以龙为图腾相一致，故此，以陶寺遗址为代表的陶寺文化自当是探索夏文化的重要对象。陶寺文化处于原始氏族社会解体时期，已开始迈入早期文明社会的门槛。

（作者系中国社会科学院考古研究所研究员）

陶寺遗址近年新发现与中国初期国家的形成

高江涛

提要：陶寺遗址体现出的早期国家特征，多为夏、商、周三代王朝及其后世所继承发展，成为中国古代国家政治制度或统治模式的主源。

陶寺遗址位于中国山西省临汾市襄汾县陶寺村，面积300多万平方米，新石器时代城址，距今约4300—3900年。是探索中国文明起源和国家形成的重要遗址。

一 陶寺遗址近年新发现

1. 手工业区发掘

手工业作坊区位于陶寺城址的西南，2010—2012年对该区域进行了钻探与调查，发现有陶窑、灰坑、白灰皮房子、石器加工场等遗迹。最重要的是发现了一处大型夯土建筑基址FJT2，平面形状基本为“回”字形，圆角方形，南北最长约47米，东西残宽约28米，面积1300余平方米。板块夯筑而成，现存表面暂未发现柱洞，估计仅余基础部分，残余基础夯土深3—5米。北部应该为主体殿堂所在，两侧很可能是带墙的廊庑式建筑，尤其西侧目前夯土基址宽约 8 米。基址南侧正中发现一相对独立的夯土基础，长约 7.8 米，宽约 6 米，应与 FJT2 为一个整体，其两侧的生土缺口形成 FJT2 的两处南出入口（或言门道）。FJT2 的年代为陶寺文化中期。这一回字形大型夯土基址在陶寺遗址属于首次发现，在史前时期的其他大型聚落中目前也未见到，其位于手工业作坊区，应该与手工业管理有着密切的关系。

2. 城北大型夯土基址

城北夯土基址ⅣFJT1 位于陶寺城址北城墙 Q2 外以北约 200 米，主要揭露了ⅣFJT1 的东北拐角部分，经过发掘基本确定该基址平面形状为圆角方形，部分为中梁沟所破坏，北边缘东西残长 28 米，东北拐角明显，南北残宽至少 48 米，方向为北偏西 45°左右，与城墙及宫殿基址ⅠFJT3 方向一致。基址同以往陶寺夯土建筑一样为版筑而成，现存夯土面上未见到柱洞及其他与建筑基址本身相关的遗迹。时代不晚于陶寺文化晚期偏早阶段，偏晚阶段已废弃。城北 FJT1 是一处规模宏大、形制规整、结构特殊的大型夯土建筑基址。

3. 宫城新发现

整体上，依据发掘与钻探情况，陶寺宫殿区外围确实存在围垣遗迹，由北墙 Q15、东墙 Q10、南墙 Q16、西墙 Q11 组成，围垣之内就是以往所言大型夯土建筑所在的宫殿区，故称之为陶寺宫城。墙垣地面以上部分未见，仅余地下基础部分，Q15 与 Q10 较为完整，Q16 西段与 Q11 南段被大南沟冲毁。陶寺宫城呈圆角长方形，东西长约 470 米，南北宽约 270 米，面积 12 万余平方米。时代上经历陶寺文化早、中、晚三个阶段。

TG32 发掘表明北墙确实存在，编号 Q15，而且 Q15 存在三个时期的基槽状堆积，基槽Ⅰ为陶寺文化晚期墙基础，基槽Ⅱ为陶寺文化中期墙基础，基槽Ⅲ为陶寺文化早期，三者上下叠压，略有错位。

TG34 对疑似宫城墙 Q10 与墙 Q16 相接的东南拐角进行了发掘解剖，

并对拐角处的 Q16 进行了解剖，表明存在陶寺文化晚期与早期两个基槽状堆积，之间被属于陶寺文化晚期的灰坑 H119 相隔。陶寺文化晚期墙基槽Ⅰ保留宽度约为 13 米，最深约 2 米；基槽Ⅱ上部因被基槽Ⅰ挖掉，具体宽度不详，残留宽度约 12 米，残深约 5 米。另外推测属于陶寺文化中期的基槽或被晚期基槽Ⅰ破坏殆尽。

TG35 完整揭露了陶寺宫城 Q15 与 Q10 的拐角部分，并分别对其进行了解剖，表明 Q15 仍为陶寺文化早、中、晚三个时期基槽，而 Q10 仅发现有陶寺文化早期与中期基槽，晚期基槽或已被晚期遗存破坏殆尽。TG36 发掘与解剖表明宫城城墙 Q11 确实存在，基础部分亦为陶寺文化早期与中期。

TG37 的发掘弄清了钻探发现的沟槽状堆积实为两处存在早晚的打破关系的沟渠，故推测可能是宫城向外的排水沟渠。

4. 区域系统新调查

陶寺文化聚落分布于临汾盆地，以陶寺遗址为中心，可以分为南、北两区。调查所得陶寺文化聚落 54 处，当然还有一些未调查区域应该存在一些陶寺文化聚落。陶寺遗址群宏观聚落形态所反映出来具有五级聚落、四层等级化的社会组织：都城下辖南北两个区中心（邑）——县底和南柴（方城）；区中心邑下辖两三片区的中型聚落群（乡镇）；部分中型聚落下辖 1—3 个小型遗址（村）。多数微型聚落由大中型聚落直接分出，可能有些特殊的职能，所以很可能不构成一级功能完整的基层社会组织。大遗址一般 100 万—200 万平方米；中型遗址一般 10 万—99 万平方米；小遗址一般 1 万—9 万平方米；微型遗址一般 1 万平方米以下。

二　陶寺文化社会表现出来的特征：

1. 社会复杂化程度高，等级分化严重。

2. 王权出现，是国家统治的核心。

3. 礼制初步形成，是政治制度的特质。

4. 形态是初期国家阶段。国家形态具有原始性，控制范围较小，非广域国家；新生事物脆弱，迅速衰落。

三　结论

陶寺社会已进入初期国家阶段。陶寺遗址体现出的这些早期国家特征多为夏、商、周三代王朝及其后世所继承发展，成为中国古代国家政治制度或统治模式的主源。

（作者系中国社会科学院考古研究所副研究员）

从《尧典》到陶寺观象台：帝尧时代中国天文学的全貌

徐凤先

提要：《尚书·尧典》记载的天文学只是当时的一个侧面，陶寺观象台和陶寺圭表展示出的是《尧典》所不曾记载的另一个侧面，这并非两种不同的天文学，而是恰恰相反，《尧典》中没有明确记载的观测方法正好由陶寺观象台和圭表展示出来了。

在中国天文学发展史上，帝尧是一个标志性人物。《尚书·尧典》中有一大段记载帝尧从事的与天文观测和历法制定有关的活动：

> 乃命羲和，钦若昊天，历象日月星辰，敬授民时。分命羲仲，宅嵎夷，曰旸谷。寅宾出日，平秩东作。日中，星鸟，以殷仲春。厥民析，鸟兽孳尾。申命羲叔，宅南交，曰明都。平秩南讹，敬致。日永，星火，以正仲夏，厥民因，鸟兽希革。分命和仲，宅西，曰昧谷。寅饯纳日，平秩西成。宵中，星虚，以殷仲秋，厥民夷，鸟兽毛毨。申命和叔，宅朔方，曰幽都。平在朔易。日短，星昴，以正仲冬。厥民隩，鸟兽氄毛。帝曰：咨！汝羲暨和。期三百有六旬有六日，以闰月定四时，成岁。

这段记载实际上包含三层内容：第一层是命羲和钦若昊天，历象日月星辰，敬授人时。第二层是命羲仲、羲叔、和仲、和叔于四方的四个地点分掌四仲中星、举行相关的祭日仪式并观察相应季节的民事活动和鸟兽物候。第三层是确立“三百有六旬有六日、以闰月定四时成岁”的历法。

《尚书·尧典》记载的天文学标志着中国文明独有的天文学体系已经诞生。天文观测和历法的制定由统治者安排专门的职官掌握，以崇敬的态度观测天象，根据日月星辰制定历法，向人民授时以顺天时之变。一年分为四季，历法采用阴阳合历，以闰月调整季节和月份之间的关系。将赤道附近恒星的黄昏南中与季节对应起来。时间上的春、夏、秋、冬四季分别与空间上的东、南、西、北四方相对应，这是后来五行化的宇宙观的滥觞。

近代以来，天文学界对《尧典》中天文学问题的研究重点在于通过岁差计算四仲中星的观测年代。选取不同的观测纬度、不同的中星、不同的观测时刻计算的结果不同，但是只要选取观测地点在尧都平阳，结果都指向只有日短星昴符合帝尧时代，其他三星的观测年代都不会早到帝尧时代。他们计算年代的思路走了一个共同的模式，首先假设四仲中星的观测是严格地在二分二至日，第二中星是指某一颗恒星而不是一个星宿或星象，第三昏时是符合某一特定天文学定义的时刻，第四所涉恒星在昏时那一刻正好位于正南方的子午线上。因为没有别的证据和更好的分析方法，对于《尧典》中除四仲中星之外的其他天文学内容近代天文学家并未深入研究。

陶寺观象台的发现证明，帝尧时代不仅进行了天文观测，而且还建造了大型的观象设施。陶寺圭表的确认进一步证明，帝尧时代同时进行了多种天文观测。但是，由此也出现这样一个问题：陶寺考古发现的天文遗迹似乎与《尧典》记载的天文活动有所不同。《尧典》并未记载帝尧建造观象台观测日出方位，也未记载帝尧观测正午日影，对于具体的天文观测，只是记载在四个方位的地点观测四仲中星。那么，《尧典》中记载的天文历法与陶寺发现的天文遗迹之间是否有联系呢?

没有人认真追问过《尧典》中的“三百有六旬有六日”的历法与观测四仲中星之间的关系，但是通常认为观测四仲中星是为了确定季节，准确地说是确定二分二至日，由此暗含的观点是观测四仲中星可以得到二分二至进而得到“三百有六旬有六日”的回归年长度。

实际上，观测四仲中星不能确定准确的二分二至日，由此也无法得到比较准确的回归年长度。第一，如果严格依靠观测昏中星来确定季节，要对昏有个明确的定义。现在天文学以日入地平6°为民用昏影终的标准，中国古代用日入二刻半的标准。但是我们从经验知道，黄昏时刚开始能看见星的时刻是一个很难界定的时刻，并且不同亮度的恒星能够被观测到的情况不同。观测时间差 15 分钟就与正南方偏差 3°—4°。因此在计时仪器出现之前古人在实际应用中无法用一个统一的具有明确天文学意义的昏的标准来观测中天的星进而确定准确的节气日，并推出一年的日数。

第二，退一步说，即使可以用一个天文学上统一的昏的定义——例如太阳低于地平6°，但是因为恒星在天上不是连续的，所以很难保证在特定节气日期、标准的昏的时刻、正南方子午线上有一颗明亮的恒星。虽然现代天文学利用岁差原理可以计算出某一颗恒星在某个特殊季节正好在日落地平6°时出现在正南方子午线上的年代，但是反过来，在古代不可能用这样的方法来确定严格的节气日。实际上，中国后世历法中给出的严格意义上的昏旦中星并非具体的恒星，而是计算得到的某宿多少度，类似于现代天文学的黄经或赤经的度数。如东汉四分历中，给出的冬至昏中星是“奎六弱”，旦中星是“亢二少强”，[1]前者的意思是奎宿5度十二分之十一分度，也就是奎宿 5.90625 度的位置，后者的意思是亢宿二度十二分之四分度，也就是亢宿 2.34375 度的位置。[2]在相应的位置并没有具体的恒星。

第三，即使假设在帝尧时代在二分二至日严格的昏的时刻在南方子午线上都恰好有一颗明亮的恒星，也还存在这样一个问题：二分二至的概念在天文学发展的历程中不可能通过观测昏中星确定。中星可以和寒暑物候变化相关联，早期的人们通过长期观测会注意到当某个星象黄昏时出现在正南方天空的时候，天开始转暖，而另一星象出现的时候，天开始转冷。但是仅仅依靠观测中星不能建立起冬至和夏至的概念。在中国这种大陆性季风气候条件下，多年平均最冷的月份不是在冬至所在的月份，而是要推迟一个月左右，同样最热的月份也较夏至所在的月份推迟一个月左右。如果仅仅是观测中星和寒暑物候的变化，不可能建立起真正的冬至、夏至的观念。

只有通过观测太阳的南北变化才能确定二分二至，经过多年的观测后可以得到回归年的长度。所以，《尧典》时代的天文学不会是通过观测中星来确定二分二至日，而只能是通过观测太阳得到二分二至日，结合对月亮的观测，建立起“三百有六旬有六日，以闰月定四时成岁”的历法，然后按照历法推步得到的二分二至日观测四仲中星。当时如何观测太阳和月亮，《尧典》中只是简单的“历象日月星辰”六个字，没有具体记载。陶寺观象台和圭表揭示了其中的奥秘。

陶寺观象台由向东的一系列柱缝系统和一个观测点组成，共有12条观测缝，其中从1号缝到10号缝是在一弧形夯土墙上挖出来的狭缝，[3]考古学家和天文学家已经证明这是当时的天文观测遗址。[4]现代冬至日出于2号缝中偏北的位置，日面有一部分被北边的柱子挡住，但是由于黄赤交角的变化，在公元前2100年陶寺观象台建成的年代，冬至日太阳正好在2号缝的中线位置升起。夏至日对应着12号缝，现代夏至日出时有一半被12号缝南面的柱子挡住，但是同样由于黄赤交角的变化，在陶寺时代夏至日太阳升起时正好位于12号缝偏南非常接近南面柱子的位置。[5]东7号缝非常接近春秋分日出方位，应该是当时的春秋分观测缝。具备了明确的冬至、夏至和春秋分观测缝，整个观象台无疑是为了观测日出方位的变化而精心设计的。柱缝系统把一年划分为20个季节，从如此细致的划分可以推断，当时对于日出从一条缝到下一条缝之间的时间间隔会有清楚的认识。经过长期反复地观测日出，就能够得到比较准确的回归年长度，并逐渐形成简单的推步历法，推定二分二至日。这应该是《尧典》中“三百有六旬有六日”的一个来源。

除了陶寺观象台遗址，陶寺还出土了另一种重要的天文仪器，就是圭表。陶寺的圭表是由一根漆杆和另一根红色的杆子组合而成，二者出土于不同的墓中。漆杆出土于陶寺中期的王级大墓ⅡM22中，被漆成红、绿、黑三种颜色的多段色带，在测影时可作为圭尺使用；漆杆上与夏至影长相应的地方有一个特别的标记，应该是用来测量夏至影长的；该墓还出土了一块玉琮，可以在测影时作为游标使用；此外还出土一块带有一小穿孔的玉戚，推测在测影时作为景符使用。[6,7]作为立表的杆子出土于陶寺早期王族墓地的一座中型墓M2200中，其长度与陶寺时期的尺寸和古文献中记载的八尺表长正相吻合。[8]虽然漆杆与木表不是同一时期的器物，但这二者的存在暗示陶寺时期有了圭表测影。漆杆上夏至日位置的特殊标记表明当时对夏至的观测非常重视。通过这样多年反复的观测可以得到一个回归年的平均长度。圭表测影也是中国后世确定回归年长度的传统方法。

因此，《尚书·尧典》中的“三百有六旬有六日”的回归年长度是通过陶寺观象台观测日出方位和圭表测量正午日影两种方法共同得到的。

《尧典》中的“以闰月定四时成岁”表明当时历法是阴阳合历，以朔望月为月。陶寺观象台最南端的1号缝不能用于观测日出，计算表明它恰好可以用来观测月亮升起的最南点，即“月南至”，月亮在这个点升起并不容易观察到，在陶寺时代，大约每个18.6年的周期中只有一年有多次看到的机会。[9]能够确定这个点，表明当时对月亮已经进行了长期细致的观察，因此陶寺人把朔望月作为历法中的一个时间单位是符合当时天文学发展状况的。

观测中星不能用来准确地确定季节，那么为什么要观测和记载中星呢？其实这更多的是一种“月令”式的记载，是古人对自然之间联系的一种认识。古人通过长期的观测会认识到，到了某一季节，天空会出现什么样的星象，植物和动物会发生什么样的变化，人应该从事什么样的活动，古人认为这些现象是有机联系在一起的，正如《夏小正》中的记载。战国到汉代的文献中每个月中星的记载是作为月令的一部分，而不是通过观测中星来确定季节。如《礼记·月令》中的孟春之月：“孟春之月，日在营室。昏参中，旦尾中。其日甲乙，其帝大皞，其神句芒。其虫鳞，其音角，律中大蔟。其数八。其味酸，其臭膻，其祀户，祭先脾。东风解冻，蛰虫始振，鱼上冰，獭祭鱼，鸿雁来。”中星的观测不需要特殊的仪器，很难留下遗迹。

再看《尧典》中的天文官分工，与天文观测和历法制定有关的官员共有6种：羲、和、羲仲、羲叔、和仲、和叔，他们的分职有所不同。其中羲与和执行共同的职责，是“钦若昊天，历象日月星辰，敬授人时”“期三百有六旬有六日，以闰月定四时成岁”，即负责总的天文观测和制定历法，以授民时。羲仲、羲叔、和仲、和叔则被分别派到东方嵎夷的旸谷、南方的南交、西方的昧谷、北方的幽都，分别观测仲春、仲夏、仲秋、仲冬的中星，举行相关的迎日、送日仪式，还要观察相应季节的民事活动和鸟兽等物候变化。从这样的分工可以看到，羲、和二官职执掌的任务较羲仲、羲叔、和仲、和叔四人执掌的更加重要，他们在帝尧的都城观测天象，在观测基础上制定推步历法。分派到四方的羲仲、羲叔、和仲、和叔观测四仲中星应该是按照羲、和制定的推步历法计算出来的日期来观测，而不是通过观测中星确定二分二至。但是《尧典》这一段总共164个字中，记载羲、和的只有42个字，而记载羲仲、羲叔、和仲、和叔的总共却占了122个字。《尧典》为什么对在都城负责总的天文历法工作的羲、和的具体工作内容未加详细记载，却对羲仲、羲叔、和仲、和叔的工作记载得更多呢？这是因为《尧典》是一部政论性著作，而不是专门的天文学著作，所以对于羲、和的天文历法工作本身未加详细描述。后世天文官具体的天文工作——包括他们制造的仪器、具体的观测方法和观测数据、历法推步的"术文"等——都是在《天文志》《历法志》一类的专门篇章中记载。陶寺观象台和陶寺圭尺揭示的正是《尧典》未加详细记载的羲、和二官职的天文工作，他们的具体工作包括建造观象台并利用观象台进行日出方位的观测、同时也利用观象台观测月亮，使用圭表测量正午日影，制定具体的历法，由于这些工作都属于专门的天文学活动，在政论性的《尧典》中未加记载实属正常。派往四方的四位官员在观测中星的同时，还要观察各季节的"民事"活动，"分派官员到四方观测中星和民事"这件事情本身以及各地的顺应天时的民事活动属于国家行政和民生一类的事务，这是政论性著作更注重记载的，因此《尧典》记载更加详细。

由此我们看到，《尚书·尧典》详细记载的四仲中星观测只是当时天文学的一个侧面，当时天文学的主要方面《尧典》并未详加记载，陶寺观象台和陶寺圭表展示出的正是《尧典》不曾详细记载的当时天文学的主要方面。《尧典》记载的天文学与陶寺遗址呈现出来的天文学并非两种不同的天文学，而是恰恰相反，《尧典》中没有明确记载的主要观测方法正好由陶寺观象台和圭表展示出来了。因此可以说，考古发现与文献记载互补，揭示了帝尧时代中国天文学的全貌。

附记：本项研究属于中国科学院自然科学史研究所"科技知识的创造与传播"项目中的"中国天文学起源、早期传播发展过程及认知逻辑研究"课题。

注释：

[1]《续汉书·律历志下》，《历代天文律历等志汇编》（五），中华书局1976年版，第

1531 页。

［2］张培瑜、陈美东、薄树人、胡铁珠：《中国古代历法》，中国科学技术出版社 2008 年版，第 27—33、326 页。

［3］中国社会科学院考古研究所山西队、山西省考古所、临汾市文物局：《山西襄汾县陶寺城址祭祀区大型建筑基址 2003 年发掘简报》，《考古》2004 年第 7 期。

［4］中国社会科学院考古研究所山西队、山西省考古所、临汾市文物局：《山西襄汾县陶寺中期城址大型建筑ⅡFJT1 基址 2004—2005 年发掘简报》，《考古》2007 年第 4 期。

［5］武家璧、陈美东、刘次沅：《陶寺观象台遗址的天文功能与年代》，《中国科学》G 辑，2008 年第 38 卷第 9 期。

［6］何驽：《山西襄汾陶寺城址中期王级大墓ⅠM22 出土漆杆"圭尺"功能试探》，《自然科学史研究》2009 年第 28 卷第 3 期。

［7］何驽：《陶寺圭尺补证》，《自然科学史研究》2011 年第 30 卷第 3 期。

［8］何驽：《陶寺圭尺补证》，《自然科学史研究》2011 年第 30 卷第 3 期。

［9］刘次沅：《陶寺观象台遗址的天文学分析》，《天文学报》第 50 卷第 1 期。

（作者系中国科学院自然科学史研究所研究员）

陶寺观象台新论

武家璧

提要：观象台是陶寺古城最重要的建筑，它的存在决定了整个城址的结构和布局，也是这个城市的鲜明特色及其享有高度文明的象征。

山西临汾市襄汾县发现的新石器时代晚期陶寺古城是陶寺文化中期兴建的一处具有都城性质的城址，目前学术界倾向认为它就是尧帝时代的都城。据《尚书·尧典》记载，尧帝时代的天文学十分发达，而天文历法被认为是政权的某种象征，例如尧帝禅位于舜帝时说“咨尔舜！天之历数在尔躬”（《论语·尧曰》）。而在举行禅让典礼时，尧帝要把天文仪器亲自授给舜帝：“正月上日，受终于文祖，在璿玑玉衡，以齐七政。”（《尚书·尧典》）因此作为尧都的标志性建筑，陶寺观象台遗迹的发现是证实尧都的重要依据。观象台对于这座掩埋数千年后重见天日的华夏古都而言，具有无可比拟的重要意义，略论如下。

一

由于观象台的重要性，它必须建筑在城址的适当位置，甚至影响到整个城市的布局和结构。考古调查勘探发现陶寺古城基本上呈正方形，但城墙四边并不与正东西方向及正南北方向平行，而是恰好偏转 45°。也就是说陶寺城址的两条对角线正好与正东西向及正南北向重合。我们可以说陶寺城址的方向，为（中轴线）北偏西 45°，或者说东偏南 45°（图 1）。这绝不是偶然的巧合，一定有某种必然性隐藏在其中，我们必须给予解释。

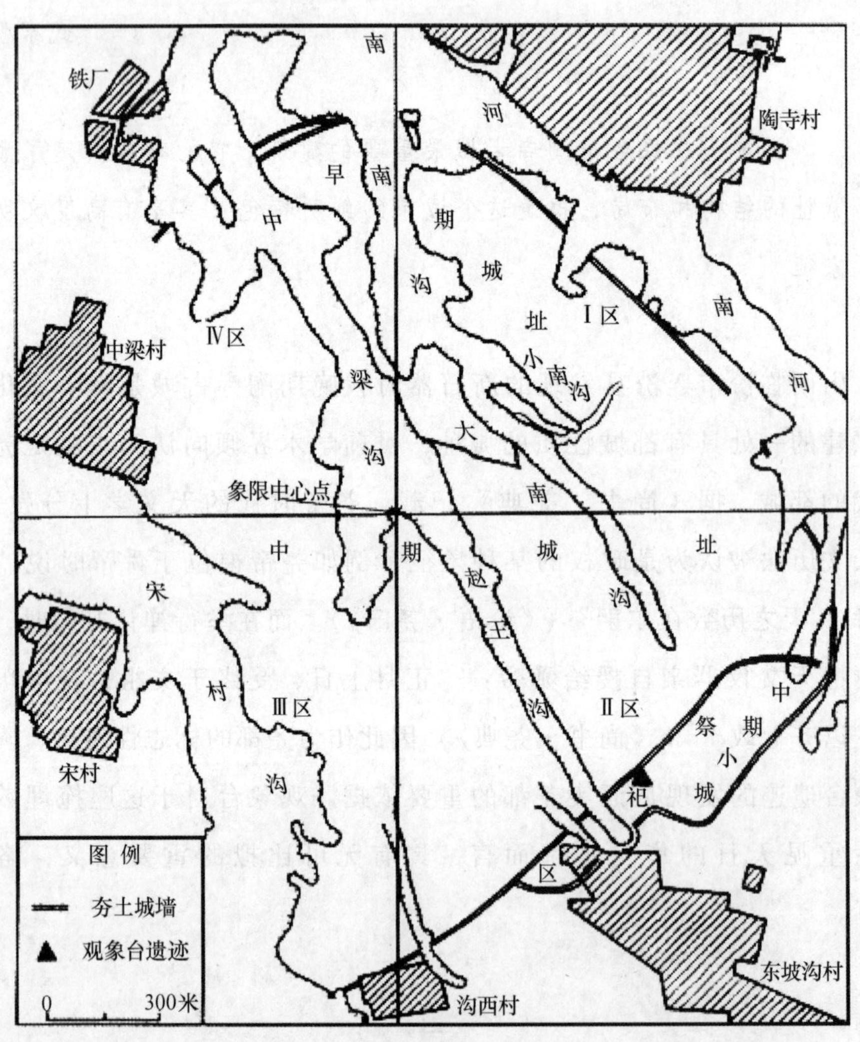

图 1　陶寺遗址平面图

《考古》2007 年第 4 期发表由主持发掘者何驽先生执笔撰写的陶寺观象台遗迹发掘简报[1]公布了一张《陶寺遗址平面图》（图 1），该图用一条正南北方向的基线和一条正东西方向的基线相互交叉，把整个遗址划分为四个象限，在控制范围内分别编号为四个区（Ⅰ区、Ⅱ区、Ⅲ区、Ⅳ区）。这种划分，表面上是为了叙述方便和控制发掘，但实际上与城址的结构布局紧密相关，因为其南北向基线正好指向北城角，东西向基线正好指向东城角，这样就使得“象限中心点”正好与整个城址的中心重合。十分巧合的是，中心点恰好位于赵王沟与中梁沟两大冲沟的分叉点之上，没有被几千年雨水冲洗崩塌而毁于冲沟之中。是否在城址中心部位有夯筑严实的基址阻止了其崩塌，值得考古工作予以证实。

陶寺观象台遗迹位于Ⅱ区之中，Ⅱ区是边长相等的正方形，从图中一望可知，观象台位于Ⅱ区的对角线上（如图 2 虚线所示）。也就是说，站在城址的中心点上向远处望去，观象台正好位于正东南方向上，即东偏南 45°，或南偏东 45°方向上。换句话说，观象台位于陶寺古城的中轴线上，具体位置在中轴线与东南城墙的交点上。中轴线与城墙的交点，就是城区中轴线的端点，这是一个非常明显的特征位置，商周以后的城市一般以此为整个城市的正大门，但陶寺古城却将这个显要位置让给了观象台。这个结果也许是当初考古工作者在确定基线、划分区域时没有预见到的，但绝不是偶然的巧合。这个显而易见的事实必定有某种观念隐藏在其中，我们也应该给予合理的解释。

二

兴建一座都城，首先考虑的是方向。《周礼》开宗明义说：“惟王建国，辨方正位，体国经野，设官分职，以为民极。”这里的“国”指的国都或者都城，建都城首先要辨正方位，至少要确立四方和四隅八个方位，其次是踏勘和划定城区（国）和郊区（野），再次就是设立官职，为民立极。前两者实际上是技术性事务，后者才是政治事务。但古人并不这样认为，他们认为定方位与为民“立极”是一体的，技术活动是政治活动的基础。例如郑众（司农）对“辨方正位”注解说“别四方，正君臣之位，君南面、臣北面之属”。郑玄对“以为民极”注解说“极，中也。令天下之人，各得其中，不失其所”。

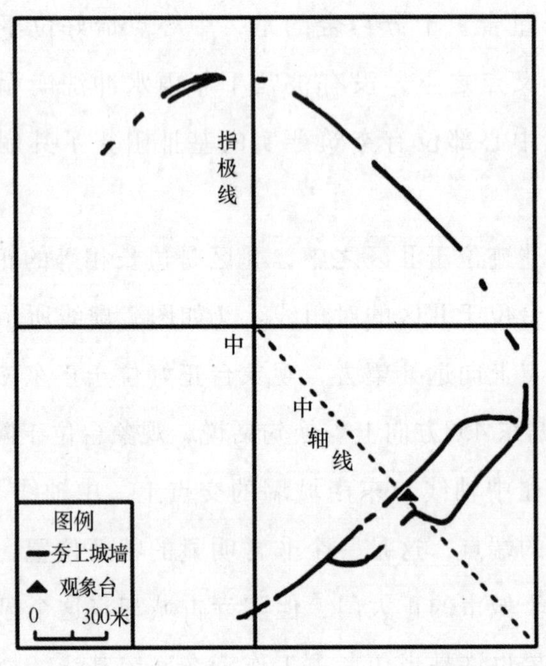

图2　陶寺古城的“指极线”与“中轴线”

在技术层面上通过“辨方正位”可以解决两个问题：第一个是“立极”，确立北极方向，从一个基点指向天空中的北极星，引向大地就是正北方向，在城区中央画出这条线就是“指极线”；第二个是“建中”，确立城市的中心，过中心作城墙的垂线，就是城市的中轴线。这样会产生两条基线，即“指极线”和“中轴线”。自商周以来，中国古代都城形成了以中轴线为基线“前朝后市、左祖右社”对称分布的基本格局，其“指极线”和“中轴线”是合二为一的。但陶寺古城的“指极线”和“中轴线”是分离的，它们都以城市中心为基点，“极线”指向北极，“中线”指向观象台，两者之间的夹角为45°（图2）。

“辨方正位”解决了“建中立极”等大方向的问题。而“体国经野”就是框定城墙的范围，把城区（国）与郊区（野）分别开来，这样普通老百姓包括在野的乡村民众就有了可以归附的中心。因此类似于“辨方正位”“建中立极”这些比较单纯技术性的天文大地测量活动，被统治阶级和民众赋予了浓厚的政治和宗教意义。

通过“辨方正位”“体国经野”“建中立极”等一系列活动之后，再来考察陶寺古城的整体布局，我们吃惊地发现，观象台位于城区“中轴线”的南端，处在地势的最高位置，正面东南，朝向塔尔山；背向西北，俯瞰全城。而城址的北角，则落在“指极线”的北端。“中轴线”与“指极线”的分离，是这座城市的显著特征；正是因为观象台附着于城墙，这才决定了城墙的走向。

三

上文关于“辨方正位”的解释是我们从《周礼》的记载中得到的，《周礼》传说为周公所制定，由孔子删定为经典，相距尧帝时代已晚了千余年，那么新石器时代是否能够“辨方正位”呢？答案是肯定的。我们来看仰韶时代的彩陶图案，就可以找到答案。

在仰韶文化半坡遗址出土的彩陶盆的口沿上，可以看到将圆周分为八等份的图案[2]表示“四方”“四隅”（图3）。“四方”用条纹或一组条纹表示，“四隅”用“个”字纹表示。人面鱼纹彩陶盆，用“二子不相见”“两鱼不相遇”表示“四正”方向，图案单元对应置于条纹之下。四羊纹彩陶盆，用“四羊角逐”表示“四维”方向，图案单元对应置于“个”纹之下。用羊角指代“角隅”，用鱼表示“遇”的谐音。

图3 半坡彩陶盆上的“个”字纹与“四正四维”

“二子不相见”的故事见于文献记载，《左传·昭公元年》：

> 昔高辛氏有二子，伯曰阏伯，季曰实沈，居于旷林，不相能也，日寻干戈，以相征讨。后帝不臧，迁阏伯于商丘，主辰，商人是因，故辰为商星。迁实沈于大夏，主参，唐人是因……故参为晋星。

这就是著名的“参商两耀”不相见的故事。在彩陶上连接表示正方向的条纹，作为地平线，那么当其中一个人面升出地平线时，另一人面正好没入地平线。正如唐诗有云“人生不相见，动如参与商”。由此可知，半坡人面鱼纹彩陶盆的图案表现的是天象，用天象来表示大地方位是传统习惯做法，例如汉代的“四象”表示：前（东）苍龙、后（西）白虎，右（南）朱雀、左（北）玄武，就是从仰韶文化最初的“四方纹”演变而来的。虽然这一演变过程的中间环节还不清楚，但用天象表示方位的传统是不变的观念。

用“个”字纹表示方位，还见于其他考古学文化，例如安徽蚌埠双墩新石器时代遗址出土陶器刻画符号就有明显的例子（图4）[3]，其中一块圆形陶片上可见明显的八分方位，表示“四正四维”方向，其中

“个”字纹则异化成连弧状。十分诡异的是，有一个正线方向与其相邻的维线方向，共用一个大连弧，我们推测这一维线方向应该是东南向，大概与文献记载的“地不满东南”的传说故事有关。《淮南子·天文训》：“昔者，共工与颛顼争为帝，怒而触不周之山，天柱折，地维绝。天倾西北，故日月星辰移焉；地不满东南，故水潦尘埃归焉。”

双墩刻画陶纹“四正四维”图案的中间有一个圆圈，八大方向汇聚于一点，表示大地的中央。本来汇聚点应该位于中间圆的正中心才是合理的，但事实上汇聚点明显偏向一侧。如果以跨连正维两线的“大连弧”为东南向，则汇聚中心在中间圆范围内明显偏向西北方向（图4）。这正好符合“天倾西北”“地不满东南”的神话传说。陶寺古城的中轴线朝向“西北—东南”方向，可能也是受到了这一传说故事的影响。

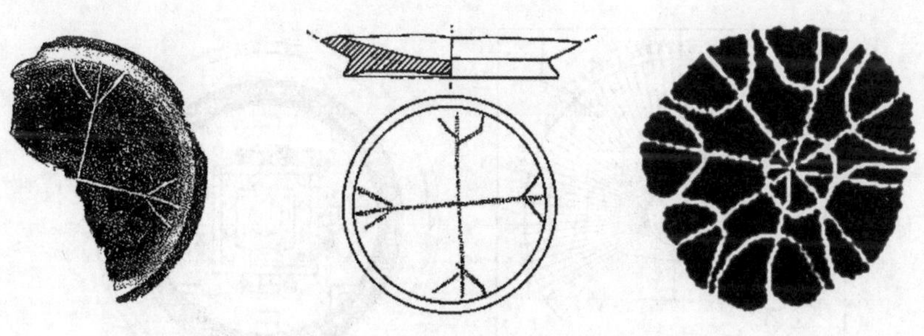

图4　蚌埠双墩遗址陶器刻画符号

用“个”字纹表示四维或四隅的做法，一直延续到秦汉时期还可在文物中见到，文献又称之为“四钩”。《淮南子·天文训》“子午、卯酉为二绳，丑寅、辰巳、未申、戌亥为四钩。东北为报德之维也，西南为背羊之维，东南为常羊之维，西北为蹄通之维。”“二绳四钩”表示“四正四维”方位，加上中心又称为“九维八纲”。“二绳四钩”体系见于安徽省阜阳县双古堆西汉汝阴侯夏侯灶墓出土“太一九宫占”地盘的背面（图5）[4]，由“四钩”加维线形成的“个”字纹赫然可见。通常“四钩”小型化，加维线就是“个”字，去维线还原为钩形，见于秦汉式盘、“博局纹”铜镜以及日晷等出土文物上（图6）。

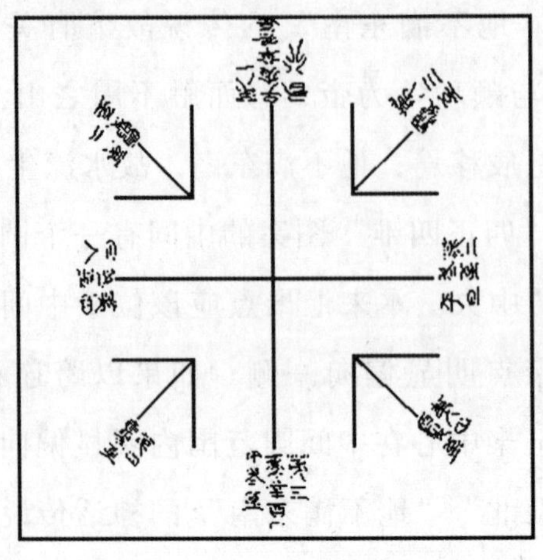

图5　汝阴侯墓太一九宫占地盘背面

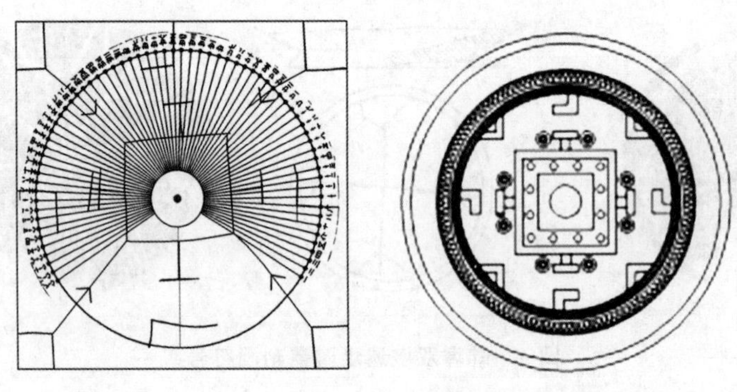

图6　日晷、铜镜上的“个”字纹与“四钩”

用“个”字表示方位的界线也见于文献记载。《说文》“箇或作个，半竹也”。《史记·货殖列传》“竹竿万个”《正义》引《释名》“竹曰个”。意思是说两“个”字加在一起是“竹”字，所以“个”就是半根竹竿。竖立竹竿就可以作为某一界线，故“个”与“介”相通，“介”就是“界”字，《说文》段《注》说“介、界古今字”。《尚书·秦誓》“若有一介臣”，《礼记·大学》作“一个臣”。《左传·襄公八年》“一介行李”，即一个行李。成语有“一介武夫”“一介书生”，都是指“一个”。

在礼制建筑“明堂太庙”中，“个”指四面偏室。如《礼记·月令》“孟春……天子居青阳左个”“季春……居右个”。郑玄《注》“明堂旁舍也”。兹将《月令》记载的天子十二月所居“四庙八个”列举如下：

> 孟春之月……天子居青阳左个；仲春之月……天子居青阳太庙；季春之月……天子居青阳右个；孟夏之月……天子居明堂左个；仲夏之月……天子居明堂太庙；季夏之月……天子居明堂右个；孟秋之月……天子居总章左个；仲秋之月……天子居总章太庙；季秋之月……天子居总章右个；孟冬之月……天子居玄堂左个；仲冬之月……天子居玄堂太庙；季冬之月……天子居玄堂右个。

根据上面的文字叙述，可画出两种“四庙八个”建筑平面图，其一在“九维八纲”上各建一庙，是为“九宫图”（图7），其二以天子每月居一宫而定“明堂位”，是为“十二居室”图（图8）。不管哪个示意图更符合原意，作为四正方向分界线的“个”总是位于角隅的位置上，这与描绘在仰韶文化半坡彩陶盆口沿上的“个”字纹是一脉相承的。“四庙八个”是为天子举行月祭告朔之礼、祭祀日神月将而建造的，与天文历法密切相关，这在先秦两汉时期是非常重要的政治宗教活动。

总之，从仰韶文化彩陶盆的“个”字纹，到先秦两汉时期“明堂太庙”中的“个”室，作为正方位之间的界划，“个”的这一基本语义没有变化，一般用来表示角隅。站在陶寺古城的中央指向正北的“极线”，与两边城墙构成“个”字，表示城址的一个角隅。不过由于陶寺古城的“中线”和“极线”分离，其“正面”和“角隅”相对于“中极合一”的古城来说，相差“半个”方向（45°）。

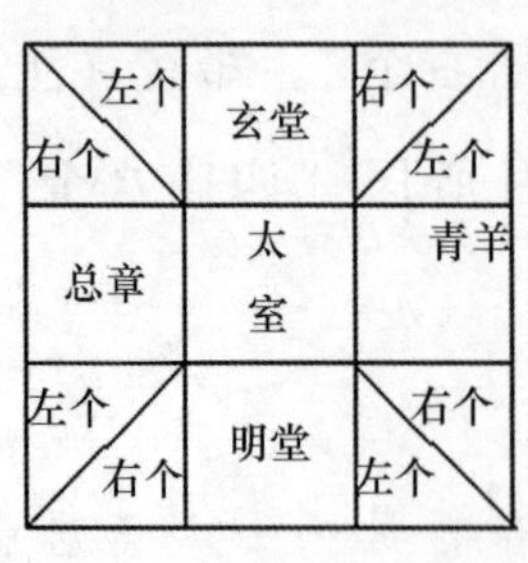

图7　“四庙八个”九宫图

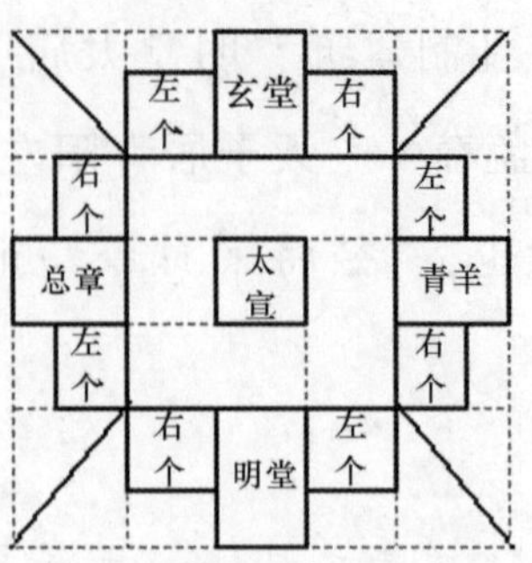

图8　“四庙八个”十二居室图

依据半坡彩陶盆，“正方”和“角隅”的概念至迟在仰韶时代已经明确。我们从晚期社会中意义比较明确的“个”室和“个”字纹，上推至仰韶时代的“个”字纹，其在结构上的相似性，显示它们在功能上具有某种同一性。因之我们可以判断，仰韶时代已经获得有关“辨方正位”的知识和能力。上文所提到的“参商不相见”以及“共工怒触不周山”的传说故事，分别系于帝喾高辛氏和颛顼高阳氏时期，也就是古史传说时代的“五帝时期”的前期，与考古学上的仰韶时代也是比较符合的。“二子”故事是对天象成因的一种解释，“天地倾斜”的故事则是对地形成因的一种解释，都属于“创世纪”之类的神话。面对同样的天空和大地，每个早期民族都可能有自己的认识和解释，我们不必拘泥于具体的人和事，但可以相信这类神话实际上是某种天文地理知识的载体，反映了当时人们的世界观和认识能力所能达到的一定高度。陶寺古城朝向“西北—东南”方向，应该是那个时代的天文地理知识大背景的产物。

尧舜时代是“五帝时期”的后期，对前期已经发明创造的方位观念和测量系统应该是熟悉的。尧帝考察舜帝，很重要的一项就是考验他对方向的判断能力。《尚书·尧典》载，“（尧）乃命（舜）以位……纳于大麓，烈风雷雨弗迷”。《淮南子·泰族训》作“（舜）既入大麓，烈风雷雨而不迷”。《史记·五帝本纪》载“尧使舜入山林川泽，暴风雷雨，舜行不迷”。舜帝是在接受了这种几近残酷的野外生存考验后，才登上帝位的。

关于测量“四正四维”方位的技术和方法，《周礼·考工记》和《周髀算经》记载了利用日出入晷影测定正东西和正南北向的方法，《淮南子·天文训》记载了利用日出入方位测定正东西向的方法[5]，“正东西”又称为“正朝夕”。《考工记》还提出了“昼参诸日中之影，夜考之极星”的方法。《周髀算经》还记载了利用“北极璇玑四游”测定北天极的方法[6]等。文献记载虽然晚出，但这些经验和知识的获得要早上千年甚至数千年，否则我们没法解释半坡彩陶盆口沿上规整的方位指示纹饰。陶寺城址在日出方向上有塔儿山挡住了地平线，故此不能用“正朝夕”的方法测定方位。“日中之影”最短并指向南方，但误差较大，只能作为参考。故此用“引绳希望”观测北极星的方法，是陶寺先民最有可能采用而且最简单可靠的定位方法，《周髀算经》（卷下之一）载：

立八尺表，以绳系表颠，希望北极中大星，引绳计地而识之。

大约在公元前4000—前3000年时，有一颗比较明亮的四等星——右枢星（天龙座α）位于北天极附近，是肉眼能直接看见的最靠近北极点的恒星。到了公元前10世纪，北天极的位置移到了另一颗更为明亮的二等星——帝星（北极二，小熊座β）[7]附近。因此右枢星是陶寺文化时期的北极星。当年的陶寺人可能就是用“昼参日影，夜考极星”的方法来测定大地方位的。这在今天看来，属于天文大地测量的方法，测得的结果必定是天文大地子午方向，因此我们看不到陶寺古城存在“磁偏角”的可能。

总之，我们从知识考古学的角度可以证明，尧帝时代建造观象台必须具备的观念、知识和技术系统，考古发现与文献传说互相印证，陶寺文化所处的发展阶段是完全有水平和能力建造大型观象台的。

四

天文大地的“四正四维”方位是唯一的，确定不移的，不会因人而异。每一个具体的城址也有自己的“四正四维”，但只有中轴线指向正北的城址才与天文大地方向一致。陶寺古城的方向正好相反，城址的四面相当于大地的四维方向，城址的四维则相当于大地的四正方向。导致这一反常现象的根本原因还是由于观象台，因为观象台是要举行冬至祭天典礼的场所，“迎日”活动是祭天典礼的核心内容，而冬至“日出”方向在传统观念上一直认为在东南隅，观象台附着于城墙，那么城墙必须正面朝向东南方向，才有利于“迎日”祭祀活动的进行。

关于“日出”方向，文献记载主要有：

《淮南子·天文训》：

> 日冬至，日出东南维，入西南维。至春、秋分，日出东中，入西中。夏至出东北维，入西北维。至则正南。

《论衡·说日篇》：

> 今案察五月之时，日出于寅，入于戌……岁二月八月时，日出正东，日入正西……今夏日长之时，日出于东北，入于西北；冬日短之时，日出东南，入于西南；冬与夏日之出入，在于四隅。

《周髀算经》（卷下之三）：

> 冬至昼极短，日出辰而入申，阳照三，不覆九……夏至昼极

> 长，日出寅而入戌，阳照九，不覆三。

按《周髀算经》之法，将大地平分为子（正北）、丑、寅、卯（正东）等十二方位，夏至日出于“寅初”入于“戌末”合于“阳照九、不覆三”，冬至日出于“辰末”入于“申初”合于“阳照三、不覆九”，这两个数据是等价的。据此不难算出冬至日出在东偏南45°、日入在西偏南45°，夏至日出在东偏北45°、日入在西偏北45°，即正好在地平方位的“四维”上。

然而上述理想模式可能只是观念上的东西，因为按照“日出入四维”的数据，依据球面天文学公式，计算其实际观测地纬度（天顶距含蒙气差、太阳视差在内，取 $Z=90.85°$，太阳赤纬 $\delta=-\varepsilon$，取战国晚期黄赤交角 $\varepsilon=23.73°$）：

$$\sin Z \sin A = \cos\delta \sin t$$

$$\cos t = -\mathrm{tg}\varphi\ \mathrm{tg}\delta$$

得到“冬至日出东南维”的可观测地纬度（φ）为北纬56.5°，约当今西伯利亚的贝加尔湖以北、勒拿河上游地区，我国先秦时代的天文观测不大可能到达这一地区。[8]

问题出在对“日出”概念的理解上。《论衡·調时篇》说：

> 一日之中，分为十二时，平旦寅，日出卯也。

这里实际上有两个“日出”概念，前者是“平旦日出”，是人眼不可见的；后者是“可见日出”。在古文字中“旦”字是一个会意字，上面一个“日”表示太阳，下面一横表示地平线，两个符号合在一起表示太阳刚刚从地平线上升起。屈原《天问》：“角宿未旦，灵耀安藏？”意思是问：当太阳宿于角隅、还未见从地平线上升起之前，它的光芒收藏在哪里呢？此问有利于我们理解“平旦日出”的概念：当人们看到太阳曙光、还没有看到太阳之前，太阳已经从地下升起了，但由于距离太远，我们只能看到它的光芒而看不到太阳本身。

《周髀算经》说“人望所见远近，宜如日光所照”。即谓“日光所照”的范围有限，“人望所见”的范围也是如此，当人距离太阳太远时，只能看见日光而不能望见太阳。古人认为只要能看到日光就说明太阳已经出地了，就是“平旦寅”时；只是我们不能从人眼所见的地平线上看到它；当人眼开始看到太阳时就是“日出卯”时。《淮南子·天文训》载：

> 日出于旸谷，浴于咸池，拂于扶桑，是谓晨明。登于扶桑，爰始将行……至于虞渊，是谓黄昏，至于蒙谷，是谓定昏。日入于虞渊之汜，曙于蒙谷之浦……禹以为朝、昼、昏、夜。

屈原《天问》“出自汤谷，次于蒙汜；自明及晦，所行几里?”也表示了相同的意思。所以“平旦寅”就是传说中的“日出旸谷”，“日出卯”就是传说中的“日出扶桑”。上文所提到的“晨明”“黄昏”大致相当于现代天文学中的“民用曚影”时刻，“平旦”“定昏”大致相当于现代天文学中的“天文曚影”时刻。[9]

神话传说与科学假说的区别是明显的，《周髀算经》的假说模型，设定日出入方位是移动的，春分、秋分在正东西，冬至、夏至在四隅。虽然“日出入四隅”不能观测证实，但考虑到曚影的存在，这样的假设还是合理的。《淮南子》的传说故事则描述“日出”地点在“旸谷”，日入地点在“蒙谷”，除此之外，别无他途，至于“旸谷”是在正东方，还是在东南隅，就没有必要深究了。

五

秦汉日晷可用来测日出入方位。将日晷水平放置，晷针垂直竖立在中央圆心，晷影扫过的区域刻画放射条纹，其阴影区段的圆弧相当于现代天文学中的“地平夜弧”，空白区段的圆弧相当于“地平昼弧”；由于日晷水平放置，其昼弧、夜弧均为地平经差。其空白区就是《周髀算经》所说的“阳照”区，阴影区就是《周髀算经》所说的“不覆”区。冬至昼弧（空白区）最短，夜弧（阴影区）最长，日晷放射条纹必须反映这一极值。为了表示曚影时刻，秦汉日晷的表面实际有两组“日出入”线。以“日出”线为例：

第一组“日出”线，是“日出卯”时的准线：在圆周上用百刻制分划出 69 条辐射线，表示“阳照”不及的阴影区，则“日晷 1 线”表示冬至日出线，“日晷 69 线”表示冬至日入线（图 9）。空白区的冬至昼弧等于 32 刻，阴影区的冬至夜弧等于 68 刻。

第二组“日出”线，是“平旦寅”时的准线：在日晷外桴上连接四隅的有四条维线，又在晷面上用“四钩”明显标出“四维”所在，则东南维是“日出旸谷”线，西南维是“日入蒙谷”线（图 9）。其地平昼弧的长度等于一个直角，化为百刻制就是 25 刻。

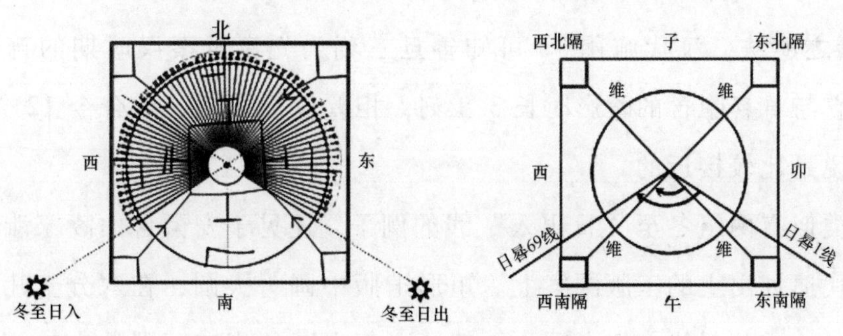

图 9　日晷的冬至“日出入”线

若按第一组“日出”线计算其观测地纬度（同前），得到日晷测制地的地理纬度 $\varphi = 42.9°$，其纬度位置约当今燕山以北的内蒙古高原地区，大约是先秦时期中原王朝所能控制和影响的北部边界，也是当时的天文官所能到达的范围。

两组“日出”线之间的夹角（地平角），化为时角等于曚影时刻。于是有，“日晷1线”与东南维之间的夹角，就是平旦曚影时段的地平经差；“日晷69线”与西南维之间的夹角就是黄昏曚影时段的地平经差。两者在数值上相等，中国古代称之为“昏长”或者“昏时”，根据两维夹角及日晷1—69线交角，可以计算其地平经差：

昏长 =（32 −25）/2 =3.5（刻）

将百刻制换算成360°制，得3.5刻 = 12.6°。依据球面天文学公式（参数取值同前：Z = 90.85°，δ = −23.73°），将地平角（A）化算为时角（t）：

$$\sin Z \sin A = \cos\delta \sin t$$

得到地平经差（A）3.5刻，等于漏刻的时角（t）3.8刻，约合今55分钟。用古人的思维来解释，就是说，在冬至日出前55分钟，太阳位于东南角，我们看不到它，但已从旸谷日出。

文献记载“昏长”为三刻。《春秋·考灵曜》、蔡邕《月令章句》、郑玄《仪礼》注，及《文选·新漏刻铭》注引《五经要义》，均记日出前三刻为旦（始），日落后三刻为昏（终）。刘向《五经要义》并云“或秦之遗法，汉代施用”。可知昏旦三刻为先秦及秦汉时期的普适规定。它与日晷隐含的曚影时长3.8刻，相差仅0.8刻，约合今12分钟，应该说是比较接近的。

类似有两组冬至“日出入”线的例子，还见于安徽含山凌家滩新石器时代遗址出土的玉版图案上。矩形玉版中画一大圆，在八分圭叶纹之间加入八道放射线，把大圆十六等分，而大圆外指向四隅的圭叶纹则位于十六分弧段的中点上，亦即三十二等分大圆的节点上（图10）。有了观察日晷的经验，我们很容易看出含山玉版与秦汉日晷具有相似的结构和功能。[10]值得指出的是，玉版下侧看似多余的两个小圆孔，实际位于两维的指向上，可能暗示昏终、旦始时刻太阳位于两维的位置。含山玉版的例子说明在陶寺文化以前，先民们就已经具有了“日出入四隅”的观念。

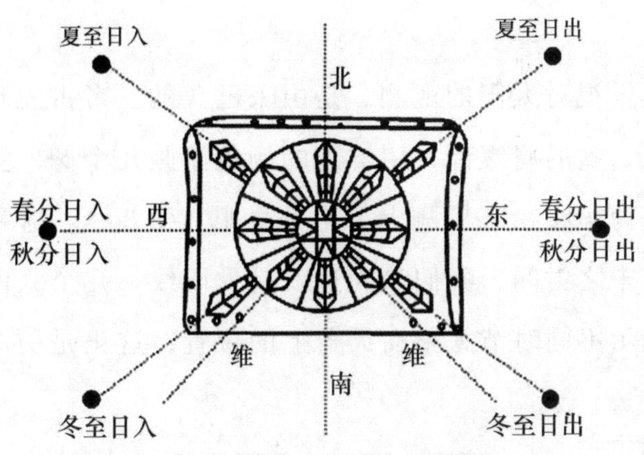

图 10　含山玉版上的冬至日出入线

至于太阳的实际位置，理论上自曚影时刻到日出时刻地平昼弧呈现由大变小的趋势，夏至的曚影时刻，日出入两维，然后向夹角（夜弧）张大的趋势发展；冬至情况相反，曚影时刻的日出入夹角（昼弧）远大于两维，日出入时刻的夹角（昼弧）仍然大于两维，只有当太阳出入地平线约 3.8 刻（漏刻）之后，其对应的昼弧才缩小至两维。也就是说，在夏至的旦始昏终时刻，太阳实际位于东北维及东南维附近；但在冬至的旦始或昏终时刻，太阳的实际位置并不在东南维或西南维附近。“日出入四隅”的观点，是将适合夏至天象的理论，推广到冬至的结果。

前文已述日晷的“四钩”与半坡彩陶的“个”字纹一脉相承。含山玉版和秦汉日晷的布局证实了“日出入四隅”的观念根深蒂固，流传数千年没有改变。陶寺先民们要在冬至举行祭天大典，他们一定相信这一天的平旦“日出”在东南隅，也就是屈原《天问》所说的“角宿未旦”——这里的“角”就是指的“东南角”。为了隆重迎接“日出旸谷”，尧都的天文学家必须将祭天坛场——观象台，对准“日出”方向，连带地观象台的附着主体——城墙，也就只能正面面对东南方了。

六

陶寺文化重视对太阳的观测，是由来已久的。考古发现陶寺早期大墓中有很多罐、盆的肩腹部，用鲜红的颜色涂画几个圆，呈三圆或四圆对称分布，因为彩绘在灰黑陶上，十分显眼（图 11）。这种现象在其他考古学文化中未之尝闻，我们认为这就是太阳纹。几个太阳图像的对称分布，意在显示不同时节太阳在天盖上的位置，这正是历法用以观象授时的依据。

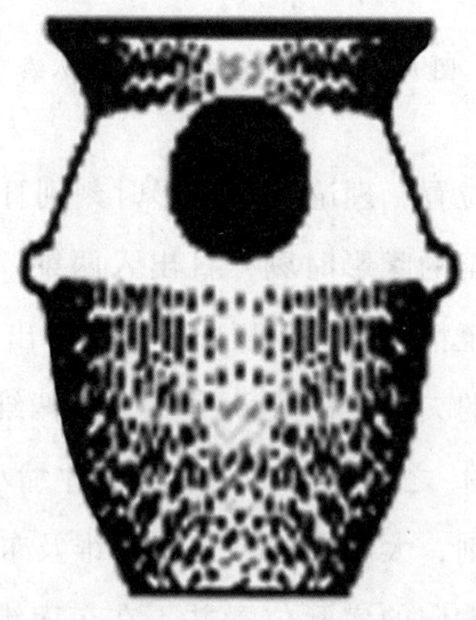

图 11　陶寺早期“太阳纹”罐

古人不能想象太阳从地底下穿越而过的情形，认为天与地是分开的，互相平行，永不相交；没有“天梯”，巫师就不能上天，神仙也不能下凡。太阳只在天盖上运行，不会掉到地面、海中，更不会钻到地底下去；人眼之所以看到太阳从地平线以下升起，是因为距离我们太远，超出“人所望见”的范围，从而造成“日出”的错觉。可能正是基于这样的理念，陶寺文化罐盆上的太阳纹并没有上下排布，而是呈水平状对称分布。这可以说是最早的“盖天说”宇宙观的萌芽。

这种太阳纹陶罐的时代是陶寺文化早期，观象台及城址的时代是陶寺文化中期，二者在时代上虽然不同步，但后者显然继承了前者对太阳的观测，并且上升到一个新的高度。

研究表明，“日出东南隅”，是古人对冬至曚影时刻的太阳位置的一种估计，不一定准确，但也并非完全没有道理，这是起源时期科学知识的共同特征。因此，我们完全能够理解大量文献关于“日出入四隅”的记载，具有某种合理性。

陶寺古城的选址，应该是首先确定观象台地点，以此找到大地的东南—西北维，作为城址的中轴线；继而在中轴线上确定城市的中心，由中心“引绳希望”北极星，确定指极线；然后“体国经野”，框定城市的范围。于是，城墙的北角落在指极线上，观象台位于中轴线的南端。之所以如此操作的目的，就是要使城墙和观象台正面朝向东南隅，以保证冬至祭天迎接“日出”。因此，观象台是陶寺古城最重要的建筑，它的存在决定了整个城址的结构和布局，也是这个城市的鲜明特色，及其享有高度文明的象征。

综上所述，陶寺观象台的发现以及陶寺古城的方向，较早地透露出“日出东隅”的思想观念，这一观念甚至可能追溯至更早的仰韶时代，使我们在精神文化的层面，对中国古老文明的起源有了更多的认识。

注释

［1］中国社会科学院考古研究所山西队、山西省考古研究所、临汾市文物局：《山西襄汾县陶寺中期城址大型建筑ⅡFJT1基址2004—2005年发掘简报》，《考古》2007年第4期。

［2］中国科学考古研究所、陕西省西安半坡博物馆：《西安半坡——原始氏族公社聚落遗址》，考古学专刊丁种第十四号，文物出版社1963年版；西安半坡博物馆：《西安半坡》，文物出版社1982年版。

［3］安徽省文物考古研究所、蚌埠市博物馆：《蚌埠双墩——新石器时代遗址发掘报告》，科学出版社2008年版。

［4］安徽省文物工作队：《阜阳双古堆西汉汝阴侯墓发掘简报》，《文物》1978年第8期。

［5］李鉴澄：《晷仪——现存我国最古老的天文仪器之一》，《科技史文集》（第一辑），上海科学技术出版社 1978 年版。

［6］钱宝琮：《盖天说源流考》，《钱宝琮科学史论文选集》，科学出版社 1983 年版。

［7］中国天文学史整理研究小组：《中国天文学史》，科学出版社 1981 年版，第 53 页。

［8］武家璧：《从出土文物看战国时期的天文历法成就》，《古代文明》（第 2 卷），文物出版社 2003 年版，第 258—259 页。

［9］中国天文学史整理研究小组：《中国天文学史》，科学出版社 1981 年版，第 117 页。

［10］武家璧：《含山玉版上的天文准线》，《东南文化》2006 年第 2 期。

（作者系北京联合大学历史文博系副教授）

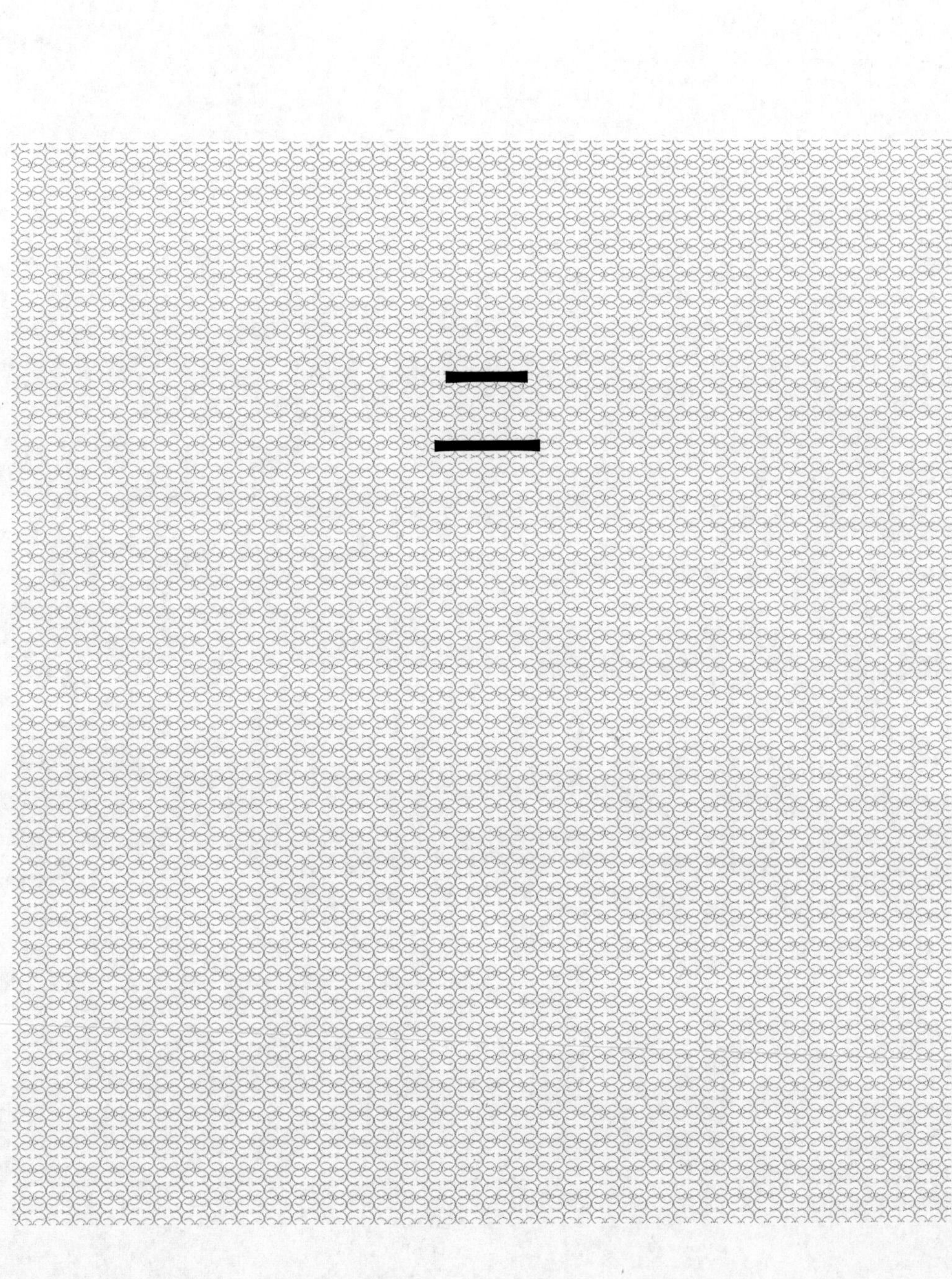
二

唤醒历史记忆　探索文明源头[*]

刘合心

一　文化学意义上的尧文化

人类文化现象都有其发生发展的规律，尧文化也不例外。临汾，古称平阳，历史悠久，文化底蕴深厚。千百年来，临汾人无不以此为荣。除了《史记》《尚书·尧典》等历史文献外，更有大量相关的历史遗存遍及7个县（市、区），其中尧庙、尧陵等始建年代均在千年以上。在洪洞县一带有着延续4000多年的“接姑姑、迎娘娘”的民俗活动，简直是历史的活化石。2000年末，临汾市区经国务院批准更名为尧都区，南北主干道上更是树起了“华夏第一都”的牌坊。但是“尧都”的具体位置是在襄汾县的陶寺，却是随着陶寺考古的进程而广为人知的。陶寺遗址的惊世之现，从聚落形态、社会形态以及文明程度等方面，都为陶寺遗址应为“唐尧帝都”提供了确凿的考古实证，终于使平阳大地上的神话传说变成了史实。因为陶寺遗存就是帝尧遗存，所以临汾的人们习惯地称陶寺文化为尧文化。我们在学习和研究的过程中认识到，帝尧是华夏文明的始祖，尧文化则是中国优秀传统文化的源头。

那么，何谓尧文化？从文化生成的角度看，是指帝尧以及虞舜、夏

---

* 此为作者2015年4月15日在临汾市举办的“尧文化暨德廉思想研讨会”上的主题演讲。

禹带领上古先民所创造的物质和精神财富的总和；从文化延续的角度讲，是指数千年来植根于平阳大地、承载着尧文化信息的思想、政治、文化等方面的成果。其包含的内容十分广泛，主要有文物遗迹、科学技术、思想观念、伦理道德、教育礼仪、文学艺术等，而陶寺遗址则是尧文化的主要物质载体。可见，广义的尧文化是指中国历史上辉煌的上古文化，是中华民族的源头文化。换言之，尧文化即我们通常所说的根祖文化。

尧文化源远流长，博大精深。其内涵主要有四个方面：1. 协和的统一思想：平章百姓，协和万邦，开创最早“中国”；2. 古老的科学意识：开凿水井，钦定历法，推动农耕文明；3. 朴拙的民主政治：设立谤木，选贤任能，实行禅让制度；4. 可贵的创新精神：带领华夏民族从原始社会步入奴隶社会。

二　尧文化的历史地位与贡献

1. 帝尧的历史地位崇高无比。孔子在《论语·泰伯》中说道：“大哉尧之为君也！巍巍乎，唯天为大，唯尧则之。荡荡乎，民无能名焉。巍巍乎其有成功也，焕乎其有文章！”《孟子·滕文公》记载：“孟子道性善，言必称尧舜。”同是儒家经典，《中庸》则说：“仲尼祖述尧舜，宪章文武。”可见，尧文化正是儒学的源头。到了西汉，史圣司马迁对尧的评价也是很高的，他在《史记·五帝本纪》中写道：“其仁如天，其知如神。就之如日，望之如云。”千百年来，尧舜执政时代被人们认为是理想盛世，誉之为“尧天舜日”。就连秦皇汉武、唐宗宋祖也不放在眼里的伟大领袖毛泽东，也满怀激情地吟咏：“春风杨柳万千条，六亿神州尽舜尧！”

2. 陶寺考古把“尧都平阳”从史料记载变成了史实。中国考古学之父李济先生1926年在晋南组织考古发掘时感叹道：“临汾县（平阳府），这是一个勾起人们历史遐想的城市——尧帝的古都！中国的读书人又有谁不熟悉这位伟大的君王的种种崇高品德呢？可是，他究竟建造过一个雏形的城市没有？”五十年之后，今之临汾、古之平阳没有辜负李老先生杜鹃啼血般的感叹：尧——这位“伟大的君王”建造的“雏形的城市”石破天惊般地面世了！它，就是陶寺。陶寺遗址的考古发现多角度地指向了“尧帝古都”，陶寺遗址成了“尧都平阳”的不二之选。

3. 陶寺遗址的考古发现，从城墙到墓葬，从宫殿到仓城，从朱书陶文到观象台，无可辩驳地证明，当其时也，最早的“中国”形成了，文明社会出现了。它比河南偃师二里头遗址所代表的夏代晚期要早了1000多年。诚如已故著名历史学家、中国考古学会理事长苏秉琦先生在《中国文明起源》一书中所言：“在中国文明起源的历程中，作为帝尧陶唐氏文化遗存的陶寺文化，构成一个伟大的历史丰碑，它是中国正式踏进文明社会的界碑石，也是中华民族的主体、华夏民族集团正式形成并由此不断推进民族发展的奠基石。”

4. 陶寺考古担负着证实“中华文明五千年”的重任。根据碳十四方法测定，陶寺文化时期距今约4300—4000年左右。在此之前，国外的历史书和学者们不承认中国在商朝之前是一个文明国家。郭沫若先生在其大作《中国古代社会研究》中亦断言：“商代才是中国历史的真正的起头！”夏商周断代工程把我国文明史推进到距今4000年左右，而作为“中华文明探源工程”的重点，陶寺考古则把我国古代文明的形成时期推进到距今4300年左右，其重大意义是历史性、世界性的。

三　尧文化研究与开发的重大意义

1. 文化是民族的灵魂，是人民的精神家园。尧文化是中国传统文化的根脉所在。因此，本着古为今用的原则，传承与弘扬尧文化对传统文化可以起到正本清源的作用，对建设中国特色的社会主义可以提供深刻的启示和有益的借鉴。

2. 尧是黄帝的嫡系子孙，是华夏民族的祖先。研究与开发尧文化可以促使海内外华夏儿女寻根祭祖，增强民族的认同感和凝聚力，对我们完成祖国统一大业，实现民族复兴的中国梦有着重大意义。

3. 尧文化是临汾市也是山西省的宝贵历史遗产。研究与开发尧文化，使之与前景广阔的旅游业紧密融合，发挥好它的社会效益与经济效益，不仅可以为临汾市的经济转型注入新的活力，而且可以为山西省的“六大发展”和重塑山西形象、推动富民强省开辟新路径，创造新经验。

4. 站在人类发展的角度看，不少世界顶级的科学家都认识到，西方国家所谓的“普世价值”给人类带来了无穷的灾难，他们把目光投向东方、投向中国。而尧文化和中国优秀传统文化对于处理当前复杂多变的世界环境危机、精神危机有着不可估量的影响和作用。

四　临汾尧文化研究现状及建议

“中华文明探源工程”不断取得阶段性成果，其作用与影响日益显现。对于陶寺遗址所在的临汾市而言，当务之急是把考古成果从田野里、书案上“解放”出来，使之更好地同地方经济社会和文化建设结合起来，实现相互促进、共同发展。

近年来，临汾市的各级领导和社会各界在尧文化的研究、宣传和开发、利用上做了大量工作。现在从事尧文化等历史文化研究的地方文化工作者达两千多人。我们成立了尧文化研究与开发委员会，办起了《尧文化》会刊，开办了同题网站，撰写出版了大批尧文化专著；推出了大型音乐舞蹈史剧《尧颂》，赴省进京演出；举办了首届“中国·临汾尧文化高层论坛”。襄汾县、尧都区、洪洞县等都举办了以尧文化为主题的大型节庆活动。

在保护开发上，着重抓了陶寺和尧陵。陶寺国家考古遗址公园项目已向国家文物局申报。襄汾县加强了对遗址的保护，修建了办公和展示场所，改善了道路交通状况，做了许多前期准备工作。尧陵景区总面积为10平方千米，陵区核心工程已完工，祭祀大殿主体竣工，外装修也已完成，二期工程的建设正在紧锣密鼓地进行，行将建成全国一流的集文物保护、祭祀拜谒、旅游休闲于一体的历史文化旅游胜地。

五　对尧文化研究与开发的几点建议

第一，追踪考古成果，搞好理论探讨。我们欢迎中国社科院、中国先秦史学研究会，以及各大专院校的专家、学者来临汾考察和研讨，深入分析陶寺考古的重大意义和历史地位，探索中华文明起源的特点和规律。我们知道，在尧文化研究领域尚有许多未解之谜，也存在诸多争议。我们主张，在理论研讨中应做到“三要三不要”，即：一不要受地域所限，要客观公正地认识尧文化；二不要受门户所限，要全面系统地研究尧文化；三不要受成论所限，要创新发展地探讨尧文化。

第二，在大力保护遗址的前提下合理开发利用。国家文物部门应当加快陶寺国家考古遗址公园审批进度。同时，地方政府和有关部门应当采取措施，做好前期准备工作，努力将考古资源转变为旅游资源，使考古成果转化为社会效益，把观瞻考古成果与参与体验、民俗游览、休闲度假、农业观光结合起来，展示先祖的辉煌，打造当代的精神家园。

第三，支持临汾打造“三尧”文化品牌。借鉴山东曲阜的做法，人家把“三孔”（孔府、孔庙、孔林）做大做强了，我们可以把“三尧”（尧庙、尧都、尧陵）的文化品牌打造出来。在“三尧”中，尧庙已具规模；尧都（陶寺）的保护和开发是国家项目；应加大对尧陵建设的投资，保证二期工程尽快完工，并逐步将祭祀规格升级为省祭、国祭。这一文化品牌的打造需要列入临汾市和山西省经济、社会、文化发展的总体战略，制订出近期和中、长期发展规划，提出具体落实措施。文化是城市的灵魂。随着“三尧”文化品牌的推出，临汾的文化实力将得到极大提升，也将为中华文明探源打下更为坚实的基础。

第四，对于考古发现和科学研究已经证实的结论应当确认下来，并且匡正一些地方出现的乱象。比如陶寺考古成果，既然已基本确认且已形成共识，那么应尽可能地在历史教科书上、各种文献资料上、一些博物馆的展出上以及国内外的学术交流中予以充分的宣传和肯定。

尧文化的研究和开发取得目前的成果来之不易。这首先要感谢新中国一代又一代考古人的艰苦探寻，正是他们“手铲释天书”，揭开了距今四五千年间五帝时代的历史面纱，也为我们提供了第一手的学术资料。探索中华文明起源，重建中华五千年文明史的上古部分，是亿万炎黄子孙的共同心愿。让我们群策群力，戮力同心，为尧文化的传承、研究、宣传、开发做出更大的贡献！

（作者系临汾市尧文化研究与开发委员会主任、临汾市三晋文化研究会会长）

和合思想是尧文化的灵魂

郭永琴

五帝时代是《史记》记载的中国历史的开端。五帝时代又可以分为两个时期，前一个时期是黄帝到尧以前，后一个时期就是尧舜禹时期。尧舜禹时期正是中国历史上国家产生的时代。这一时期，在中华大地上产生了早期的王权和国家制度的雏形。无论是古文献的记载和陶寺文化的考古发现都证实了尧文化是中华民族文化的源头之一，它影响了中华传统文化的形成和发展的基本格局[1]。

尧文化最初出现于尧舜时期，这一时期创造的文字、历法、礼制、审美尺度、和谐精神等物质文化和精神文化财富被后代延续至今，奠定了现在中华民族传统文化的根基。尧舜时期形成的丰富多彩的文化，经过多年的取精去糟，作为尧文化核心内容的和合理念和执中、明德的德治思想到了西周时期才得以定型。这一时期，周人在思想认识领域已经有了较大的发展，周公政治思想的核心便是“敬天保民”“明德慎罚”。以德治国成为周人的主要治国思想。在寻找与前代的传承关系时，周人将尧舜等前代帝王的优秀品德进行总结，因此出现了《尚书·尧典》记载的尧的几大美德“钦、明、文、思、安安，允恭克让”。这些美德“光被四表，格于上下”。尧通过“克明俊德，以亲九族”，进而促成各部族和方国之间的和谐相处。可见，在周初，五帝之一的尧的德行是被周人作为其德治思想的重要支撑之一来看待。这也使得以《尚书·尧典》为标志，尧文化在西周广泛传播。

到了春秋时期，周王室衰微，诸侯竞起，政权下移，社会秩序遭到破坏。人们纷纷提出救世方案，但是无不希望能够从前代圣贤那里获取佐证和养分滋养自己的学说和主张。于是儒、墨诸家无不搬出尧舜，对其大加赞扬。孔子“祖述尧舜，宪章文武”[2]。《韩非子·显学》中也记载：“孔子、墨子俱道尧舜，而取舍不同。”在孔子看来，德治是社会向善的基础，而领导率先垂范，引领大众效仿是最佳的施政方式。从周初的记载来看，只有尧舜有此功绩，因此孔子要恢复西周礼制，就势必要对尧舜的美德进行宣传。而墨子称道尧舜，则和其“兼爱、尚贤、节用”思想息息相关。这些思想同样是从尧舜文化中获取了养分。

战国时期，尧舜文化成为当时的主流文化，出土的战国竹简中相关内容颇多。《郭店楚简·唐虞之道》专门阐释了尧舜的品德及其禅让制度。《上博简·子羔》赞颂尧的高尚品德以及让贤之事。《上博简·容成氏》：“尧为善兴贤，要以天下让与贤者，天下之贤者莫能受也。万邦之君皆以邦让与贤。”孟子作为孔子学说的继承人和发展者，和孔子有着共同的治世思维和理念，也是“道性善，言必称尧舜”[3]。以人性善为基础的儒家极力赞颂尧舜的同时，主张人性恶为基础的法家也认为尧舜是当时的圣明君主，但是却指出尧舜之所以能建功立业，是因为他们掌握了权和势。《韩非子·说疑》说：“古之所谓圣君明王者，非长幼弱也，及以次序也；以其构党与，聚巷族，逼上弑君而求其利也。彼曰：‘何知其然也?’因曰：‘舜逼尧，禹逼舜，汤放桀，武王伐纣。’此四王者，人臣弑其君者也，而天下誉之。察四王之情，贪得人之意也；度其行，暴乱之兵也。然四王自广措也，而天下称大焉；自显名也，而天下称明焉。则威足以临天下，利足以盖世，天下从之。”至于在政治上反对尚贤的庄子，也在书中记载了很多尧让贤的故事。虽然记载中有虚构的成分，但是也反映出尧舜故事在当时已经深入人心。由此可见，儒、墨、道、法诸子百家，无论谁提出自己的政治主张，都要与尧舜联系起来，已经成为当时的一种文化心理。

尧文化在春秋战国时期的传播达到了一个空前的高度，尧舜被赋予道德楷模的身份，成为德治的榜样，反映出当时社会要求摆脱道德危机，建立和谐秩序的现实要求。

秦汉之后，中国进入大一统时期，虽然也经历了分裂阶段，但是大一统是主流，不可逆转。历代帝王都尊奉尧帝，祭奠隆重，形成了卓有特色的祭祀文化，绵延至今。时至今日，帝尧已然成为人们心目中的道德楷模和德治圣君，而德治和执中观念也与和合思想结合，形成中和理念，构成了中华传统文化的核心价值观。

“和”在古代写作“咊”，或借为“龢”。《说文解字》载：“咊，相应也。从口、禾声。”龢在《说文解字》中的解释是“调也”。就是协调各种不同的音阶，从而使其实现和鸣。引申开来就是，“‘和’作为事物发展的动力，是多重力量的协作；而作用力的结果，便是各显其荣”[4]。人们在长期的生产生活过程中，逐渐将其转变成一种思想，这便是和合思想。所谓和合思想，其实就是人与天地万物相处的一种价值取向，是指人与人、国与国、人与天地万物相处的过程中，相互调和，最终达到和谐相处的目的。和合由一种朴素的处世理念，上升为一种思想，而且被中国人世代延续、传承，贯穿到了人们的世界观、人生观、家庭观、社会观、道德观、外交观等方方面面。正如习近平主席总结的那样，“中国‘和’文化源远流长，蕴涵着天人合一的宇宙观、协和万邦的国际观、和而不同的社会观、人心和善的道德观……深深植根于中国人的精神中，深深体现在中国人的行为上”[5]。

追根溯源，中国最早的和合思想出现在尧舜时代。和合思想不仅是尧文化的核心思想，而且是其得以发扬光大的文化灵魂。

一　和合思想是尧舜时代农业经济发展的结晶

世界上几个最古老的文明都诞生于最早产生农业经济的地区。在距今一万年左右，无论是中国的北方地区还是南方地区，农业种植经济都开始出现，以农耕畜牧为基础的定居聚落也随之出现。到了距今9000—7000年的时候，农业进入第一个发展时期[6]。在湖南澧县城头山就发现了稻田、田埂以及用于灌溉的水坑和水沟，并且从稻田的土样中找到了稻梗、根须和稻谷[7]。当时的粮食产量也有较大提升。仅河北武安磁山的聚落，就发现了88个用来储藏粮食的窖穴，根据学者计算，粮食储量达到了13万余斤[8]。在这一时期，中国两大农业体系——旱地农业体系和水田农业体系正式形成[9]。

尧舜时代，农业经济有了进一步的发展。当时的晋南地区属于暖温带，气温比现在要高2℃左右，温差小，四季分明，自然环境优越。农业的主要生产工具仍然是石器和木器。主要种类有石铲、石锛、石刀、耒耜。但是已发现早期的巨型犁状石器，以及早晚两期共出的大小不一的L形石器，在江苏、浙江、上海等地的一些遗址中也发现过类似器物[10]。石犁铧已经出现，在大型贵族墓中发现了与木俎配套使用的V形石厨刀，这种厨刀与江浙史前文化中发现的破土器——开沟犁颇为相像[11]。说明，陶寺居民当时已经拥有了完整的开垦、中耕和收割的农具。农业工具的齐备，有力地推动了农业生产。而在粮食品种方面，主要以粟、黍和稻谷三种谷物为主，同时还发现了13粒形似大麦的植物种子[12]。这些都说明，当时的陶寺已经处于一种比较发达的农业经济阶段。为了储藏粮食，人们效仿前代，在自己居住的住址周围修建了袋状或椭圆形的深1—5米的窖穴。此外，在大型墓还出土了一些木仓型器（如M3015）。这些仓型器“整体形状近似秦汉墓中的攒尖顶陶仓”[13]。说明当时的陶寺统治者对于社会财富象征的粮食的控制已经十分严格。2001年，在贵族居住区的东南、大城的东部还发现了一片相对独立的窖穴区。该窖穴区长约100米，宽10余米，面积近1000平方米。窖穴分布密集，以竖穴圆角方形或长方形为主，大者边长10米左右，小者边长5米左右，深4—5米。发掘者推断，这片窖穴ⅠT6JX1和此前发现的出土大量朽小米的陶寺ⅠT2017JX6都是粮食窖。而且，这座大型窖穴仓储区是一个相对独立、出入人员又有所限定的特殊功能区，是陶寺统治者用于贮存贡赋，进行再分配之用[14]。大型和小型仓储区的并存，反映出陶寺国家农业发展的水平和财富积累的程度。

天文观测和历法的确定对于农业生产具有关键性的指导意义。因此，为了保证农业生产的有序进行，陶寺还建立了由国君控制的观象授时体制。《尚书·尧典》记载："乃命羲和，钦若昊天，历象日月星辰，敬授人时。"在陶寺中期小城遗址发现了一处大型建筑ⅡFJT1基址。该基址结构奇特，面积约为1400平方米，形状为大半圆形。"据三道夯土墙推测，此处原应有三层台基，并附有路沟、东阶、东南角门、梯形遗迹以及生土半月台等"[15]。第三层台基上有多处半环形夯土柱列。经过研究和实地观测模拟实验，推测，第三层台基地基部分的夯土柱是用于构建观测缝，而观测缝的主要功能之一是观日出定节气[16]。站在台基芯的观测点部位，"可于5月20日经东11号缝、6月21日经东12号缝、7月23日经东11号缝迎接日出。站在该夯土遗迹东部边缘，可透过D1柱与E2之间1.8米宽的空当迎接12月22日（冬至）至4月26日、8月14日至12月22日的日出"[17]。也就是说，这里具有观测二分二至的功能，因此被称为观象台。不仅如此，在陶寺中期第22号大墓中还发现了漆木圭尺。发掘者认为，其与立杆（表）组合使用，正午时分测日影，以判定节令，制定历法[18]。

在农作物稳定收获的前提下，陶寺的畜牧业作为农业的附属也得到了相应的发展。从陶寺出土的动物骨骼可鉴定标本数来看，陶寺文化早期猪的可鉴定标本数占到总数的71.43%，中期84.70%，晚期占到49.56%[19]。足知，猪是陶寺最重要的牲畜。这不仅与其供给肉食的能力有关，而且同它在祭祀丧葬礼仪中的地位有关。在陶寺发掘的大中型墓中，普遍随葬猪和猪下颌骨。其中大型墓随葬整猪，而中型墓以随葬猪下颌骨为主，数量从半个到30副不等。如M3084中，就随葬有30副以上的猪下颌骨[20]。ⅡM22也发现了10头猪和一副公猪下颌骨[21]。明显反映出，猪在当时是财富的代表和重要的祭祀物品。除了猪之外，当时饲养的哺乳动物还有狗、黄牛、绵羊等。鸡也是当时主要的家禽，其形象被反映在陶器上。如在陶寺早期文化遗存中发现了陶鸡，为磨光黑陶，嘴部已残缺，颈部又有一嘴状凸。头两侧为扁平耳，宽尾微上翘，背中部有小圆孔，下连一残筒状器[22]。

优越的自然环境和国家对农业生产的管控，促进了农业的发展。而农业的发展又为和合思想的产生和完善，并深入社会的方方面面，成为时人的主流思想奠定了坚实的基础。农业经济将劳动者约束在一定的区域内，从而保证劳动者获得比较稳定的收获。固定的生产资源、稳定的生存条件和人们之间不易变动的交往关系都使得农业文明中的暴力冲突较少，而相互协作的要求较高，从而使得人际关系相对舒缓。人群内部对于和谐发展的追求也就有着强烈的一致性。虽然，稳定的收获和安定的环境，会催生人口的膨胀，人口膨胀又使得向外扩张不可避免，如果遇到自然灾害就更加不可遏制。但是，“农业文明部族的扩张也是温和的渗透性的扩张，人口压力通常通过向无人地带疏散人口解决，而不是通过对另一部族的剥夺来实现，所以较容易实现不同部族间的和平共处和交流融合”[23]。尧舜时代农业经济的发展，在促进社会复杂化的同时，必然呼唤与之相适应的思想出现，而和合思想恰恰反映出了农业文明的主要价值取向：重视吸收先进文化，包容多元文化，为我所用，在此基础上促进和平发展。因此，尧舜时期农业经济的有序进行和稳定发展，实际上催生了讲求和善、包容、多元的和合思想，并促使和合观念从简单的人与人相处的一种认识，上升为处理联盟内部关系与集团间关系的准则和社会的主流思想。

二　和合思想是帝尧时期统治者执政理念的指导思想

发达的农业经济促进了财富的积累和积聚，也促进了社会分工的深化，专职的管理者产生，国家开始出现。刚开始，各个部族在经济上可以保持自给自足，联系上相对松散。但是生产方式和定居生活却使得彼此的接触变得固定和频繁。经济方式的一致性促成人们思想认识上也趋于一致，从而产生了共同的文化和心理。在此基础上，一旦产生一个高度发达的文明，很容易产生向心力，促进联盟的形成。如前文所述，到了帝尧时期，当时陶寺的农业文明已经发展到了一定的高度，为进入国家时代，尧成为联盟首领奠定了基础。

《尚书·尧典》记载："（帝尧）克明俊德，以亲九族。九族既睦，平章百姓。百姓昭明，协和万邦。"说明，当时已经出现了分官设职的政治分工，同时万邦的出现，也说明部族或邦国联盟产生了。如何维持各部族之间的既有秩序，使之稳定发展是尧作为联盟首领的主要任务。因此，尧在农业文明的经济方式基础上，将和合思想引入其政治管理理念当中。

最为明显的是五帝时期以禅让制为特征的王权传接形式。这种王位传接形式便是因帝尧的"和合"思想相应而生的。《尚书·尧典》记载了帝尧的禅让经过。帝尧同当时贵族议事会的四岳商讨禅让事宜。四岳举荐舜为继承人。帝尧先对舜的性情、才能进行考察，才将帝位让给他。舜继续尧的事业，勤政廉明，发展生产。以后舜又仿效尧，将位传给了禹。

尧活动的时间如果与考古学文化对接的话，应当处于龙山时代的晚期。这恰好与陶寺文化在年代上吻合，而且临汾也是古书记载的尧都所在地。许多学者撰文指出，陶寺就是尧都[24]。这里不仅发现有早期城址和面积达 280 万平方米的中期城址，而且在城址内发现了宫殿区、宗教祭祀区、仓储区、手工业生产区，以及大量的墓葬，从中显示出金字塔式的等级结构和阶级关系[25]。陶寺文化的发现使我们确信，其已经进入了国家阶段。

礼乐文明是中华文明的核心和特质。陶寺文化早期墓地出土了大量的礼器和乐器。而这些礼乐器只发现于大墓，不见于中小型墓[26]。这些礼乐器象征着大墓主人拥有的军权、神权和族权。不过值得注意的是，大型乐器只见于王级大墓。如3015号大墓就出土了特磬和鼍鼓。此外，在大型墓中还有一种异形陶器（即土鼓）和特磬、鼍鼓同出。这三种乐器都是打击乐器。《尚书·尧典》也记载，帝舜的乐官夔曾说："予击石拊石，百兽率舞。"说明当时的乐器确实主要是打击乐器，与陶寺所出乐器相吻合。同时帝舜要求夔通过诗歌音乐教育子弟，以达到"八音克谐，无相夺伦，神人以和"的目的。所谓无相夺伦，就是要维持既有秩序。只有秩序稳定了，神才不会降罪，才能人神和谐相处。陶寺中期还发现一座小城，城中没有宫殿建筑，却分布着王族墓地、观象台和一些小型建筑，发掘者认为，这是一处与神鬼有关的神圣区域，是一个特殊的祭祀区[27]。可也说明，人神和谐的记载绝不是空穴来风，恰是当时统治者在宗教思维上的和合思想的集中体现。

礼器的存在，是为了确定等级身份和君主的权威，因为人们对于私有财产的贪欲是没有止境的，它导致社会完全失控。因此，"所有利益冲突的集团或族群为了不致在无序、无度的厮杀中同归于尽，便呼唤一个最强大、最坚硬的拳头，强制社会走向秩序"[28]。国家应运而生。《史记·乐书》记载："王者功成作乐、治定作礼。"所谓"乐者天地之和也。礼者，天地之序也，和，故百物皆化。序，故群物皆别。乐由天作，礼以地制。过制则乱，过作则暴。明于天地，然后能兴礼乐也。"[29]可见，乐器的存在是与维护当时的秩序有关联，和礼器一样，是当时统治者不可或缺的统治工具。因此，在唐尧时期，乐器和礼器一样已经成为君权的标志。礼的存在使社会清晰地体现出差别性，并为之赋予合理性；而乐的存在则是要弥合这种差别带来的离心力，加强权威性。二者调和才能使政权稳固，正如有子所说"礼之用，和为贵。先王之道，斯为美。小大由之，有所不行。知和而和，不以礼节之，亦不可行也"[30]。所谓和合思想正是这种统治需求的一种鲜明反映。

陶寺文化中期第22号大墓颇为引人关注。不仅是因为该墓随葬品丰富，更因为这座大墓出土了一副完整的公猪下颌骨。该公猪下颌骨位于墓室东壁（也即头端）中央显著位置，近墓底部倚东壁以公猪下颌骨为对称轴，南、北两侧各倒置3件彩漆柄玉石兵器，其中玉石钺5件，玉戚1件。这一公猪下颌骨，有粗壮的獠牙。《周易·大畜》记载："豮豕之牙，吉。"王弼注："豕牙横猾，刚暴难制之物，谓二也。五处得尊位，为畜之主。二刚而进，能豮其牙，柔能制健、禁暴、抑盛，岂唯能固有庆也？"长沙马王堆汉墓出土的帛书《昭力》："又问：'豮豕之牙，何胃（谓）也？'子曰：'……上正（政）陲（垂）衣常（裳）以来远人，次正（政）橐弓矢以伏天下。《易》曰：豮豕之牙，吉。其豕之牙，成而不用也。又（有）笑而后见，言国修兵不单（战）而威之胃（谓）也。'"王弼指出，豮豕之牙有禁暴的作用，马王堆帛书也说，它是用来不战而屈人之兵的。在一座王级大墓中发现豮豕之牙，其和合意味已很明显。

陶寺文化到了中期发展到鼎盛。但是考古调查表明，陶寺文化聚落的分布基本都限于临汾盆地，而且以陶寺为中心形成了多层次的聚落群。其中较大的聚落有方城遗址、南柴遗址和县底遗址。正如高炜先生总结的："从考古发现看，在同时期各区系中，陶寺文化的发展水平最高，但它的覆盖面大致未超出临汾盆地的范围；它同周邻文化的关系，则表现为重吸纳而少放射。"[31]作为当时邦国联盟的核心，陶寺所表现出的"大邑小国"和高度向心的特征，可能不仅与山西表里山河、相对封闭的地理环境有关系。也和当地农业文明产生的深厚的和合思想、融合而不扩张的思维模式紧密相连。再联系公猪下颌骨及其下方对称排放的兵器，就可以说明当时的统治者一直秉承着和合思想，并将其应用到国际关系和联盟内部事务当中去了。

不仅如此，陶寺发现的礼器群颇为复杂，而且其包含的文化因素也是多元的，明显是吸收了各地文化的产物。陶寺出土的彩绘陶器、漆器和上面的花纹，以及大部分玉石礼器，都能在中原的东方、东南方、东北方、西方和南方找到源头[32]。如陶寺墓地出土的彩绘陶器和彩绘漆木器，在大汶口文化、北方的赵宝沟文化中可以找到源头。单耳鬲是客省庄文化东进交会产生的器物，盆形鼎、觚、扁壶等，则源于大汶口文化和屈家岭文化，双大耳罐、高领折肩罐与齐家文化相似[33]。墓葬中出土的尖首圭，很可能是受到了中原以西文化的影响。钺、琮、璧是良渚文化的礼器组合，钺是大汶口文化常见的玉器。在墓葬中与木俎配套使用的V形石厨刀，也应在良渚文化中寻找源头。石磬的使用，应渊源于晋中地区和辽河流域[34]。不同区域的礼器组合汇集于中原地区，彰显出陶寺在联盟内部的核心地位的同时，也反映出了本地包容多元文化的和合思想。

可见，和合思想是帝尧时期统治者执政理念的指导思想。它在其统治的联盟内部起着维护秩序、增强国君权威的作用。同时在外部又发挥了凝聚联盟向心力，协调联盟中的各成员之间的关系的作用。要言之，和合思想促进了当时统治者形成一种积极维护稳定政治秩序、创建和谐政治环境的政治思维模式。它迎合了统治者树立权威、维护统治阶级整体利益的需要。

三　和合思想与“明德”“执中”观念的关系

明万历十三年（1585）临汾尧庙《重修光天阁记》记载：“执中何以易光天，又为后殿也？大人之学，先明明德，而后明明德于天下。孔孟论道统祖尧舜，孔子删书，断自唐虞。其传道之言曰：人心惟危，道心惟微，惟精惟一，允执厥中。精一执中者，克名俊德也。光天下之明，明德于天下也。凡天地之气，翕聚西北，而敷扬东南。执中为体，故以名殿居北，光天为用，故以名格居南。”所谓“人心惟危，道心惟微，惟精惟一，允执厥中”，语见《古文尚书·大禹谟》。这十六字被朱熹视为儒家道统的心传。所谓执中是儒家政治伦理的范畴之一，要求执政者守中道，无过无不及。而明德则属于儒家的伦理范畴，是指彰显完美的道德品质。说到底都属于儒家德治思想的范畴。

我们认为，德观念在中国有一个发展演变的过程。正如有学者研究的那样，在文明的初期，人们敬奉天命，即使谈到了德行，也是天命的表现。到了西周时期，统治者提倡“敬天保民”“明德慎罚”，才将德引入制度之中，并且涉及了道德范畴。但是将德降到人的身上，成为道德准则，应该是到了春秋战国时期。当时，宗法制度受到了破坏，人们开始重新思考人与人之间的关系，直接影响了德观念的变化[35]。儒家思想所谓的“德”当然主要指的就是道德，应该是春秋战国以来的一种总结和重新认定。后世传颂的德治，其实是在此基础上不断修正的结果。上述尧庙碑文也是宋元以来，经过社会的动荡之后，封建统治者重新用儒家道德重整和控制社会秩序的一种反映。

《论语·尧曰》记载，尧传位给舜的时候说：“咨尔舜！天之历数在尔躬，允执其中；四海困穷，天禄永终。”在此提出了尧的“执中”的政治理念。这里的执中指的是按照事物的规律办事。“中”指的应该是事物的关节点。如果放到王权继承上来说，就应该是指王权的标志物。放到治国来说，就是稳定社会秩序，协调好各方面的关系，促进农业生产，维护王权的治国思想。执中的核心在于中，也就是要不偏不倚，把握关键，掌握平衡。掌握了“中”对于王者来说，就等于是掌握了王权，而掌权者又最不希望权力易主。同时，在农业文明下产生的王权在思想根源上，也是排斥用暴力手段维护统治的，因此，如何调和各方的关系就成为关键。执中的和平思想和平衡意味便彰显了出来，执中所体现的和合思想不言自明。从本质上说，王权的维护和有序的传承，需要一种带有鲜明和合思想的执政理念——执中来得以实现。

德观念演化成道德标准的时间很晚，而且与当时社会的背景息息相关。但是德观念的出现应该并不晚。至少在帝尧时代应该已经萌生。但是它在当时还是一种政治理念，而非后世的道德标准，即未达到对人内在品格要求的层面。《左传·文公十八年》载："昔高阳氏有才子八人，苍舒、隤敳、梼戭、大临、尨降、庭坚、仲容、叔达，齐、圣、广、渊、明、允、笃、诚，天下之民谓之八恺。高辛氏有才子八人，伯奋、仲堪、叔献、季仲、伯虎、仲熊、叔豹、季狸，忠、肃、共、懿、宣、慈、惠、和，天下之民谓之八元。此十六族也，世济其美，不陨其名。以至于尧，尧不能举。舜臣尧，举八恺，使主后土，以揆百事，莫不时序，地平天成。举八元，使布教于四方，父义、母慈、兄友、弟恭、子孝，内平外成。昔帝鸿氏有不才子，掩义隐贼，好行凶德，丑类恶物，顽嚚不友，是与比周，天下之民谓之浑敦。少皞氏有不才子，毁信废忠，崇饰恶言，靖谮庸回，服谗蒐慝，以诬盛德，天下之民谓之穷奇。颛顼氏有不才子，不可教训，不知话言，告之则顽，舍之则嚚，傲很明德，以乱天常，天下之民谓之梼杌。此三族也，世济其凶，增其恶名。以至于尧，尧不能去。缙云氏有不才子，贪于饮食，冒于货贿，侵欲崇侈，不可盈厌，聚敛积实，不知纪极，不分孤寡，不恤穷匮，天下之民以比三凶，谓之饕餮，舜臣尧，宾于四门，流四凶族，浑敦、穷奇、梼杌、饕餮，投诸四裔，以御螭魅。"

可见，政治品行的美恶，在当时已经可以决定联盟中各部族或邦国的政治前途。但是从这则材料的时间看，这些事情都发生于虞舜时期。而在帝尧时期，这些奖惩的机制并未形成。这一方面说明，在尧执政时期，部族或邦国之间的联盟关系还处于一种初期状态，彼此的团结处于首要地位。另一方面说明，当时的联盟首领已经主要是靠运筹与组织协调各种事务的才能来增长其威信了[36]。尧的所谓的德，其实就是一系列适应社会发展的政治行为，这种代表了一定政治行为的"德"被作为联盟最高首领获得公共权力及威望的相对固定的方式出现，为德观念出现提供了契机[37]。尧的德行包括了分官定职，确定观象授时制度，选贤任能，实行禅让制度。其本质无非是为了保证王权的稳定传承，而稳定的前提就是调和各方关系，最终他的政治理想成功了，他控制了人们的贪欲，使“百姓昭明，协和万邦，黎民于变时雍”[38]。就此而言，以德论能，本身就是和合思想的一种体现。它摒弃了暴力争夺，促进了联盟内部和各个部族或邦国之间的稳定和财富的积累。这也说明，由农耕文明生发的和合思想在尧统治时期发挥了决定作用，无论是执中还是明德，都以其为指导而产生，并为这一目的的达成而服务。

进入春秋战国之后，尧身上被贴满了诸子百家的多种思想标签，“非但儒、墨、道、法、兵等主流学派将其理念植入‘尧’这个文化符号内，一些边缘文化也纷纷将其视为展示自身的最佳平台，而尧文化也由此成为中华文化的缩影”[39]。正是因为有和合思想这一文化灵魂的存在，尧文化才以海纳百川的胸怀吸收了各种思想流派的理念，得到了长青的生命力。

综上所述，和合作为农业文明的一种原生观念，在社会复杂化后，被上升为和合思想，用来指导人们构建新的社会秩序和观念体系。随着时间的推移和社会的发展，和合思想也得到了丰富和发展，成为中国传统文化的核心思想。可见，和合思想不仅是尧文化的灵魂，也是中华传统文化的核心之一。和合思想诞生于尧舜时期，是尧文化对中华文明的重大贡献。在当下，它还是我们增强新时期文化自信和实现中国梦的重要思想源泉。发扬尧文化就要大力发扬和合思想，在和平发展中实现中华民族伟大复兴的中国梦。

注释

[1] 赵毅、赵铁峰：《中国古代史》，高等教育出版社 2002 年版。

[2]《礼记·中庸》。

[3]《孟子·滕文公》。

[4] 蒋广学：《“执中致和”本义考》，《江苏大学学报》（社会科学版）2006 年第 5 期。

[5] 习近平：《在中国国际友好大会暨中国人民对外友好协会成立 60 周年纪念活动上的讲话》，2015 年 5 月 15 日。

［6］王震中：《中国文明起源的比较研究》（修订本），中国社会科学出版社 2013 年版。

［7］湖南省文物考古研究所：《澧县城头山城址 1997—1998 年度发掘简报》，《文物》1999 年第 6 期。

［8］佟伟华：《磁山遗址的原始农业遗存及其相关问题》，《农业考古》1984 年第 1 期。

［9］袁行霈等：《中华文明史》（第一卷），北京大学出版社 2006 年版。

［10］《浙江嘉兴双桥附近新石器时代遗址的调查》，《考古通讯》1958 年第 7 期；《苏州市和吴县新石器时代遗址调查》，《考古》1961 年第 3 期；《上海市松江县广富林新石器时代遗址试掘》，《考古》1963 年第 9 期。

［11］牟永抗、宋兆麟：《江浙的石犁和破土器——试论我国犁耕的起源》，《农业考古》1981 年第 2 期。

［12］赵志军、何驽：《陶寺城址 2002 年度浮选结果及分析》，《考古》2006 年第 5 期。

［13］中国社会科学院考古研究所山西工作队、临汾地区文化局：《1978—1980 年山西襄汾陶寺墓地发掘简报》，《考古》1983 年第 1 期。

［14］何驽：《从陶寺遗址考古收获看中国早期国家特征》，《中国古代文明与国家起源学术研讨会论文集》，科学出版社 2011 年版。

［15］中国社会科学院考古研究所山西队、山西省考古研究所、临汾市文物局：《山西襄汾县陶寺城址祭祀区大型建筑基址 2003 年发掘简报》，《考古》2004 年第 7 期。

［16］王震中：《中国文明起源的比较研究》（修订本），中国社会科学出版社 2013 年版。

［17］中国社会科学院考古研究所山西队、山西省考古研究所、临汾市文物局：《山西襄汾县陶寺中期城址大型建筑ⅡFJT1 基址 2004—2005 年发掘简报》，《考古》2007 年第 4 期。

［18］中国社会科学院考古研究所：《考古中华》，科学出版社 2010 年版。

［19］袁靖等：《公元前 2500—公元前 1500 年中原地区动物考古学研究——以陶寺、王城岗、新砦、二里头遗址为例》，中国社会科学院考古研究所考古科技中心编《科技考古》（第二辑），科学出版社 2007 年版。

［20］中国社会科学院考古研究所山西工作队、临汾地区文化局：《1978—1980 年山西襄汾陶寺墓地发掘简报》，《考古》1983 年第 1 期。

［21］中国社会科学院考古研究所等：《陶寺城址发现陶寺文化中期墓葬》，《考古》2003 年第 9 期。

［22］中国社会科学院考古研究所山西工作队、临汾地区文化局：《山西襄汾县陶寺遗址发掘简报》，《考古》1980 年第 1 期。

［23］徐义华：《中国早期一统观念的起源与成因》，《南方文物》2007 年第 1 期。

［24］王文清：《陶寺文化可能是陶唐氏文化遗存》，田昌五主编《华夏文明》第一集，北京大学出版社 1987 年版；王震中：《略论“中原龙山文化”的统一性与多样性》，田昌五、石兴邦主编《中国原始文化论集》，文物出版社 1989 年版；俞伟超：《陶寺遗存的族属》，《古史的考古学探索》，文物出版社 2002 年版；解希恭、陶富海：《尧文化五题》，《临汾日报》2004 年 12 月 9 日；卫斯：《关于“尧都平阳”历史地望的再探讨》，《中国历史地理论丛》2005 年第 1 期。

［25］高炜、高天麟、张岱海：《关于陶寺墓地的几个问题》，《考古》1983 年第 6 期。

［26］在小型墓中出土了一件铜铃，但学者研究认为，是当时暴乱者破坏大墓后，以战利品的形式随葬的。

［27］何驽：《从陶寺遗址考古收获看中国早期国家特征》，《中国古代文明与国家起源学术研讨会论文集》，科学出版社 2011 年版。

［28］邵望平：《邵望平史学、考古学文选》，山东大学出版社 2013 年版。

［29］《礼记·乐记》。

［30］《论语·学而》。

［31］高炜：《晋西南与中国古代文明的形成》，《汾河湾——丁村文化与晋文化考古学术研讨会论文集》，山西高校联合出版社 1996 年版。

［32］许宏：《何以中国》，生活·读书·新知三联书店 2014 年版。

［33］高炜：《晋西南与中国古代文明的形成》，《汾河湾——丁村文化与晋文化考古学术研讨会论文集》，山西高校联合出版社 1996 年版。

［34］胡建：《唐尧文化在古国文明中的作用》，《文物世界》2005 年第 5 期。

［35］晁福林：《先秦时期“德”观念的起源及其发展》，《中国社会科学》2005 年第 4 期。

［36］晁福林：《天玄地黄——中国上古文化溯源》，巴蜀书社 1990 年版。

［37］李德龙：《先秦时期“德”观念源流考》，吉林大学 2013 年博士学位论文。

［38］《尚书·尧典》。

［39］潘苇杭：《先秦两汉尧文化探源》，福建师范大学 2010 年博士学位论文。

（作者单位：山西省社会科学院）

"明德"与"执中"：古平阳的帝尧历史传统及其文化意涵

乔新华

一　尧都平阳：四重证据坐实古平阳是华夏文明之源

经过长期以来的学术研究，学术界对于"尧都平阳"这一先秦史研究中的重要问题已没有什么争议。但我们依然可以采纳刘毓庆关于古史研究的四重证据法，深入探究"尧都平阳"这一古史时期更为真实细致的历史情节，进一步彰显古平阳在华夏文明起源史上的地位和意义。

刘毓庆在《陶寺遗址对接历史的可能性及其难题》一文中，提出了古史研究的四重证据概念。他认为"第一是经典文献，这是一个基础，也是个核心。第二是方志、碑刻等，它们的撰写者是生活于民众之中的文人，介于士大夫与草民之间一个层次，因而记述时既有对传统的理解，又有对民众口传的采纳，此中虽有附会，但也可以寻找到正史失载的历史和传统的地方性信仰。第三是民俗、民间信仰与口传史，这是一笔活的资料，虽于历史而言，其变异性很大，但能看到其中的真实性的内核。第四是考古发现，这可以作为一个参照系，不可作为唯一可靠的死证。如能消除或疏解开这四重证据之间的矛盾存在，使其相互吻合，这应该是一种稳妥的历史求真的方法"。

在早期的研究中，有一些学者，因为看到尧都平阳的记载始见于东汉，因此认为这是后起之说，不可信。因此对尧都的存在作出了种种推测，或曰在河北，或曰在山东。近些年来，通过对襄汾陶寺考古资料、平阳府县方志记载以及尧都传说故事等多重资料的相互印证，“尧都平阳”的历史细节渐渐清晰而具体。

陶寺遗址为探讨文明起源的研究提供了新的证据，也为打破长期以来因疑古而导致的对尧舜存在的怀疑提供了可能。这一遗址因其年代比较接近于《五帝本纪》的记载，因而引发了人们将其与历史时代对接的欲望。在诸多的研究成果中，刘毓庆用“打结理论”，客观公允地解释并证实了陶寺遗址的主人是尧及其部落。他的主要观点是，一般考古界的观点，陶寺遗址的断代上限在公元前 2500 年左右，下限在前 1900 年左右。那么，这相当于文献上记录的哪个时代呢？目前一般认为尧舜的时代在公元前 2300—前 2100 年前后，这就晚于陶寺早期。甚至认为因由阶级分化的遗迹，可以将其定于大禹传子的时代。也就是说陶寺遗址的测定年代要早于历史纪年中尧的年代。但根据《尧典》中的“四仲中星”对当时天文现象发生时间进行推算，四星宿特定时间、位置存在的平均年代为公元前 2476 年。这个时间恰好是陶寺早中期，因此据此说陶寺是尧城，就完全吻合了。他指出这里要解决的问题是，为什么在历史纪年中，尧的年代要晚于“四仲中星”测算年数百年呢？为什么陶寺遗址会与帝尧年代发生错位？基于此，作者提出了一个关乎历史文献学和传说研究的重大方法论问题，取名叫“打结理论”。上古的历史主要是依据口传的，而口传的东西很容易遗忘。但行诸文字的史书，通常要把历史讲连续，所以很多上古的圣王都是连接不断的，但他们之间实在是相隔了很多代，没有办法自圆其说，只好把他们每个圣王的寿命拉长，100 多岁的人很多，这当然是不可能的。就是因为记忆缺失，只好用有限的几个人来填补缺失的历史空间。最后作者得出结论认为，“尧的实际年代，应该早于文献中记载的年代。历史丢失、祖孙同名，都有可能造成历史的收缩。如果把这一重要因素考虑在内，那么陶寺遗址的主人当为尧及其部落，则就不成问题了”。

大量丰富的尧都平阳传说故事所蕴含的历史内核也为“尧都平阳”提供了另一种新鲜的证据。在科学实证主义视角下的历史研究，只注重经典文献记载，对于民间口传历史，认为是乡间鄙语，道听途说，几乎不屑一顾，这实际上是一种偏见。傅斯年在《周颂说》一文中认为，“凡是一种可以流传于民间的文学，每每可以长期保存。不能在民间流传、藏于政府的文学，一经政治巨变，便会丧失”。因此，民间口传中，可能保存有比文字记载更为古老而且宝贵的历史。而且作为一个群体共同传播的传说，相互间有一种顽强的校错能力，一般情况下，它是能保持原始的内核不予消失的。因此口传历史的价值主要在于其对历史内核的传播上。

此外，在明代山西平阳府州县大量的方志序言中，或隐或显地为我们勾画出该时期本地的地域角色。众多方志都把这一区域与遥远的尧舜时代联系起来。“尧舜故地”是他们努力想证明的地域角色，而生于斯长于斯的人也多有“陶唐氏之遗风”。明洪武十五年（1382）编修的《平阳志》序曰：“禹贡为冀州，其治在平水之阳，而曰平阳。诗本晋也，而谓之唐，盖以其俗尚犹有尧之遗风故也。於戏！尧舜之世去今远矣，观夫虞夏及商，贤圣禅受，治道兴隆，今昔同运，其丰功丕业，著于方策，布于封建。山川土地，可以想见其人。惜乎图志，尚不能以有传也。二贤守犹举其未备于数千百年之下，庶几国都封建，世代文物，凡所纪载，实始表章我圣朝之典制，崇古惟新，后之览者或有所采摭。则二贤守之于斯，岂为无补也。”在描述该地风俗时，县志非常细致地说：“本府旧为尧舜畿内之地，今犹有遗风焉。所谓君子忧深思远，小人俭啬者也。然世代绵远，其间所变，亦各不同。”

值得注意的是，在平阳府下各个州县的方志中都表达着同样的意思。邢云路在万历《临汾县志》中云：“粤若稽古，帝尧便章百姓，百姓昭明斯民也。自尧封，历百代，文献在焉。壮哉汾邑，实陶唐昭明之国。"而且，在方志中还专列有《帝系志》，所谓"地酝正气，神尧载兴。多男衍绪，传于汴京。伊祁旧墟，康衢遗墅。协帝我皇，纂尧之绪。泽润汾川，民止其所。述《帝系志》"。此外如隆庆《襄陵县志》称，"襄陵，古帝尧畿内之地"等。乔应甲在万历四十一年（1613）编修的《猗氏县志》中说："昔尧都平阳，遗化不泯。故三晋之民，勤俭质朴，忧深思远，有陶唐氏之风焉。吾猗在唐畿内，被化尤深，其人文事业，亦复不减诸名郡邑。"

古平阳，今临汾，既是晋南重镇，也是帝尧古都，是中华民族之源头，华夏文明之肇端，其悠久厚重的历史文化值得深入思考研究。

二　道统祖尧舜：平阳尧帝庙的历史文化传承

"尧都平阳"的古史时代虽已远去，但经过孔子等儒家思想的圣化，其"德"之精神得到传扬，他所开创的尧天舜日更成为中国古代理想政治生活的投影。帝尧传说具有高度的神圣性，通过历代社会的治道和实践，帝尧已经成为一种精神象征符号，对民族—国家的历史发展影响深远，由此形成了帝尧神圣文化的"大传统"。这一传统在区域社会中逐渐地方化，以古平阳为核心的晋南区域一直将帝尧历史文化视为本地的传统资源，尧文化的传统也就成为平阳区域社会历史重要的组成部分，特别重要的是，"道统祖尧舜"这一儒家正统思想，在尧帝庙这一有形的空间中一直持续展演，尧帝庙成为传承帝尧文化具体有形的空间场域。

在追溯尧庙的创建年代时，学者多引《水经注》中记载"平水北侧有尧庙，庙前有碑"，以及魏孝文帝太和十六年下诏"帝尧树则天之功，兴巍巍之治，可祀于平阳"，以此来说明，早在北魏，尧庙就已经存在，且庙址在平水（今汾河）西岸。又据后世文献记载，西晋元康年间，尧庙由汾河西移到汾河东的伊村，“平阳城东十里，汾水之东，原上有尧神屋石碑，庙在城南八里，旧址在汾西。晋元康中建汾东”。唐高宗李治显庆三年（658），尧庙由平阳府城西南迁至府城南五里处，对此，现存于尧庙内的元泰定元年（1324）《大元敕赐重建尧帝庙碑铭并序》记载：“平阳府治之南，有尧帝庙，李唐显庆三年所建。”由于史料记载的缺乏，我们对尧庙的早期历史知之甚少。

值得注意的是，元世祖至元年间一定是尧庙发展史上非常重要的时期。不仅庙址迁移到今址，而且其规模“为地七百亩，为屋四百间”，基本奠定了今天尧庙的空间格局。此次修建是临汾道士靖应真人姜善信感于尧庙圮坏，不能彰显尧帝圣迹，应世祖敕令兴修而成。“平阳府治之南，有尧帝庙，李唐显庆三年所建。岁年深远，室宇敝漏，潦水流行，啮壖垣，呀豁沟沉，渐就倾圮。有靖应真人姜善信欲愿以道众行化河东，更择爽垲，重建庙貌。请于朝上”。这次修建历经四年，于至元六年（1269）建成，“为地七百亩，为屋四百间，耽耽翼翼，俨然帝王之举。殆与所谓土阶三尺，茅慈不剪者，异观也”。且诏赐其额曰“光宅之宫”，殿曰“文思之殿”，门曰“宾穆之门”，而且“赐白金二百两，良田十五顷，为赡宫香火费”。这可能是尧庙在规模上鼎盛的时期。

然而不幸的是，至元年间修葺一新的尧庙在大德七年（1303）平阳府八级大地震中遭到破坏。二十年后，也就是泰定元年（1324），尧庙又得以重新修复，并将至元时的碑文重新镌刻立石，“泰定元年四月，功德主本宫提点李志和重建，大都采石局把作提领本县东祭里卫宁刊”。元末至正年间，地方士绅再次为尧宫立石，题写碑文《光宅宫田宅之记》，并将尧庙的“田之倾亩四履，宅之区域间架，则具图于碑阴”。尧庙在元代的修建从元初一直延续到了元末，尧庙内一直保持着元初的空间格局。与唐宋时期不同的是，在尧庙内逐渐添加了对舜和禹的祭祀，殿左为“老君祠”，殿右为“伯王祠”，殿后之左右分别为舜祠和禹祠，中间为玉皇阁。

明朝正统年间，尧庙在山西左布政使石璞的倡导下得以重修，因庙毁于地震，“遂发公帑余赀，得白金二百两，公廪麦千二百石”“工兴之日，会大风拔襄陵县树，得合抱木凡百余株。人咸以为神助，遂治地于古垂拱殿之前为正殿九间，其高六丈有奇，殿四傍环以庑。为屋凡四百间，前则故宾穆门，又前为亭，亭之前为仪门，而外为棂星门，严严翼翼壮伟宏耀，俨然帝者之居”。同时，“又惧无以居守者，乃营屋于故光宅宫之东，备诸器用，而复壤地之见侵于民者得若干亩，并置农具，择道士之素谨愿者，主之俾守且耕食于其中，为永久计”。

明代前期，尧庙的空间格局沿袭了元代的风格，直到正德初年大地震的破坏。经过重建，正德九年（1514），尧庙再一次巍然挺立于汾河之岸。不过，与以往不同的是，它的空间格局发生了巨变。对于此次建筑格局的变化，明人文集和留存尧庙的碑文都有记载。正德九年(1514)，平阳尧庙新修完成，致仕南京户部尚书韩文为其撰写《增修尧舜禹庙碑记》：

> 我朝正统丙寅，山西左布政临漳石公璞，奉命重修，迄今历年滋久。巡按侍御昆山周伯明公伦按临河东，偕孙、魏佥宪，率府卫官僚，恭诣展拜，徘徊顾瞻之余，惜其殿宇门庑等处，率多倾漏，且以舜禹二祠配于尧殿之后，殿之左为老君祠，右为伯王祠，祠之后为玉皇阁，皆肖像其中。乃谋诸二官曰：尧舜禹天下之大圣也。以天位亲相授受，天下之大事也。况舜都蒲坂，禹都安邑，皆平阳支郡。今置二圣于殿后，不得专尊，于礼弗称。彼老君、伯王，皆祀典所不载，于礼不经，诚有未宜。而玉皇即上帝也，惟天子得以祀之。今置老君祠后，渎莫甚焉，悉命撤而正之。更老君祠为舜庙，伯王祠为禹庙，阁则三圣并祀，其上仍榜尧殿曰放勋，舜殿曰重华，禹殿曰文命，阁曰执中。名分秩然，礼法详备，使吾人于千百载之下，讴歌击壤，得以遐想陶唐、虞夏之气象，如亲见之者，

岂不休哉!

根据碑文分析，正德年间山西巡按周伦认为尧庙内的空间建筑格局不合祀典的理由是：尧舜能够将王位禅让是大圣人，禹则治水有功，是值得后人歌颂和学习的，这些是天下的大事件。况且舜都蒲坂、禹都安邑、都是尧都平阳的支郡，属于王畿之地。这样尧、舜、禹三圣不论在世系上还是在都城的位置上，都有着不可分割的联系。所以，在平阳尧庙内对三圣的供奉应该按照尧舜禹三圣的先后顺序来列位。而老子和楚霸王与尧舜禹似乎不存在世系的联系，地位不及尧舜禹，又不是儒家士大夫所提倡之神，但现在老君、伯王二祠地位又高于舜禹，有损尧舜禹形象，是礼法不合，祀典不存。再者，玉皇大帝则只能是由天子来祭祀，放置于老君祠之后，同样是不合礼的，所以在尧庙重修时，一反过去，将太上老君和西楚霸王的祠庙撤除，将舜禹的地位提升到与尧同等重要的地位上来，形成尧舜禹三圣同堂异室、并祀于尧庙之中的格局。此外，玉皇阁改为尧舜禹三圣并祀，并改名为执中阁，经由这么重修，这座庞大的庙宇在人们眼中就是“三圣庙”了。《临汾县志·祀典》也记载“尧庙在城南八里，明正统间重修。正德间巡抚周伦修额，正广运殿祀尧，右重华殿祀舜，左文命殿祀禹，后为光天阁，右丹朱祠，祠左娥皇女英祠，东为三圣考庙”。

对于正德年间庙内建筑格局和祀神的变化，参与其中的人认为，重修后尧舜禹三圣庙的格局就达到了“名分秩然，礼法详备”。正德十六年1521，翰林院侍读同修国史经筵讲官顾鼎臣应同乡周伦之请为尧庙撰写的《三圣庙碑》中认为：“巡按监察御史周君伦瞻拜兴嗟，毅然以修饬厘正为己任……代腐以坚，易缺以完，革其儹渎，斥其淫邪，合于典法。乃于尧庙之右改老君祠为舜庙，伯王祠为禹庙，别创门堂以表之。”在他看来，将道教神灵与儒家圣君尧帝放在同等位置，是对尧舜禹的极大不敬，尤其是对帝尧的不尊，既“不合祀典”又“不合礼仪”，重修后尧庙从过去"于礼弗称"达到了现在的"名分秩然"。

继正德年间撤老君、伯王祠后不久，万历三十七年（1609），改执中阁为执中殿，又在其南面重修光天阁。碑文中记载"执中何以易光天，又为后殿也？大人之学，先明明德，而后明明德于天下。孟子论道统祖尧舜，孔子删书，断自唐虞"。"道统祖尧舜"的儒家正统思想，在尧帝庙这一有形的空间中一直得以传承。伴随着庙内神明配置的变化，象征儒家正统文化的执中阁、光天阁意义日益凸显，对此后文详述之。

三 "明德"与"执中"：尧文化意涵与中华文明的复兴

清朝康、雍时期，尧庙的建筑格局和祀神又有过局部的调整，康熙三十四年（1695），平阳地震，尧宫俱毁。四十二年（1703）康熙西巡，驻跸平阳，拨国库银两重修尧庙，主要是在商汤庙址新建万寿行宫及御书阁、御书亭等建筑，自此，四宫并峙，巍峨壮观。之所以在尧庙新建万寿行宫，是认为汤王不是禅让而王，不宜与尧舜禹三圣并祀。于是，在原汤王庙基址上建筑了万寿行宫，以展现康熙尊崇尧舜、行尧舜之道的圣君形象。雍正时，平阳尧庙又一次重修。这次重修将三大殿的神灵进行了调整，主要是前移娥皇女英的地位，将其与舜并祀于舜寝宫，前移帝尧之子丹朱、舜之子商均地位，祀于圣考庙之中。雍正《平阳府志》中记载，"雍正七年重修，缘日久损坏，工程浩大……规模傚旧而略为更易三殿，如前移娥皇女英并祀于舜寝宫，移丹朱商均附祀于圣考庙"。此外还在尧庙内兴办义学，讲授儒学。《临汾县志》载："每岁季春官绅诣祭，仓圣祠祀仓颉，祠内两厢一为崇文会馆，一为培英义庄，昔年收学租与乡会试，宾兴皆聚于此，并随时致祭焉。"这时的尧庙不仅仅是供奉儒教圣君的庙宇，更是培养儒学人才的场所，尧庙的儒家文化氛围日益浓厚。

晚明至康熙的四次主要重修中，上级官员周伦、李维桢及巡抚石暨等都是积极的倡导者。在具体的事务中，如撰写碑文等，则有更多的知名士绅参与其中。如正德十六年（1521）顾鼎臣为尧庙作碑文《三圣庙碑记》，顾鼎臣当时是翰林院侍读，国史经筵讲官。对于此间尧庙象征意义的内涵，时人文集和《光天阁记》作了最好的阐发和解释。归有光为周伦文集作序时提及，“先生之才之趣，大抵出于天成，而尤根于理学。观其在新安建静修书院，以教学者。在平阳创尧舜禹三祠，以兴起斯文为己任。因河清而论春秋，不书祥瑞空开侈心。疏止乌思藏番供与宫中佛事，以辟异端廓如也”。周伦在平阳、新安以及在朝廷之上的一系列举动，正是在晚明时期，士大夫重塑儒教正统地位的责任所在。

循着这样一种思路，我们似可理解万历十三年（1585）平阳尧庙的碑文中为何出现大段的儒教经典内容。如在解释尧庙内各个空间格局位置时，碑文记载：“执中何以易光天，又为后殿也？大人之学，先明明德，而后明明德于天下。孟子论道统祖尧舜，孔子删书，断自唐虞。其传道之言曰：人心惟危，道心惟微，惟精惟一，允执厥中。精一执中者，克明俊德也。光天下之明，明德于天下也。凡天地之气，翕聚西北，而敷扬东南。执中为体，故以名殿居北，光天为用，故以名阁居南。”“人心惟危，道心惟微，惟精惟一，允执厥中”这十六个字一直是儒学乃至中国文化传统中最为著名的“十六字心传”。“执中”是儒家政治伦理范畴，即守其中道，无过无不及。尧禅帝位于舜，授之以执政心得，令其信守执中之道，如此便可穷极四海，长有天禄。而“明德”同样是儒家伦理范畴，指彰明、崇益道德，又指完美、光明的德性。明德，指使圣人之德性得到弘扬光大。平阳尧庙在晚明时期的变化，也可视为“宋元以来，儒家思想重新被封建统治者所重视，并发生了从‘重治’到‘重教’的转变，开始了用儒家道德控制社会秩序的努力”的反映。

明正德十六年（1521），翰林院经筵讲官顾鼎臣在碑文中题道，“夫道百姓日用而不知，故击壤之民，亲蒙帝力，犹曰：何有于我？矧数千载而下，去圣迹愈远，苟非上者作而起之，他日遂移于异教而忘圣人之功，未可谓无也。周君是举，合道揆适时宜，不费公不厉民。故告成之日，四方来者莫不迁志改视。君子谓得其礼，小人谓得其情，赞颂归向罔间遐迩。”在晚明时期“异教日崇”的情况之下，如何才能使圣人事迹不被各种思想和民间宗教淹没，如何让平阳百姓铭记尧帝“击壤”之功绩，保持圣人对百姓生活的引导作用。御史周伦拆撤道教神明，提升舜禹地位，以及功成之后“君子”“小人”的“赞颂”，“来者迁志改视”是对这些问题的最好诠释。

今天，在“四个全面”托举中国梦的时代洪流中，尧文化蕴涵的“明德”与“执中”思想是新时期增强文化自信的力量源泉，是实现中华文明复兴之梦的重要思想资源。中国梦是民族复兴之梦，亦是文明复兴之梦。充分挖掘尧文化的历史内涵，不仅是增强城市文化实力和提升文化地位的有力举措，也彰显了临汾在走向民族伟大复兴进程中敢于担当和大有作为的精神风貌。

（作者系山西大学历史文化学院教授）

唐尧遗风在临汾的传承

周征松

登临问民俗，依旧陶唐古。

——（北宋）范仲淹《绛州园池》

在2015年4月15—16日召开的，由山西省委宣传部、中共临汾市委、临汾市政府主办的尧文化暨德廉思想研讨会上，到会的来自北京、太原、临汾的专家一致确认：经过30多年对襄汾县陶寺遗址的发现和研究，足以证明，陶寺遗址就是尧都平阳所在地。从汉代文献上的尧都平阳说，到真正确认尧都平阳的事实，历史走过了两千年。而在临汾人民的心中，两千年来一直认为自己生活的家园，就是尧都平阳所在地；一代又一代的临汾人民就是唐尧遗民，他们不间断地传承着唐尧遗风。唐尧遗风在临汾人民心中有着长远而广泛的影响。那完全是不用行政命令的自觉行为。历史上不断累积的大量的乡邦历史文献对于临汾人民传承唐尧遗风的记载，是极为丰富的。唐尧遗风引领着临汾人民在历史的长河中劈波斩浪，战胜一个个艰难险阻，不断地创造新的历史。

一　唐尧遗风在临汾传承的历史

清康熙版《平阳府志》卷29《风俗》用了较多的篇幅勾勒出唐尧

遗风在今山西，主要在今临汾市境传承的历史。原文如下：

季札（聘鲁），观乐，为之歌唐，曰：思深哉，其有陶唐氏之遗民乎！不然，何忧之远也。非令德之后，谁能若是？为之歌魏，曰：美哉，沨沨乎，大而婉，险而易行，以德辅此，则明王也。（《左传·襄公二十九年》）

太史公曰：参星为晋星，其民有先王遗教，君子深思，小人俭陋。又曰：水深土厚，性多刚直，好气任侠，当全晋之时，固已知其剽悍矣。（《史记》）

人物殷阜，不甚技巧，其于三圣遗风，尚未澌灭。（《隋志》）

唐风，土瘠民贫，勤俭质朴，忧深思远，有尧之遗风焉。魏风，其地狭隘，民俗俭啬，盖有圣贤之遗风焉。诗传，河东地少沃多瘠，是以伤于俭啬，其俗刚强，亦风气使然。（《隋书》）

先生（柳宗元）曰：平阳，尧之所理也。有茅茨采椽土型之度，故其人至于今俭啬；有温恭克让之德，故其人至于今善让；有师锡佥曰畴咨之道，故其人至于今好谋而深；有百兽率舞凤凰来仪於变时雍之美，故其人至于今和而不怒；有昌言儆戒之训，故其人至于今忧思而畏祸；有无为不言垂衣裳之化，故其人至于今恬以愉。此尧之遗风也，愿以闻于子何如？吴子离席而立，拱而言曰：美矣善矣，其蔑有加矣，此固吾之所欲闻也。夫俭则人用足而不淫，让则遵分而进善，其道不斗；谋则通于远而周于事；和则仁之质，戒则义之实，恬以愉则安，而久于其道也，至乎哉。（柳宗元《晋问》）

太行山之高，处平阳晋州、蒲坂山之尽头，尧舜所以都。其地硗瘠，人民朴陋俭啬，惟尧舜能都之。后世太侈，不能都矣。（《朱子论》）

……

康熙年间的《平阳府志》对于平阳地区传承唐尧遗风的历史的系统记述，反映了从上古至清初，平阳人民一直不懈地传承着唐尧遗风。唐尧遗风已经融入血液中，成为自觉的行动，以至有了有条理、有系统的记载。

还在春秋时期，吴国的季札聘于鲁，鲁国君主以根据《诗经》谱写的优美的乐曲招待他。季札对演奏的每一首乐曲都发表了评论。在评论唐风和魏风时，他认为唐和魏是唐尧的故地，唐、魏人民即是唐尧遗民，诗歌的内容即反映了唐尧遗风。

季札可能是最早提出唐尧遗民和唐尧遗风这两个概念的人。这两个概念最能够概括唐尧属地的人民和唐尧的精神遗产，最容易记忆和流传，所以几千年来，平阳人民都自称唐尧遗民，他们所传承的唐尧精神遗产都称作唐尧遗风。这两个概念对于平阳民俗具有特殊的意义。

唐代柳宗元的《晋问》强调了唐尧遗风在山西人民精神文化中的重要地位。《晋问》是一篇问答体的文章，由吴子设问，柳先生作答。吴子乃吴武陵，信州（今江西上饶）人，唐元和二年（807）进士，因得罪首辅李吉甫而被流放至永州，与同在永州的柳宗元成为朋友。柳宗元曾称赞武陵“才气壮健，可以兴西汉之文章”。

《晋问》模仿《七发》设七问，柳宗元以晋之名物对。一曰晋之山河，表里而险固；二曰晋之金铁，甲坚而刃利；三曰晋之名马，其强可恃；四曰晋之北山，其材可取；五曰晋之河鱼，可为伟观；六曰晋之盐宝，可以利民；七曰尧都平阳，尧之遗风。柳宗元讲完尧之遗风，吴子高兴地离席而立，拱手而言：这才是尽善尽美，无以复加，这是我心里最想听到的。柳宗元在这里以他人之口，表达了唐尧遗风在晋地超越一切物产的至高无上的地位（唐尧遗风的具体内容已如上述，不再重复）。《晋问》高举唐尧遗风的旗子，使三晋人民铭记于心，世代传承，书之于乡邦文献，见之于言行之中。

唐尧遗风在山西、在晋南尤其在临汾的传承，延续不断，从来没有中断过，没有停止过。

二　唐尧遗风传承的主要地域

唐尧遗风传承的主要地域包括全晋，但以临汾地区为中心。明清时期的《平阳府志》《临汾县志》《霍州志》《洪洞县志》《隰州志》《吉州全志》《乡宁县志》《蒲县志》《浮山县志》《安泽县志》《岳阳县志》《汾西县志》《新修曲沃县志》《大宁县志》均有记述。民国时期的《襄陵县志》《永和县志》也有记述。以上市县的志书，都在其《风俗》中或多或少地记述了唐尧遗风在当地的传承的内容。在当代所修的志书中，《临汾市志》（今临汾市）、《临汾市志》（今尧都区）、《翼城县志》《襄汾县志》，都或设专章，或设专编，或设专卷，重点记述唐尧的历史文化。除后设的侯马市，临汾市所有的县市在旧志或新志中都有关于唐尧遗民传承唐尧遗风的记述。同时，运城市及所属县市也有相关的记述。

霍州：早在明嘉靖三十七年（1558）《霍州志》卷1《地舆志·风俗》中，就列述了文献中关于霍俗的记述："好乐无荒，良士瞿瞿"（见《诗·唐风》)。"深思哉，其有陶唐氏之遗民（风）乎"（见《左传》)。"岳阳尧都所在，其民俭且勤，犹有（唐尧）遗风焉"（见明《一统志》)。"民尚质朴，不事骄奢，好儒讼简，庶乎礼让之风"（见山西《省志》)。"君子忧道思远，小人俭啬，甘辛苦，薄滋味，勤于耕织，服劳商贾，霍人与平阳类"（见《平阳府志》)。最后作者总结："霍在唐虞甸服，其风行俗美，尚矣。"意思是说，霍州人民秉承唐尧遗风，风俗淳美，已经很早了。

临汾县：清乾隆四十四年（1779）和民国二十二年（1933）的《临汾县志·风俗》中，都大篇幅地转述了康熙年间的《平阳府志》的有关内容。

洪洞县：清康熙十二年（1673）《洪洞县志》邵琳序曰："尝读《史记》，至'长老称尧舜之处，风教固殊焉'，未尝不抚卷而思，曰：顾安得身游尧舜之处，而一览其风教也？及从公车，中间奉教于三晋一二名流，乃知尧都平水，风尚特淳。而平水诸属邑，独杨侯国（指洪洞）尤为近古云。"表现了这位县令对洪洞尧舜遗风的景仰。

隰县：清康熙四十八年（1709）《隰州志》卷14《风俗》曰："表正影方，转移有自。任延守九真，锡光守交趾，蛮徼旧习，崇朝立变。况于陶唐氏之遗民哉。志风俗。"表明隰民乃陶唐氏遗民，必然受到陶唐遗风的影响。

吉县：清光绪五年（1879）《吉县全志》卷6《风俗》曰："《（山西）通志》云：'吉州至河津，胥殷耿地也，时以都邑，习于奢侈。至其后，而复陶唐氏之遗风矣。'作者按：近来民俗淳朴，俭啬简陋，过于他处。其云'复陶唐氏之遗风'，良然。"

乡宁县：清康熙十一年（1672）《乡宁县志》卷5《风俗》曰："焦守己曰：宁邑属晋鄂侯采邑，犹袭唐风，家弦户诵，俗尚勤俭，无纺织商贾之利，惟以农为务。"

蒲县：清光绪六年（1880）《蒲县志》卷1《风俗》曰："《朱子诗传》：唐风土瘠民贫，勤俭质朴，忧深思远，有尧之遗风焉。《史记》：参为晋星，其民有先王遗教，君子深思，小人俭陋。《隋志》：河东地少沃多瘠，是以伤于俭啬，其俗刚强亦风气使然。柳宗元《晋问》：平阳，尧之所理也，有茅茨采椽土型之度，故其人至于今俭啬。此蒲俗之见于古者也，今俗亦大略仿佛焉。"

浮山县：明嘉靖十一年（1532）《浮山县志》卷2《风俗》曰："民尚质实，不事商贾。甘粗粝，安淡泊。男力耕种，女勤绩纺。其于享祀报本，虽费不奢。婚姻嫁娶，一遵古礼。有尧之遗风焉。"清乾隆十年（1745）《浮山县志》卷27《风俗》则移录了康熙版《平阳府志》有关风俗的资料。清同治十三年（1874）和光绪六年（1880）《浮山县志·风俗》则与乾隆版相同，无增减。

安泽县：民国二十一年（1932）《安泽县志》卷4《风俗》曰："《方舆胜览》曰：岳阳，尧都所在，其民勤且俭，盖风动之化被之最先，故民近古，犹有陶唐氏之遗风焉。"

古县：《岳阳县志·风俗》记述同《安泽县志》。

汾西县：清光绪七年（1881）《汾西县志》卷7《风俗》强调，汾西有礼让之风，不失先民遗意。

曲沃县：清乾隆二十三年（1758）《曲沃县志》卷23《风俗》曰："夫以数千年之风尚，尧舜遗教，宛然可睹焉。"以下备录康熙年间《平阳府志》《风俗》的有关内容。

大宁县：清光绪九年（1883）《大宁县志》卷1《风俗》曰："宁民勤俭自守，安土重迁，蹶蹶然有陶唐蟋蟀之遗风焉。"

永和县：民国十九年（1930）《永和县志》卷5《礼俗略》曰："永民勤俭朴实，是其特长，人情尤其淳厚，犹有陶唐遗风。"

襄汾县：清雍正十年（1732）《襄陵县志》赵懋本序："窃以襄陵，密迩平郡，风号陶唐，其间山水形胜之雄，生齿土物之盛，与夫人物之忠孝节义，文章之掞藻摛华，盖有日新月异，弥进而弥上者。"对于陶唐遗风在本地的影响，称颂有加。清光绪八年（1882）《太平县志》朱光绶序曰："太平古晋基，唐勤魏俭遗风，犹有存者。"

翼城县：清顺治十四年（1657）《翼城县志》上官鉝序曰，翼邑人才辈出，"茅茨土型，犹有先王之遗风"。

以上在临汾地区遍地皆是的陶唐遗俗，应了范仲淹在晋南时吟诵的一句诗。北宋文学家范仲淹游古绛州绛守居园池，有诗曰："登临问民俗，依旧陶唐古"（清康熙年间《平阳府志》卷36《艺文》）。他的诗，正道出了陶唐氏之地的陶唐氏遗民不懈地传承唐尧遗风的生动的历史画卷。陶唐古俗在陶唐故地从远古传递到了范仲淹所在的宋代，又将从宋代永远地传递下去。我们领会了范仲淹诗句所蕴含的深意。千年前的范仲淹引领我们历史地观察陶唐古俗的传递，我们又在今天看到了陶唐古俗从宋代以来，乃至从陶唐氏以来，陶唐古俗的生生不息、生机无限的面貌。我们今天也可以高声朗诵“登临问民俗，依旧陶唐古”。

三　临汾人民传承唐尧遗风的主要内容和方式

唐尧遗风在临汾的传承，内容丰富多彩，形式多种多样。为了总结历史，记录历史，增强记忆，指导行动，几千年来，临汾人民形成了一系列传承唐尧遗风的方式方法，主要有乡邦文献的记载、古迹遗址、陶寺考古、历史地名、民间传说、大型研讨和纪念活动等。

（一）乡邦文献的记载

关于唐尧历史的文献记载，在传统文献资料中是很丰富的。但在乡邦文献中反复集中地出现，就反映了当地的文化特色和官员民众对唐尧的特殊感情。

在临汾乡邦文献中，上节我们已集中叙述了广泛分布于临汾所属各县在明清时期的县志中的有关传承唐尧遗风的记载，给人以深刻的印象。如果说那些记载还比较单薄、零碎，偏重于引证其他文献资料的话，那么近年所修的几部市、县志书，则有了专编、专卷、专章的集中记述，形式突出，内容宏大，充分反映了当地政府和人民对传承唐尧文化重要性的高度重视。

《临汾市志》，临汾市志编纂委员会编，中华书局2013年12月出版。全志共41卷，第36卷为《唐尧文化》。内分5章：第一章唐尧事迹；第二章文献记载；第三章梓里承传；第四章陶寺考古；第五章研究开发。全面、系统地介绍了唐尧文化，为人们学习研究唐尧文化提供了可靠、翔实的资料。这样做是与尧都平阳在临汾的地位相称的。

《平阳市志》（2000年撤销县级临汾市，设立尧都区），临汾市志编纂委员会编，海潮出版社2002年5月出版。这部志书是原县级临汾市编纂的。全志共34编，第25编为《尧文化》。内分6章：第一章古迹遗址；第二章古籍文献；第三章遗闻传说；第四章碑记诗赋楹联；第五章资料辑录；第六章研究开发。尧都区是尧庙、尧陵的所在地，是人们关注尧文化的主要地区，尧都区的《平阳市志》满足了人们的要求。

《襄汾县志》，襄汾县志编纂委员会编，方志出版社2011年4月出版。全志共42编，第35编为《丁陶文化》，其中第二章为《陶寺文化》。《陶寺文化》内分5节：第一节发现发掘；第二节遗址遗迹；第三节出土器物；第四节文字；第五节价值。襄汾县是陶寺遗址所在地，是发掘和研究尧文化的主要基地。日前，在临汾市召开的尧文化研讨会上，与会专家一致确认，陶寺遗址就是尧都平阳之所在，这就极大地提高了陶寺遗址的历史文化价值。

《翼城县志》，赵宝金主编，山西出版集团、山西人民出版社2007年12月出版。全志共39编，第32编为《唐晋文化》。其中第一章为《唐尧故地》，内分6节：第一节文献记载；第二节专著论述；第三节地名佐证；第四节陶唐遗风；第五节陶唐文化内涵；第六节族系延续。翼城是古唐国故地，有着丰富的唐尧文化遗迹，是人们学习研究唐尧文化不可或缺的地方。

如此既广泛又集中突出的乡邦文献的记载，唐尧遗风的传承的风姿可谓举世罕见，特立独行。类似的情况，在全国罕有其比。临汾人民钟情于唐尧文化，欢迎有兴趣的人氏到临汾来，可以一睹唐尧文化依旧的风采，领会唐尧文化的真谛。

（二）古迹遗址

尧庙　临汾尧庙已经存在了1700多年，是为纪念帝尧所建。庙址原在河西平阳古城，为西晋时所建。唐高宗显庆三年（658）移今址，位于尧都区尧庙镇。历史上屡经维修，庙貌维持至今。特别是元大德七年（1303）和清康熙三十四年（1695）两次大地震，尧庙受到严重破坏后，都先后得到了重修。1960年，山西省人民政府列尧庙为省重点文物保护单位，由政府拨款，多次重修。1998年4月4日犯罪分子纵火，广运殿被焚毁。次年即于重建。现在，进入尧庙景区，山门、光天阁、广运殿、寝宫等主体建筑，依次排开，连同附属建筑，形成一座庄严肃穆、气势宏伟的古帝王庙。尧庙是国庙，是历代帝王祭祀帝尧的场所。尧庙庙会，康熙定名为皇会，为期一月，成为华北最大的庙会之一。

尧陵　位于临汾城东北35千米涝河北岸大阳镇乔村。陵高50米，周长330米，依山傍水，松柏参天。祭祀祠宇始建年代不详，唐显庆三年（658），金泰和二年（1202），明成化十七年（1481），嘉靖十八年（1539），清雍正、乾隆年间，民国时期，先后修葺过尧陵。尧陵是历代帝王祭祀帝尧的地方，现留有碑碣18通。1960年临汾县竖立了文物古迹保护标志。2006年被确定为全国重点文物保护单位。尔后临汾市政府主持修复尧陵陵区的工程。现在尧陵陵区面貌焕然一新，除恢复原有建筑，还新增了华表、牌坊、赤龙琉璃影壁和祭祀大厅等，前往祭祀者络绎不绝。

浮山尧庙　位于南尧山上。此地乃帝尧避暑之地。始建年代不详，有金皇统三年（1143）、清康熙四十九年（1710）、乾隆六年（1741）重修碑。每年有祭祀活动。

霍州市陶唐峪　位于市区东南20千米霍山南部，史称陶唐峪。此地乃帝尧避暑之地。后世于此地建有尧祠，明嘉靖年间有知州褚相的碑文。

尧都区帝尧故里伊村　该村为帝尧诞生地。1947年前，村中路口有一座古牌楼，上书“帝尧故里”，四门匾额，东为“遮披尧光”，西为“尧天再造”，南为“尧天化雨”，北为“尧都遗风”。村中土台上有“尧神屋石碑”，为西晋时所建；又有明万历三十六年（1608）所立

“帝尧茅茨土阶”石碑；村西南有古井一口，传为尧所凿。

临汾市区康衢击壤处　市区东北康庄存古“击壤处”碑。金代建有“击壤遗风亭”。清乾隆十八年（1753）又立一“击壤处”碑，今仅剩一“击”字。民国10年（1921），阎锡山又在原处立一碑，以记其事。

（三）陶寺考古

从20世纪70年代开始，考古研究者们陆续对陶寺遗址进行发掘，发掘出了中国史前时期黄河流域最大的城址，迄今为止国内发现的较早的一座各种功能要素齐备的史前早期都城遗址，这一发现震惊了世界。它证明了“尧舜禹传说时代”从传说到信史已得到验证，并最终得出“陶寺是尧的都城，临汾是最早‘中国’”的结论。这就为临汾人民传承唐尧遗风奠定了基石。1988年1月13日，国务院公布陶寺遗址为全国重点文物保护单位。

（四）历史地名

地名是历史的痕迹，是历史的记忆。临汾地区是尧舜活动的中心区域，历史上留下了许多有关的地名。

在尧都区有伊村、杜村、康庄、神刘村、生马村、二驹村、太明村、乔化村、车辐村、尧庙村等。伊村是帝尧故里，尧姓伊（或伊祁）。杜村，周灭唐，迁其民于杜，为尧裔杜姓聚居地。康庄是《击壤歌》《康衢谣》等帝尧时的民谣诞生地。神刘村，尧子封于刘，以刘为姓。生马村、二驹村是帝尧时的放马山，产马多，有时下双驹。太明村，相传娥皇、女英一大早从历山回娘家，走到此处天大明，故以大明为村名。明朝时改为太明。乔化村，相传娥皇、女英骑马过桥，马过后桥就断了，因名乔化村。车辐村，相传娥皇、女英乘车路过此村时，车辐断了，故以车辐名村。尧庙村，因地处尧庙区域而得名。

在霍州市有陶唐峪，传为帝尧的避暑地。

在翼城县有尧都村、唐城村、陵下村、朱村、刘王沟村、龙艺村、龙唐村、韦沟村、历山、丹山等。尧都村，相传帝尧曾以此地为都城。唐城村现存“古都唐城”“陶唐遗风”的村门匾额。陵下村，相传尧子丹朱避舜于此地为房侯，称为古房陵，在石门上有“古房陵”三字。朱村，相传为尧子丹朱的诞生地，故名。刘王沟村，相传为尧裔刘累故里，今其村多刘姓。龙艺村，相传为尧后裔刘累扰龙处。龙唐村，相传唐侯御龙氏刘累建都处。韦沟村，夏时尧后裔豕韦氏建都于此。历山，在翼城、沁水、垣曲、阳城四县交界处。相传“舜耕历山”即在此地，故名。丹山，为尧子丹朱的封地。

在襄汾县有伯玉村、塔儿山等。伯玉村，相传为舜臣伯益故里，附近有伯益墓。塔儿山，位于襄汾、曲沃、翼城三县交界处。古名崇山。其西北山麓为陶寺遗址，是尧都之所在。

在洪洞县有羊獬村、万安村、马驹村、士师村、圣王村、神西村等。羊獬村，相传一羊生下独角异兽，叫獬，能辨忠奸，尧用以佐朝政，故以之为村名。万安村，相传为舜定居之地。士师村，舜臣皋陶诞生地，以其官名士师得名。圣王村，相传为舜王诞生地。神西村，因位于历山舜庙之西而得名。

在安泽县有唐城村，相传为尧都故址。

在浮山县有天坛山、北天坛山、尧山等，俱为帝尧避暑处。

在蒲县有蒲子山，相传为帝尧访蒲伊子处。

（五）民间传说

传说是历史的影子，经过千百年的口口相传，成为人们追踪历史的旁证。临汾民间就有丰富的关于帝尧的传说，一代代传了下来。

在尧都区有帝尧出世、尧访四贤、击壤歌的传说。帝尧出世：帝尧的母亲是伊祁侯的女儿。帝尧出生后，在外婆家生活了十年，就姓了伊祁氏。尧访四贤：帝尧执政期间，到汾水西岸访问善卷、子洲支父、蒲伊、许由等四贤，表示愿意相让，都遭到了拒绝。许由并以其言不堪入耳，竟然到溪水边去洗耳，免受污染。

击壤歌：晋人皇甫谧《高士传》卷上载：帝尧之世，天下大治，百姓无事，壤父年八十击壤于道中。观者曰："大哉，帝之德也！"壤父："吾日出而作，日入而息，凿井而饮，耕田而食，帝何德于我哉！"帝尧听罢，十分感动，当即拜壤父为师。

在霍州市有帝尧在陶唐谷避暑的传说。

在翼城县有尧王建都、尧凿石门、尧遇天马、丹朱不肖的传说。尧王建都：在今翼城县城东15千米的尧都村，原名元宝村。一天，村中来了一队人马。马进村后再也不走了。一老者走上前对其中一位为首的人说，你是尧王吧？我们这里山清水秀，物阜民安，可以做你的都城。尧王发现这里确实是一个好地方，就把都城建于此地。尧王在这里凿井、烧窑、修桥、开路。他的烧制砂锅技艺，一直流传至今。元宝村也改为尧都村。尧凿石门：讲的是尧大智大勇开辟石门通道的故事。尧遇天马：讲的是尧王在崇山狩猎时网开一面，救下一匹天马的故事。丹朱不肖：尧王之子丹朱不务正业，游手好闲。尧王不得不把权力交给舜，又怕丹朱不服，就将他送到翼城北山去管理一小片地方。人们把他住的地方叫作朱村。他死后即葬于丹子山下。

在襄汾县有尧王访席、洗耳河、娥英泉的传记。尧王访席：相传尧王曾到今襄汾民间访问，遇到一位大贤人，问他名字，他不说，只说姓席。尧王就拜他为师，尊称他为"席老师"。洗耳河：当地有一位上知天文、下知地理的长者，名叫巢父。一生不慕荣利。一天，他在河边洗耳。一个牵牛路过的人问他为什么洗耳不洗脸？巢父说，国君一再叫我去京城继承王位，把耳朵都污染了。那人听了拉着牛就往上游走。巢父问他为什么？那牵牛的人说，尧王请你去治理国家，你却只顾自己清闲，我的牛也不喝你洗过耳的水。今大运路共青桥东曾有"巢父洗耳处"石碑一通。娥英泉：尧王准备将王位让给舜，就将两个女儿许给他。但谁为正，谁为偏，一时难定。就让他们去舜的新都，先到者为正。娥皇骑骡子，女英坐骡车。走到半道骡子要饮水。娥皇的骡子饮了水就走。而女英骡车的骡子要卸下鞍才能饮水，一来二去，就慢了。娥皇以先到做了皇后。女英责骂母骡不尽力，说："从今以后骡子不得下驹!"那以后骡子果然不会下驹了。后人把那个泉叫"娥英泉"。

在洪洞县有帝尧故里、帝尧历山得虞舜、"接姑姑"的传记。帝尧故里：相传周府村一户人家一只母羊头上只有一只独角。它能分是非、辨忠奸。帝尧感到很神奇，认为此地风水好，就将女儿女英住在那里，并改周府村为羊獬村，人称"帝尧故里"。帝尧历山得虞舜：帝尧在今洪洞县历山走访，看见一农夫犁地时在犁辕上扣一簸箕，牛走得慢，他就击打簸箕。帝尧好奇，就问他原因。那农夫说为了不使牛挨打受惊。帝尧得知他叫姚重华，又听说他是个大孝子，认为发现了一个大贤人，就将他带回平阳，看能不能作为继承人。帝尧让几位大臣对他进行考察，得到一致的赞许。帝尧又将两个女儿嫁给他以作为他的内助。经过多年的考验，帝尧终于将权力禅让给了虞舜。接姑姑：洪洞县民间传说，每年三月是姑娘回娘家省亲之月，四月二十八日是帝尧的诞辰。三月初三，羊獬一带村庄的人们要到历山舜王庙接尧的两个妇儿娥皇和女英回娘家，称"接姑姑"。四月二十八日为帝尧祝寿之后，圈头村一带的人们又要热情洋溢地来羊獬村迎二妃归府，称"迎娘娘"。据传，此俗从远古盛传至今，年年如此，从无间断。

在蒲县有尧王访蒲伊子的传记。一天，帝尧来到今蒲县石门山下寻访蒲伊子。在河湾处遇见一砍柴老人，一问正是要找的人。二人在一块大石头上坐下交谈起来。帝尧本准备将帝位让与他，但他年龄太大，就改为向他请教国事。蒲伊子侃侃而谈，帝尧获益良多。他还向帝尧举荐大贤人姚重华。后人就把那个河湾叫"尧湾"，二人坐过的那块石头叫"讲道台"，那条沟叫"如意沟"，"蒲县"也因此得名。

（六）大型研讨和纪念活动

为了增强尧文化宣传的声势，体现尧文化研究的成果，临汾市、尧都区举行了一系列大型的祭祀帝尧和研讨尧文化的活动。

1999 年 11 月 11 日，在新建尧庙广场举行了尧宫落成庆典暨祭尧大典。全国政协副主席万国权，省政协副主席赵风翔出席。

2000 年春夏之交，举办“海峡两岸尧文化研讨会”，80 多位专家学者与会，提交了一批高质量的学术论文。

2007 年 12 月，中国先秦史学会和临汾市尧文化研究与开发委员会，在尧都区主办“首届尧文化高层论坛”。会上，收到了 30 多篇学术论文，学者们进行了热烈的讨论，成果丰硕。

四　传承唐尧遗风的历史意义及时代价值

2015 年 6 月 18 日，中国社会科学院在国务院新闻办公室举行“山西·陶寺遗址发掘成果新闻发布会”，中国社会科学院学部委员、考古研究所所长、国家重大科研项目“中华文明探源工程”首席专家王巍在发布会上说，陶寺文明是多元一体中华文明的主脉；陶寺遗址在年代、地理位置以及其所反映的文明程度等方面都与尧都相当契合，是实证五千年中华文明历史的重要支点；尧都正走出传说时代成为信史。这样，文献上的尧都与考古实证的尧都的契合，传说中的尧都与信史中的尧都的契合，就奠定了临汾人民传承唐尧遗风的坚实基础，夯实了历史的依据。文献、考古和传说三者已形成一组相互支撑的牢固的证据链。这就使传承唐尧遗风具有了新鲜的历史意义。

传承唐尧遗风的过程，就是继承唐尧精神遗产的过程。帝尧在四千多年前，早于夏商周创造了中华文明，而成为中华文明始祖。《1999 年清明公祭帝尧文》对帝尧创造的中华文明进行了高度的概括：“上下五千年，纵横九万里，中国的文明史从帝尧写起。尧定都平阳，设置九州，形成了中国最早的格局；钦定历法，推广水井，开启了中国古朴的科学；敬授人时，教化民众，创始了最早的教育；设立华表，禅授帝位，实行了最早的民主政治；衣食俭朴，拒贿拒礼，树立了清正廉明的典范；访贤任能，礼贤下士，形成了最早尊重人才的风气；发展农耕，研制陶器，孕育了中国早期的经济；鼓乐歌舞，击壤围棋，开发了上古先民的文艺；平章百姓，协和万邦，点燃了人类文明的圣火。”

传承唐尧遗风的过程，就是传播唐尧精神遗产的过程。传播的时间为上下五千年，传播的地域为纵横九万里。传播的方式多种多样，诗词歌赋，传说寓言，口口相传。

传承唐尧遗风的过程，就是推动社会主义文化建设的过程。传承唐尧遗风与社会主义文化建设相结合，与德廉思想建设相结合，在社会上形成优雅的文明风尚、高尚的道德风范。

传承唐尧遗风的过程，就是发扬民族精神、巩固民族团结、推动祖国统一、实现民族复兴的中国梦的过程。

唐尧遗风是我们今天提高文化自信和文化自觉的强大的推动力。继承、发扬和传播唐尧遗风，是历史和时代赋予临汾人民的光荣的使命。

（作者系山西师范大学文学院教授）

佛教经论中有关“尧”之述评

侯慧明

作为中华始祖之一的尧帝，已经被从古至今的中国民众所广泛接受，历代先贤帝王乃至普通民众都对尧帝崇敬有加，形成了一种“尧文化”。这种文化现象归根结底是中华民族对先祖崇敬心理的延伸，由最初的追忆、赞扬褒崇到建庙祭祀，尧帝形象越来越丰富生动，逐渐放大升格。中国先民对尧的崇敬具有浓烈而虔诚的信仰情怀，是中国人传统文化心灵对故乡的追思，是一种真挚的乡愁。

正因为尧帝处于中华文化“风气渐开，人文渐著”之“传说时代”，使其形象更具“超越性”，于虚实之间更显其“神秘性”和“神圣性”，其形象纯真质朴，高大伟岸，已然成为中华先祖“克明俊德”“光被四表”之政治领袖的典范。尧文化在华夏文化生长、发展、成熟的过程中发挥了“关乎人文，以化成天下”的重要作用，孔子“言必称尧舜”亦是取此为之旨归。这也正是中国文化中之“托古言志”“借古喻今”之传统，也是中华文化绵延承袭、源远流长之演进方式。

从孔子评说“唯天为大，唯尧则之”，到孟子倡言“服尧之服，诵尧之言，行尧之行，是尧而已矣”。孔孟推崇上古之“尧帝”文化，奠定了中华文化——特别是儒家文化“祖述尧舜，宪章文武”之先河。尧自然而然就成为儒家文化乃至中华文化的精神象征符号，以至秦汉以后历代王朝在文化建设与宣扬中，都以尧为精神标杆，使其名副其实地成为中华文化的象征符号。以至异域文化、外来文化欲在中华大地立足，必须与尧之文化精神取得一致。佛教之传入中国，与中国文化调适融合，最终成为中国传统文化之一部分，亦经历了这样的历程。从中可见，尧作为中华文化象征符号，在发展、传承、融通、创新中发挥了独特而巨大的作用。

佛教于西汉末期传入中国，最初在社会上层传播，至东汉末始传于社会下层。两汉之际，中国社会巫风盛行，佛教也被作为“巫风”之一种。但随着佛教影响的扩张，引起道家与儒家的诘难。儒道以中华文化正统自居，攻讦佛教，佛教则积极予以回应，在思想领域展开了一场旷日持久的大论争。在这场从汉末持续到唐代的大论争中，双方都列举或推崇上古之尧王精神作为理论根据，都承认尧王“仁爱”“英明”“贤能”“无为”等等之精神。尧王精神成为双方共同认可，可资交流的基本立足点。但是，佛教对待尧王精神的态度，经历了从最初的靠拢、比附、屈就逐渐向着剥离、区分、重塑，乃至希望平列甚至超越的发展路径。

一

三国《牟子理惑论》是佛教与儒道交锋的最早著作，牟子站在佛教立场，以问答形式回应儒道对佛教诸多问题的诘难，以期阐明佛教之思想与主旨。其中 16 次提到尧，并以尧之传说的正反事例，来说明佛教与中国传统文化的关系。

“问曰：‘云佛有三十二相、八十种好，何其异于人之甚也。殆富耳之语。非实之云也。’

“牟子曰：‘谚云，少所见，多所怪，睹驼言马肿背。尧眉八彩，舜目重瞳，皋陶鸟喙，文王四乳，禹耳参漏，周公背偻，伏羲龙鼻，仲尼反宇，老子日角月玄、鼻有双柱、手把十文、足蹈二五，此非异于人乎？佛之相好，奚足疑哉。’”[1]

因为人们怀疑释迦之神异形象，牟子则举出“尧眉八彩”之异相以对答，证明，相貌不同寻常，并没有什么值得惊讶的，中国圣人亦是如此。

“问曰：‘云何佛道至尊至快，无为憺怕。世人学士多谤毁之，其辞说廓落难用，虚无难信，何乎？’

“牟子曰：‘至味不合于众口，大音不比于众耳。……韩非以管窥之见而谤尧舜，接舆以毛牦之分而刺仲尼，皆耽小而忽大者也。……大道无为非俗所见，不为誉者贵，不为毁者贱，用不用自天也，行不行乃时也，信不信其命也。’”[2]

以“韩非子谤尧”类比一般人之“谤佛”，认为是谤者之“不明”，而非“尧”“佛”之过，仍然是将释迦比附于尧，而驳斥谤佛者。

中国佛教早期，学僧注解佛经，多使用中土名相解释，或者以中土故事或者以中土圣人比附，其中尤其以尧之故事为多，除上文提到的比附尧之相貌，更多的是比附其德行。其中主要提到尧之“尚贤”与“无为”，如北魏昙鸾注解《无量寿经优婆提舍愿生偈注》卷1：“问曰：观如来庄严功德，何所阙少，复须观菩萨功德耶？答曰：如有明君，则有贤臣。尧舜之称无为，是其比也。若便但有如来法王，而无大菩萨法臣。于翼赞道。岂足云满。亦如薪积小则火不大。”[3]再如梁慧皎《高僧传》卷5载，道安劝诫梁武帝偃兵息战，说：“宜栖神无为与尧舜比隆。”[4]道安以尧舜作为标杆和楷模教化帝王，说明佛教高僧与世俗帝王共同对尧帝的认可，也说明尧之德行在历史长河中对中土精神价值构建中之主流作用，使外来之佛教欲在中土立足，必须向尧之德行靠拢，或者与尧之德行比附，才能获得中土的认可。

再如，南朝宋宗炳《明佛论》亦名《神不灭论》，主要阐发神识不灭思想，认为神识是存在于万物背后的本质。在举例说明中，以圣王尧帝之仁善与暴君夏桀之恶肆作对比，“夫至治则天，大乱滔天，其要心神之为也。尧无理不照，无欲不尽，其神精也。桀无恶不肆，其神悖也。桀非不知尧之善，知己之恶，恶已亡也。体之所欲，悖其神也。而知尧恶亡之识，常含于神矣。若使不居君位，千岁勿死，行恶则楚毒交至，微善则少有所宽。宁当复不稍灭其恶，渐修其善乎？则向者神之所含知尧之识，必当少有所用矣。又加千岁而勿已，亦可以其欲都澄，遂精其神如尧者也"[5]。认为尧帝之仁善是因其心神精纯，而夏桀之恶是因其身体之欲望背离了"神识"之本真。

儒家"言必称尧舜"，主要是推崇"尧帝""天下为公"之"大公无私"的精神，无私即无我，无我就需"心诚"，诚心无私为民众奉献，此亦孔子"仁"之思想精髓。佛教则将释迦之精神品质类比尧帝，认为其"体级而不相兼"，也就是说这些圣贤从根本精神上是一致的，特别是在以仁善之心为民众造福奉献方面，只是具体的言行表现有所差别，以此来附会儒家推崇之圣人。同样，儒家经常提到之"尧天"，是中国人心目中的由圣人主掌的理想世界，实际就是《礼记》中之"公天下"，是儒家政治理想中的"理想国"，佛教经论认为，其等同于佛教推崇之"极乐世界"。

汉魏六朝时期，尧帝被作为佛教与儒道比量高下，评参左右之坐标点、参照物。这是因为，尧帝被作为华夏先祖不断被后世推崇隆祀，汉代以后逐渐被神化，尧帝之道德与精神已然成为中国人精神和灵魂措置的信仰高地，尧帝已经被作为是中国人理想道德和精神的化身，中国人心目中的最高精神导师。因此，佛教进入中国欲获得认可，就必须与中国古老的祖先崇拜在道德精神上取得一致，这也是佛教作为外来文化，突破中国文化自我保护壁垒之最佳的方法。佛教通过靠拢与比附，取其通者，达成共识，从而达到立足并逐渐发展的目的。尧帝充当了"历史不自觉的工具"，成为不同文明、不同思想、不同精神获得沟通与交流的通道，佛教智者很睿智地找到了这一通道，并成功地将其融合。

二

南北朝以来，“三教”之说渐起，“宋明帝，幸庄严寺，观三教谈论”[6]。“北周武帝诏群臣、沙门道士于内殿博议三教”[7]。“三教之说”是将佛教与儒道并提，“三教说是由佛教人士提出，表明论说者意图将佛教这一西域宗教纳入中原宗教文化体系”[8]。如果说魏晋佛教与儒道更多的是争论夷夏之防的问题，纷争频频，尧之贤王形象出现主要是来说明佛教中也具有并且符合这种道德之要求。实际上是在争取佛教存在之合法性，争取佛教与儒道平列而成为“三教”，取得天下三分有其一之地位。

唐宋之际，佛教已经能与儒道并驾齐驱，已然成为救补世道人心，安邦定国之一端，“唐高祖，幸国学，命博士徐旷、沙门惠乘、道士刘进善讲说；太宗诏祭酒孔颖达、沙门惠净、道士蔡晃，入弘文谈论三教”[9]。唐代老子是李唐先祖，而将道儒列于佛前，宋太祖时，“诏令僧道每当朝集，僧先道后，并立殿廷，僧东道西。若遇郊天，道左僧右”[10]。徽宗时，又“敕道士位居僧上”[11]。佛教内部甚至认为“佛日也。道月也。儒五星也”[12]。佛教认为其教义理论更为深邃，社会功至大，甚至超越了儒道，比儒道更加有必要存在并发挥作用。因此，将佛教之地位排在首位。元代蒙古政权时期，佛教排在了儒道之前。

唐宋以后，不论三教位次先后，一个不争的事实是，佛教已经赫然与中国传统之儒道并列而成为中华文化之一端，三者相互融合之趋势加强。此后，佛教对儒家倡导之尧帝等贤王的征引比附并未减少，并且作为一种常态被征引。

如宋延一编《广清凉传》卷1载：“无恤台，常山顶是也。昔赵简子，名无恤。曾登此山观代国，下瞰东海蓬莱宫，观神仙之宅，此是普贤菩萨，于中止住。云霞出没，往来五台。登台者多见灵瑞。缘斯圣迹故，号为东埵也。……世传尧睹文殊现于南台，缘斯圣迹故，谓之南埵也。”[13]尧因其地位而被佛教典故引入，增加佛教之吸引力和地位。

北宋四明沙门知礼述《金光明经文句记》卷5曰：“初明执乐，名王。王执此乐者，谓持礼乐以化民也。……逸士传：帝尧之时，有老人击壤于路曰：吾日出而作，日入而息，凿井而饮，耕田而食。帝何力于我哉，岂非至圣之德。为而不宰，玄功赞运，是以百姓日用不知，竹马儿童所戏也。人王执乐治国故，得天下和平老幼俱乐其性也。”[14]

清代行悦集《列祖提纲录》卷9曰：“善斗者不顾其首，善战者必获其功，其功既获，坐致太平。太平既致，高枕无忧。罢拈三尺剑，休弄一张弓。归马于华山之阳，放牛于桃林之野。风以时而雨以时，渔父歌而樵人舞。虽然如是，尧舜之君犹有化在，争似乾坤收不得。尧舜不知名，浑家不管兴亡事，偏爱和云占洞庭。”[15]主要宣扬佛教的“无为”与尧帝时之“无为”比附，显其同一和融之意。

儒家学者也大量征引佛教理论，如宋代黄伯思《跋宝王论后》曰：“《汉书》曰：‘坐则见尧于墙，食则见尧于羹，道之不可须臾离也如此。’虽然，此特域中之道尔。《首楞严经》云：‘若诸众生，忆佛念佛，现前当来，必定见佛，不假方便自得心开。’予谓修念佛三昧，亦当如参前、倚衡，与夫见尧之义。行住坐卧皆应忆念，何患不见佛哉？此真出世成道之要津也！”[16]

另外，佛教在地位稳固之后，也频频试图居于儒道之上。

如元代刘谧《三教平心论》卷1：“尝观中国之有三教也，自伏羲氏画八卦，而儒教始于此。自老子著道德经，而道教始于此。自汉明帝梦金人，而佛教始于此。此中国有三教之序也。大抵儒以正设教，道以尊设教，佛以大设教。观其好生恶杀，则同一仁也。视人犹己，则同一公也。征忿窒欲，禁过防非，则同一操修也。雷霆众聩，日月群盲，则同一风化也。由粗迹而论，则天下之理不过善恶二途，而三教之意无非欲人之归于善耳。故孝宗皇帝制《原道辩》曰：‘以佛治心，以道治身，以儒治世。’诚知心也，身也，世也。不容有一之不治，则三教岂容有一之不立。无尽居士作《护法论》曰：‘儒疗皮肤，道疗血脉，佛疗骨髓。’诚知皮肤也，血脉也，骨髓也。不容有一之不疗也，如是则三教岂容有一之不行焉。”[17]《三教平心论》一方面畅论儒道释在理论根基以及应世功能方面之共同点，以说明三教同一，另一方面又毫不避讳地讲“儒疗皮肤，道疗血脉，佛疗骨髓”，明显是在“平心”论之掩护下，抬高佛教之社会功能，进而欲抬高佛教之地位。

再比如，佛教借古说今，举尧舜之例，将儒家推崇之尧舜归于六凡之内，更为直接而明显地抬高佛教，贬低儒者。

明憨山德清《紫柏尊者全集》卷21：“昔尧让天下于许由，许由恶闻而洗耳。说者以为，为巢许易，为尧舜难。尧舜当兼善之任，圆通万物之情。设有一物不得其所，虽南面乐，不能解其忧。此何心哉？若巢许持独善之见，享独善之福，视天下若敝屣，以形骸为大患，薄外而厚内，此又何心哉？梅西子持两说，折衷于紫柏先生曰：‘尧舜与巢许，孰得孰丧？’先生春然应之曰：‘皆得皆丧。’梅西子曰：‘先生言，实未解，乞先生揭示。’曰：‘子知有世出世法乎？易形而上者谓之道，形而下者谓之器。故主其道者为法王，主其器者为人王。尧舜人王也。其所设教惟尊天，故每临事，必称上帝。即巢许亦皆尊天，惟佛氏以法性无边际，设教以所性为封疆，以九有为臣民。九有者，地狱、饿鬼、畜生、人、修罗、天、声闻、缘觉、菩萨是也。而匹以尧舜巢许之所教，犹蹄涔之匹沧海也。……则尧舜巢许皆六凡之数也。《楞严》有七趣，虽神仙之徒亦六凡所摄，宁尧舜巢许乎？夫凡之与圣，染之与净，非无生也，皆缘生也。而缘生之中，趣万不同，皆梦也，非觉也。’”[18]紫柏认为尧舜为人王，为圣贤，只知道敬天，也只能归入六凡之列。佛教则以“法性”为根本，无边无际，是道与器之差别。很明显，紫柏站在佛教立场，并以其佛教境界理论，抬高佛教，贬低儒家。这也是其在中国获得发展，进而欲剥离超越的体现。

唐宋以后，儒道释虽然仍有纷争，但三教合一、三教融合成为其主流。在三教合一的中华文化精神中，尧之道德以及行为思想仍然是不同文化之结合点，共同认可之神圣象征和精神导师，是文化的结合点。孟子曰："服尧之服、诵尧之言、行尧之行、是尧而已矣。"学佛之道。从佛之行。即心是佛矣。这既能体现尧之精神对中国后世文化的重要影响，也历史地证明了，在新时代精神家园的建设中尧之伟大道德精神力量，仍然会发挥历久弥新、历久弥香之作用，为新时代中华文化之复兴、中华文明之崛起作出重要的贡献。

余论

尧作为华夏民族的伟大先王，其历代的崇祀传承，保证了中华文明的连续传承。近代以来，顾颉刚所认为的中国上古历史是层累地造成中国古史。对此，我们认为，一方面古史因历史局限性不可能完全客观呈现；另一方面，这种层累造成的中国古史，更是一种中国文化精神的"层累"塑造，是累代先贤对中国精神的认同与传扬，是在不断继承中的应时创新。层累虚构史实的背后，是真实真切的文化精神的层累与传续。对尧王象征精神的认同，应该远远大于对其"客观史实"的认同。一方面我们应该以科学严谨的精神探究考察古史，另一方面也应以实事求是的精神探究中华文化精神的传承。"尧文化"正是博大精深的中华文化精神绵延传续、不绝如缕的明证。

希望各领域中有关尧帝的研究能同时展开，拓宽视野，使尧文化研究继续深入，发挥弘扬中华传统优秀文化的积极作用。

注释

[1]（梁）僧祐：《弘明集》卷1，《牟子理惑论》，《大正藏》第52册，（台湾）新文丰出版公司1983年版，第2页。

[2]（梁）僧祐：《弘明集》卷1，《牟子理惑论》，《大正藏》第52册，（台湾）新文丰

出版公司 1983 年版，第 3 页。

［3］（北魏）昙鸾注解：《无量寿经优婆提舍愿生偈注》卷 1，《大正藏》第 40 册，新文丰出版公司 1983 年版，第 832 页。

［4］（梁）慧皎：《高僧传》卷 5，《大正藏》第 50 册，（台湾）新文丰出版公司 1983 年版，第 353 页。

［5］（梁）僧祐：《弘明集》卷 2，《明佛论》，《大正藏》第 52 册，（台湾）新文丰出版公司 1983 年版，第 10 页。

［6］（南宋）志磐：《佛祖統紀》卷 54，《大正藏》第 49 册，（台湾）新文丰出版公司 1983 年版，第 471 页。

［7］（南宋）志磐：《佛祖統紀》卷 54，《大正藏》第 49 册，（台湾）新文丰出版公司 1983 年版，第 472 页。

［8］陈怀宇：《近代传教士论中国宗教——以慕威廉〈五教通考〉为中心》，上海人民出版社 2012 年版，第 69 页。

［9］（南宋）志磐：《佛祖統紀》卷 54，《大正藏》第 49 册，（台湾）新文丰出版公司 1983 年版，第 471 页。

［10］（南宋）志磐：《佛祖統紀》卷 54，《大正藏》第 49 册，（台湾）新文丰出版公司 1983 年版，第 472 页。

［11］（南宋）志磐：《佛祖統紀》卷 54，《大正藏》第 49 册，（台湾）新文丰出版公司 1983 年版，第 472 页。

［12］（南宋）志磐：《佛祖統紀》卷 39，《大正藏》第 49 册，（台湾）新文丰出版公司 1983 年版，第 360 页。

［13］（宋）延一编：《广清凉传》卷 1，《大正藏》第 51 册，（台湾）新文丰出版公司 1983 年版，第 1105 页。

［14］（北宋）知礼述：《金光明经文句记》卷 5，《大正藏》第 39 册，（台湾）新文丰出版公司 1983 年版，第 147 页。

［15］（清）行悦集：《列祖提纲录》卷 9，《卍续藏》第 64 册，（台湾）新文丰出版公司 1983 年版，第 170 页。

［16］（宋）黄伯思：《跋宝王论后》，《大正藏》第 47 册，（台湾）新文丰出版公司 1983 年版，第 144 页。

［17］（元）刘谧：《三教平心论》卷 1，《大正藏》第 52 册，（台湾）新文丰出版公司 1983 年版，第 781 页。

［18］（明）憨山德清：《紫柏尊者全集》卷 21，《卍续藏》第 73 册，（台湾）新文丰出版公司 1983 年版，第 329 页。

（作者系山西师范大学历史与旅游学院副教授）

帝尧是中华和合文化的始祖

甄作武

中华和合文化源远流长。从我国现有关于和合文史资料中，得知“和合”一词，来自《国语·郑语》“商契能和合五教，以保于百姓者也”；得知先秦著名思想家管子第一个对“和合”概念作了表述：“畜之以道，则民和；养之以德，则民合。”他把民众的“和合”作为民众的道德的直接体现。我们还得知，东汉以后，“和合”一词被儒释道通用，成为三教贯通在各自思想领域的综合性概念。但是，中华和合的根在哪里？它的始祖是谁？我们只有找到这个根，找到它的始祖，才能“温故而知新”，才能从更深的层次认识中国古老文化博大精深，中华和合文化历史悠久，才能赋予中华文化精髓之一的中华和合文化以新的内容，也才能更好地继承和发扬中华民族独创的这种和合文化与和合精神。因此，我们研究中华和合文化，必须寻根溯源。

一　中华和合文化的根

中华和合文化的根扎在哪里？我认为，中华和合文化的根扎在唐尧时代。有史为证，我国最早的历史文献《尚书·尧典》记载了唐尧太平盛世的情景：“克明俊德，以亲九族。九族既睦，平章百姓。百姓昭明，协和万邦。”它描述了唐尧时代，精明德高的尧王，由于先内后外、由近及远，采取了和平友好的方针政策，逐步搞好团结，协调各种人际、民族邦国之间关系，使普天下和平相处，亲如一家。《尧典》描绘的唐尧时代这种升平景象，显然是一种“和合社会”理想模式的生动体现。这里虽然没有“和合”一词，但这里的“协和”正是“和合”一词原始表达，“协和”一词的内涵已经孕育“和合”的含义。所以说，这里“协和”一词的出现，标志着中华“和合”文化胚胎形成，也标志着中华和合思想与和合精神的萌芽。

唐尧时代之所以能成为中华和合文化的根，这有它深刻的历史原因。唐尧时代处于公元前25世纪前后，是我国从原始社会向奴隶社会过渡、阶级社会开始出现的时代。学术界普遍认为，尧时代是处于“军事民主制”阶段，是国家形成的前夜。它一方面具有原始社会民族部落民主制的形成，另一方面又带有阶级社会专制的性质，在这个历史大转折时期，尧既面对黄帝死后，中央部落联盟的盟主不断更换，社会动荡不安的混乱形势，又受命于高辛民衰的危难之中。中原大地邦国林立，百里之内就是一国，号称“万国”。各部落以至邦国首领都实行了世袭制，它们各自独立称雄，相互之间弱肉强食，争夺地盘扩张领土的战争经常发生，有些大邦国的首领觊觎着中央盟主的权位，实际上中央部落联盟形存实亡。尧继王位之后，首先团结本部族的大小头目及其族人，教化百姓，使百姓明辨是非，最后“协和万邦”，一方面对归顺的部落邦国采取仁和的方针，对叛逆的部落邦国坚决征讨平定叛乱。这里的“协和”和“和合”一样，不是抹杀矛盾和斗争，而是通过矛盾和斗争达到团结统一。唐尧正是通过“师征不享”，命后羿率领善战的神箭兵，南征北战从西北打到东部沿海，南到长江流域，征服了驩兜、三苗、共工，才达到“协和万邦”，四海归顺，统一了中原大地，从而极大地巩固和扩大了由黄帝建立起来的这个“华夏族”为主体的中央部落联盟式的国家。与此同时，唐尧召集全国各部落邦国首领大会，大家公推尧为天子。尧称帝后，政治清明，举贤任能。命“舜为司徒，契为司马，禹为司空，后稷为大田师，奚仲为工”，他们各尽其职，各显其能，同心同德，团结一致，共创大业。尧时代建立了巡狩和朝贡制度，颁布了刑罚，制定了礼乐制度，制定了历法，实施“敬敷五教”，使百姓知礼节、识天象、懂节令，尤其是平治了洪水，发展了农业生产，使百姓能吃上百谷蔬菜。尧时代的农官是个了不起的官，是“社稷”之官，社神代表土地，稷神代表着谷物，社稷代表江山，是国家的象征。尧王时代，老百姓能够吃上粮食蔬菜，过上天下太平安居乐业的生活。我国最早的两首诗歌，一首《击壤歌》：“日出而作，日入而息，凿井而饮，耕田而食。”另一首《康衢谣》：“立我烝民，莫匪尔极，不识不知，顺帝则之。”这两首诗歌客观地描绘了当时老百姓逍遥自在、自食其力的田园美好生活，足以说明唐尧时代社会安定、祥和，人民安居乐业。社会存在决定着社会意识，正是这种良好的社会环境和物质条件，才具备了产生中华和合文化的土壤，中华和合文化才从唐尧时代孕育萌芽。

二　中华和合文化的奠基者

中华和合文化扎根在唐尧时代，自然帝尧就成了中华和合文化的奠基者。帝尧姓伊祁，名放勋，帝喾之子，黄帝之玄孙，他是我国历史上继“人文始祖”黄帝之后的一位杰出的帝王。自古以来，人们一直把他奉为圣明君主的典范。如果说黄帝是华夏文明史上开创文明古国的先驱，那么，帝尧就是这个文明古国的第一奠基人。他不仅顺应历史潮流，极大地推动了华夏文明的历史进步，而且繁荣发展了中华民族的优秀文化，尤其是他为中华和合文化奠定了坚固基石，成为中华和合文化的始祖。

帝尧之所以是中华和合文化的始祖，首先，他在人际关系和社会关系方面体现了丰富的“和合五教”的思想。帝尧认为大礼与天地同节，大乐与天地同和。天地生养万物以和为上，用礼乐调和人们之间的感情，以礼节制民心，以乐调和民声，有节制则民不乱，有协和则民无怨，以达到揖让而治天下。他命手下大臣兴制礼乐制度，明德教，谨庠序，崇仁义，立教化，命夔作典乐，教育胄子，以契做司徒，“敬敷五教”，使“父子有亲，君臣有义，夫妇有别，长幼有序，朋友有信”。以此“定亲疏，决嫌疑，别同异，明是非”。他要求人们的言行遵循礼制，“正君臣，亲父子，别夫妇”，要求每个人要安于自己的地位，懂得进退揖让之礼不可逾越。在家敬父母，在社会敬朋友，在国敬事君主，在宇宙敬神明。尧考验舜时，曾让他“宾于四门”，主持迎接诸侯君长的宾礼。由于教化工作做得好，举国上下祥和团结，不仅华夏族内部太平无事，而且连边疆的夷狄也感化归顺帝尧。帝尧的礼制，虽然是建立在等级制的基础上，是阶级社会的产物，但它在维护帝尧新的统治秩序规范人的行为、正确处理人际关系发挥了重要作用。而且这种礼治，是唐尧文化的重要内容，其中包含了中华和合文化的丰富思想。对此，孔子大加赞扬：“大哉尧之为君也！巍巍乎，唯天为大，唯尧则之。荡荡乎，民无能名焉。巍巍乎其有成功也，焕乎其有文章！”夸奖尧的功绩太伟大了，其礼仪制度太美好了，人民简直不知道该怎么称赞他。

其次，帝尧在处理政治关系和国家大事上表现了中华民族厚德载物的凝聚力和民主宽容的向心力。和合文化，一方面有和平友好团结合作的含义，另一方面也有凝聚向心力的含义。它强调事物是不同的因素的相成和凝聚，体现了中华民族的整体思想和系统观念。唐尧时代，君臣、君民之间按照礼制初步形成了一套礼仪规范，在帝尧身上依然保留着古朴的民主精神，他处处以身作则，宽厚待人。他深知贪欲之心必然导致政苛掠民，故从自身做起，生活上十分俭朴，节衣缩食，温饱而已。帝尧对人民充满仁爱之心，总是以和善的态度对待百姓，与百姓和衷共济。他整天为民操劳，吃的是粗粮，住的是“茅茨土阶”，临汾市城南帝尧的故乡，伊村有碑为证。他心中只有天下百姓，唯独没有自己，他“忧世深，思事勤，愁忧精神，感动形体”。人瘦得像块干腊肉，偓佺仙人送给他能活三百岁的松子，然而他为民奔波顾不上去吃它。他体察民情，深谙民意，为了求得政治清明，他竖诽谤木，置敢谏鼓，让百姓批评朝改。三国文学家曹植在《帝尧画赞》写道："火德统位，父则高辛，克平共工，万国同尘。调适阴阳，其惠如春，巍巍成功，配天则神。"帝尧的功德突出地表现在帝位的禅让，他晚年为了国家长治久安，政权交接的和平过渡，抛开了父子间的私情和家庭的私利，精心地挑选接班人，广泛征求意见，最后禅让给舜。帝尧这种出于公心的明智之举，成为中国历史上"和合"精神的杰作，尧本人也成了万世帝王的楷模，在华夏文明上树立了不朽的丰碑。

再次，帝尧在处理人与自然关系上，表现了顺乎自然、天人交感的思想。由于唐尧时代科学落后、生产力低下，人们对自然采取适应的方针，《淮南子·齐俗训》中写道："故尧之治天下也……其导万民也，水处者渔，山处者木，谷处者牧，陆处者农。地宜其事，事宜其械，械宜其用，用宜其人。泽皋织网，陵坂耕田，得以所有易所无，以所工易所拙，是故叛离者寡，而听从者众。"帝尧的这种因地制宜、扬长避短的思想，使人民能够生存发展，是在当时历史条件下顺乎自然的明智之举。

帝尧在处理人与自然关系上，坚持"天人合一"顺其自然，并非只是被动消极地适应自然，而是采取积极主动的态度，其中主要表现在对于洪水的问题上。尧时洪水泛滥，民不聊生。帝尧开始让鲧治水，鲧采用筑堤堵塞的办法，九年未治。尧"殛鲧而兴禹"。禹接受任务后，听取了彭寿治水的方略，调和阴阳，疏川导滞，开通孟门，掘地注海，终于治水成功。

为了适应自然、发展生产，就必然了解自然，探索研究与农业生产有关的天文历法。尧"六年命羲和历象"，把探知天文历象当作一件大事来抓。命羲仲、羲叔、和仲、和叔四人去东南西北观察天象，按照观察到的天象制定历法。当时已知一年共有366天，用加闰月的方法，确定春、夏、秋、冬为一年。把天时节令、四时昏中之星，告诉老百姓，让老百姓适时播种、收获，安排好各种农活。《尧典》还记载了当时人们用鸟、火、虚、昴入了星座，来划分季节的情况。白天不长不短居中时看见鸟星，即仲春；白天最长时看到大火星，即仲夏；夜晚不长不短居中时看到虚星，即仲秋；白天最短时看到昴星，即仲冬。人们掌握了这些天象规律，就可以及时指导农业生产。

帝尧时代人们对自然现象极少认识，因而就崇拜神灵，迷信神鬼，表现出以敬天、信神、尊祖、保民的天人交感为特色的思想文化，这种思想文化必然兴起人们对天地的祭祀，定期或应急地祭祀天地山川，祈求天帝神灵赐福保佑。一般每年腊月合祭诸神，祝告上天神灵，保佑百姓平安，免生祸灾，保佑五谷丰登。古人认为万物本乎天，人本乎祖，崇拜祖先要和崇拜神灵一样，祭天常常要和祭祖相配。帝尧时代，我们祖先这种祭天地、祭神灵活动，实质上是一种带有迷信色彩的“天人合一”，也可以说是人与自然“和合”思想的原始表现形式。

（作者系临汾市委讲师团原副团长）

陶寺：华夏文明形成的关键词

石耀辉

中华文明的发祥地在哪里？长期以来，占统治地位的观点是：黄河流域是我国唯一一处古代文明发祥地，黄河流域是中华民族的摇篮。20世纪下半叶，随着考古发掘的不断进展，考古学家们又提出了中华文明多源论，即黄河流域文化区、长江流域文化区、珠江流域文化区、辽河流域文化区。这四大区域的文化各有其相对独立的发展序列，都可以追溯到距今四五千年以前，都为推进中国古文化起了特定的历史作用。但不可否认的是，中国的史前文化虽是多元的，但他们的发展并不平衡。在我国古人类迈向文明的历史进程中，只有中原黄河流域文化区，尤其是黄河中游和下游相交汇的晋、陕、豫一带地区，构成了华夏文明的起源的中心区域，并且率先大踏步地进入文明的门槛，成为华夏传统文明的“直根”。近年来陶寺遗址的发掘成果表明：这个直根就是陶寺文化。

陶寺遗址位于襄汾县城东北约7.5千米的崇山（俗称塔儿山）西麓，因靠近陶寺村南，所以叫陶寺遗址。遗址东西宽约2000米，南北长约1500米，总面积达300多万平方米，是一处重要的以龙山文化遗存为主的原始社会末期文化遗址，距今4300—4000年。遗址发现于20世纪50年代，1978—1984年进行第一次大规模发掘，即发现了大量的与传说中的尧、舜、禹时代相近，可资佐证的遗迹、遗物。从而确定了陶寺文化，1988年1月，国务院将陶寺遗址公布为全国重点文物保护单位。在

1999—2001 年的发掘中，发现了陶寺文化中期城址（约公元前 2100—前 2000 年），总面积约为 280 万平方米，确立了城址北、东、南三面城墙。2002—2003 年，国家科技部启动了“中华文明探源工程”项目，陶寺遗址作为重点聚落被纳入“聚落反映社会组织”的子课题中。在近几年的考古发掘中，在城址内东北部确立了陶寺文化早期城址（约公元前 2300 年—前 2100 年）发现了宫殿区、祭祀观象区。从而使陶寺文化的研究达到了一个新的里程碑。

一般情况下，人们是以文字、金属（铜器）、城市和礼仪祭祀中心等要素作为文明出现的标志。正如恩格斯所说：“国家是文明社会的概括。”意思是说，只有形成了国家，人类才真正进入了文明社会。那么，陶寺遗址发掘究竟有哪些成果呢？

陶寺城遗址　陶寺城址平面呈圆角长方形，总面积约 280 万平方米，它由早期小城、中期大城和中期小城三部分组成，呈现出一个大城套小城的格局。而且，小城里面还有宏伟的宫殿。宫殿核心建筑区出土了大块装饰戳印纹墙皮、蓝彩白灰墙皮、陶板瓦等普通居住区难得见到的器物，显示出居住者的等级是最高的。除宫殿外，从城址遗迹中，还可清楚地辨认出屋舍、祭坛、观象台，甚至还发现了具有仓储功能的仓储区和不同阶层的墓葬区。这说明在 4000 多年前，陶寺已有人能够调动很大的人力和物力来修筑这个城池，并且有足够的军事力量来保卫它。由此可以判定，当时已形成了国家，而气势宏大的陶寺城址就是其“王都”，也即帝尧建都地平阳之所在。

陶寺墓地　陶寺早期墓地位于陶寺遗址东南角，总面积 40000 余平方米，目前已发掘各类墓葬 1300 多座。从整体墓葬区的情况看，可分为大、中、小三种规格。从随葬品数量来看，大型墓葬随葬品十分丰富，数量一般在 100 件以上，最多的 187 件。中型墓葬品数量一般在 20 多件，小型墓葬一般没有随葬品。在发掘的 6 座大型墓葬中，不仅棺内撒满了朱砂，而且随葬品诸如彩绘陶龙盘、鼍鼓、特磬、土鼓、玉器、彩绘木器以及猪骨架等，品种齐全，花样繁多。6座墓的墓主全是男性，很可能是部落联盟首领（或称王者）。中型墓80多座，墓主人大多是年轻女性，其随葬品一般有20余件，以日用品和装饰品为主。墓主人都是年轻女性的中型墓葬，几乎毫无例外地分布在大型或者特大型墓葬的两侧，说明这些年轻女性的身份是墓主人的妻妾，大型墓主人在占领巨额社会财富的同时，也占有更多年轻的妻妾。由此可见，当时已形成了明确的妻妾陪葬制度。陶寺墓地呈金字塔形的严格等级制度、礼仪制度以及财富差距，也可以看出当时社会贫富分化、阶级对立十分明显。

观象台遗迹　观象台发掘于2003—2005年，是陶寺文化中发现的重要遗址之一。它位于陶寺中期大城东南的中期小城祭祀区内，形状为一座直径约50米的半圆形平台。台座顶部有一半圆形观测台，以观测点为圆心，由西向东，呈扇状辐射着13根柱子，从而形成12道缝隙。古人就这样利用两柱之间的缝隙来观测正东方向的塔儿山（崇山）日出，并依据日切崇山山脊的时刻来推测一年的二十个节气。研究人员专门用一年的时间进行了实地观测记录，得到了第一手有一定说服力的宝贵资料。更有天文学家认为，这个观象台除了观测太阳外，还能观测月亮和重要的恒星。天文学家们认为，陶寺观象台约建造于4100年前，比此前公认的世界最早的观象台——英国巨石阵约早500年。观象台遗迹的发现，证实了《尚书·尧典》上帝尧时期“历象日月星辰，敬授人时”的记载。

扁壶朱书文字　文字，是文化的最基本和最重要的元素符号，同时也是人类文明的原创性标志和初始记录。在陶寺遗址曾发现了一只残破的灰陶扁壶，在壶的腹部发现了两个用“毛笔”朱书的字符。一个形似甲骨文“文”字；与其对应的一端也有一个字，为上下结构，上为菱形的（◇），下部好似“冗”字的篆体。对于前者形似“文”字的字符，专家们没有争议，对后者有人认为是“易”字，但更多的学者认为是“尧”字。将其定义为“文尧”，表达了唐尧后人对尧的懿赞和尊称。因为《尚书·尧典》中说："曰若稽古，尧帝曰放勋。钦明文思安安，允恭克让，光被四表，格于上下。"可见，不论是"易文"（明文）还是"文尧"，都是对尧的文治武功和懿行嘉言的肯定与颂扬。更为重要的是，这两个朱书文字的存在和发现，将汉字的成熟期至少推进到4000年前，而在此前，人们能解读而且成为今天汉字祖源的甲骨文，距今不过3000多年。陶寺扁壶朱书文字的发现，将汉字的历史向前推进了一千年，这是探索中国古代文明起源的重大突破。

彩绘龙盘　在已发掘的陶寺遗址6座大墓中，有5座出土了龙盘。所谓"龙盘"，就是把一条龙绘制在陶盘中心。龙盘中最大的一件高8.8厘米，口径37厘米，底径15厘米。其盘口向外敞开，口沿斜折，盘中的龙，用红黑彩色绘制，身子卷曲，如C形，有双排鳞甲，口内衔着一羽毛状物，或说是麦穗。专家认为，龙盘应属部落联盟的盟徽，即龙族族徽。那么，龙族是谁呢？据《竹书纪年》载："帝尧陶唐氏，母曰庆都，生于斗维之野，常有黄云覆其上。及长，观于三河，常有龙随之。一旦，龙负图而至，其文要曰，'赤受天佑，眉八彩，须发长七尺二寸，而锐上丰下，足履翼宿'。既而阴风四合，赤龙感之，孕十四月而生尧于丹陵，其状如图，及长，身长十尺，有圣德，封于唐。"《汉碑·成阳灵台碑》也说："昔者，庆都兆舍穹精氏，姓曰伊，游观河滨，感赤龙，交始生尧，厥后，尧求祖统，庆都告以河龙。"由此可知，帝尧是赤龙或河龙所生，尧部落即是龙图腾的主人。陶寺文化中的彩绘蟠龙，应是中原文化龙族文化的先首。虽然早在6000年前，红山文化、大汶口文化等地就出现了龙，但那时的龙只是"吉祥物"，只有到了帝尧时即陶寺文化时期，龙才被作为集团象征的图腾提上了政治舞台，成为代表"国家"意志的"国徽"，进而成为民族精神凝聚的象征，才有了真正意义上的龙文化的肇始。

铜铃　在陶寺出土的器皿中，除了大量的陶器、石器、玉器、骨器外，还出土了一件精美的铜器——铜铃。这件合范铸造的铃形铜器，长

6.3 厘米，高 2.7 厘米，壁厚 0.3 厘米。经鉴定，为红铜铸造品，其化学成分为含铜量占 97.8%，含铅量占 1.54%，含锌量占 0.16%。铜铃是非常重要的发现，它不仅是一件最早的青铜器，在中国青铜文化史上占有重要的地位；从音乐史角度看，它还是迄今所见中国第一件金属乐器，标志着构成中国古代音乐文明重要内涵的“金石之声”时代的来临，具有划时代的意义。更为重要的是，铜器的出现确证陶寺文化已进入了文明社会，和扁壶上的文字具有同样的重要性，都是国家产生的标志。

总之，陶寺文化遗址由发掘墓葬、居住址，到发现城墙、宫殿、观象台等，种种惊世发现，为我们勾勒出一个古代文明国家的大致轮廓。大墓、小墓中殉葬品的不同，标志着社会差别已经产生，阶级分化已露端倪。等级鲜明的墓葬，丰富的礼仪用具，成熟的礼制，作为都城必备建筑的祭祀台、观象台以及雏形化的文字等迹象，都说明陶寺文化已具备了文明社会的一切要素，具备了原始国家的基本标志。

陶寺文化的主人到底是谁？根据以上考古成果，再综合史书记载与民间传说，专家们一致认为，极有可能就是陶唐氏帝尧部落。4000 多年前，在晋南这片广袤的大地上，唐尧部族在以尧为称号的几代杰出首领的率领下，德服四方，势不可挡，最终以强大的文武之道实现了中原部落的大联合，创建了“民无能名”的旷世勋绩。作为天下共主的帝尧，将都城定于自己的发祥之地平阳，并以此为基地，统一华夏诸族，推进社会文明，形成了“中国”的雏形，从而被后世誉为“民师帝范”“文明始祖”。

对于陶寺遗址发掘的重大意义，著名考古学家苏秉琦称“陶寺遗址的发现，为中国考古学增添了重要的一页”。苏秉琦先生认为，以玫瑰花图案彩陶为主要特征的仰韶文化庙底沟类型，与以龙鳞纹图案彩陶为主要特征的红山文化，这两个不同文化传统共同体的南北结合是花（华）与龙的结合。陶寺遗址所表现的南北文化综合体性质，突出晋南是“帝王所都曰中，故曰中国”的地位。他指出：“大致在距今4500年左右，最先进的历史舞台转移到了晋南。在中原、北方、河套地区文化以及东方、东南方古文化的交汇撞击之下，晋南兴起了陶寺文化。它不仅达到了红山文化后期社会更高一级阶段的‘方国’时代，而且确立了在当时诸方国中的中心地位，它相当古史上的尧舜时代，亦即先秦史籍中出现得最早的‘中国’，奠定了华夏的根基。”（《迎接中国考古学的新世纪》，《华人·龙的传人·中国人——考古寻根记》，辽宁大学出版社1994年版）苏先生还指出，晋南一带是中华文化总根系中一个最重要的直根系，“在中国文明起源的历程中，作为帝尧陶唐氏文化遗存的陶寺文化，构成一个伟大的历史丰碑。它是中国正式踏进文明社会的界碑石，也是中华民族的主体华夏民族集团正式形成并由此不断推进民族发展的奠基石。”（《中国文明起源》（香港）商务印书馆1997年版）“直根，就是主根，它表明晋南才是华夏族、华夏文明的直接源头。”

帝尧和他的那个时代已被湮没在历史长河中，但至今沿袭创制于尧的历法、礼制等许多有价值的东西，已经融入我们民族文化传统的血脉之中。如今，临汾城南的尧庙和城东北35千米的尧陵早已是海内外华人寻根祭祖的圣地。2006年，尧陵被国务院定为全国重点文物保护单位，尧庙—华门也被国家旅游局评为特级景区。2007年，“中国·首届尧文化高层论坛”在临汾举行。2008年，尧陵修复工程竣工，并对游人开放。2012年9月，中国帝尧礼乐文化节在襄汾举办。2015年4月，临汾帝尧古都文化旅游节暨尧文化研讨会在临汾举行。帝尧文化作为临汾区域文化的核心文化，正在为文化强市建设发挥着越来越重要的作用。

（作者系临汾市委党校副教授）

陶寺尧都寻梦——发现中国

王燕

襄汾，陶寺——一片“隐姓埋名”几千年的神秘土地。

它是我们的祖先帝尧五千年前开辟中国的古老城郭。

由几代考古工作者接力的陶寺古城址发掘，列入国家重点科研项目“中华文明探源工程”，令世界瞩目。

因为，它再现了帝尧的伟大国都。

再现了五千年前中国起源的文明史！

陶寺　发现最早的“国徽”

时空上那么的遥远，

地域上那么的亲近。

夏至时节，我们沿着乡间小路去拜谒这片在广袤麦田中苏醒的圣地。

我们穿越时空隧道，随着圭尺的丈量走近这遥远的故国。

襄汾，县城东北的陶寺乡陶寺村南，20世纪50年代，考古调查发现这里是一处龙山时期的大型遗址；70—80年代的发掘显露了千余古墓葬，一批精美文物震惊海内外。最令人瞩目的就是著名的龙盘——这条色彩斑斓的盘龙披着双排鳞甲，用尖牙利齿衔咬着一枝嘉禾。

这，是中华民族最早的龙图腾。

专家们认为，这当是其时尧的国家的国徽。

《竹书纪年》载：“帝尧陶唐氏，母曰庆都，赤龙威之，孕十四月而生尧于丹陵”。《太平御览》等古籍也有相似记叙。帝尧乃“真龙天子”也，于是，龙便成为尧的国家最为尊崇的象征，“龙的传人”便自那时起成为国人的自豪。

中国龙的形象千姿百态，它从陶寺龙盘中衍化而生，“头上长角”，“腹下生足”，无翅而翔，驾雾腾云，在神州大地上驰骋，成为吉祥的图腾。

著名历史学家翦伯赞先生在《中外历史年表》中推定：那个属于尧的年代，为公元前 2997 年，正是中华民族上下五千年的开端。

其实，陶寺的土地过于厚重，在它的地下埋藏着用扬子鳄皮作鼓面的鼍鼓，在它周围的大地下曾出土过古象的长牙剑齿。在这里，是否曾经演绎过西双版纳热带雨林的故事？沧海桑田，尧之前的历史还有着诸多并非虚幻的文明。是八千年还是一万年？未知的考古会给我们更多的期盼与惊喜。

著名考古学家苏秉琦自 1979 年以来，两次赴陶寺遗址考察，早在 1985 年，他就富有远见地预言：“陶寺遗址的发现，为中国考古学增添了重要的一页。尽管暂时还没有挖到城，还没有发现城墙或大型夯土建筑基础，我仍然认为，这里就是一处古城。道理很简单：一般的村落遗址不会有那样的墓群，达不到那样高的水平。”

振聋发聩！

到了 90 年代末期及至新世纪的开端，何驽先生与中国社会科学院考古所山西队的专家们，发掘出了陶寺文化中期的城址，这是一座广阔到 280 万平方米的史前最大的城市。深入下去，陶寺文化早期的小城也重见天日，这是一座面积 56 万平方米略小于故宫的古城。

石破天惊！

何驽的发掘神奇地验证了苏秉琦的英明预见！

在考古的放大镜下，历史倒退四五千年，我们仿佛能看到那一片宏伟的宫殿，那一排高大的立柱，甚至能看到那斑驳的墙皮上蓝彩的刻花，那莫非是我们当今装潢墙纸最早的范本？

我们还在灰烬中挑出了稻米，拾起了红色的衣裙，曾几何时，人们还在为现代影视中的尧穿什么而争执，殊不知，尧的臣民们早已不是吃野果裹兽皮的年代。

在考古者的心目中，那土壤中每一片碎石都是不容忽视的珍宝，每一件器皿都是镌满历史年轮的光盘。那是一块似乎毫不起眼的陶壶的残片，但轻轻拂去上面的浮尘，露出了朱红色的字符，让我们惊讶，让我们悸动。

那可是仓颉的墨宝？

专家们考证，那字颜色鲜明，笔画清晰，就是用饱满而柔软的毛笔书写；尧的文化竟如此发达！既然有了笔，其时便应有专职的书记官；既然有了书记官，也就有了记事的典籍。

我们不知道，那些典籍是否被毁于其后秦王朝的“焚书坑儒”中？但我觉得这古陶上的字一定是千篇万牍之一。有了文字也就有了历史！

中华民族的文明起点，就此前移多个世纪。历史，就此当重新改写！

顺着考古学家的指点，我们依稀辨认出，那是一个“尧”字。这就是对陶寺文化神秘密码的惊人破译！

这里，无疑是尧的领地！

陶寺　发现最早的国权

观天象，是古代帝王朝政的一大要务。玄妙的天文，是启迪一个民族的智慧之门。

国人观天，

始自于尧。

天坛的前身在临汾在陶寺。

陶寺观象台的贡献，在于它确立了中国天文学在上古时期就领先于世界的地位。因为，陶寺观象台要比英国巨石阵还早五百年！

你可能探访过京都的十三陵，你可能观赏过秦始皇的兵马俑，但你未必见过4000多年前深睡在历史尘埃中的王陵。让我们揭开陶寺古墓中那幅大红的棺罩，叩问那远古的幽灵。

这是用一棵大树凿挖出的船形棺椁，长2.7米，宽1.2米，整个壁板厚达一尺，棺内玉石嵌片依然闪亮如新。棺木内外涂满红彩，墓室内彩陶、玉石漆木器具、彩色草编工艺品精美绝伦。你看那墓葬头端上悬挂着一具公猪的下颌，让我想起某些人家时下以牛头为耀的装饰。令人惊叹的是公猪下颌两侧，各有三把彩绘木柄的玉斧，甚是神气威严！再看那墓室西侧10头雄猪整齐侍奉，由于那时的猪还是一种并未广泛驯养的动物而颇为奢侈。

“唯玉而葬”是古代高层少数人享有的特权，玉璧、玉佩、玉琮、玉钺及一件件高贵的礼器，非同寻常地告诉我们，这不是寻常百姓家的玩具，而庙堂之上的陈设，是权力的象征。《周礼》记载，“凡建邦国，以土圭土其地而制其域。”墓室东南角竖立的圭尺尽显墓主人的王者身份。西周以前圭尺称“中”，既是测量日影的标杆，又是体现王者中心地位的权杖，即至高无上的国杖。

我们可以想见，尧王将这柄圭尺授予羲和，命他们观天象，订历法，授农时。

于是，羲和秉圣旨几番勘察，选中一块宝地，垒土成台。繁体的尧字是“堯”，就是垒土而成呀！在这座尧台之上，羲和面对着“唐山”（塔儿山）建立了观天象祭上苍的天坛，于是便有了农耕指南的二十个节令。

在自然科学中，天文是诞生最早的带头学科。上古先民观察天象，用日月星辰测定方向，辨识季节，劳作生息。曾旅居曲沃的明代大师顾炎武在《日知录》中赞叹，“三代以上，人人皆知天文！”三代指夏商周，其以上，当然是尧天舜日之时了。

这就让我们想起来那时的《击壤歌》：“日出而作，日入而息”。

顾炎武怀念说：“人人皆知”是：“七月流火”农夫之辞也，“三星在户”妇人之语也，“月离于毕”戍卒之作也，“龙尾伏辰”儿童之谣也。

他还感叹到：后世文人学者，有问之茫然不知者矣！

的确，对那些天象，我们或许并不比先人更关切，每日看看天气预报足矣。

遥想当年，日出日落，月蚀月圆。天行健，君子当自强不息。于是，尧的部落，龙的子孙，发愤图强，屹立在了世界民族之林！

许慎在《说文解字》中，将尧字释为：“高也，从‘垚’在‘兀’上，高远也。”

垒土成尧，土高为陵。

尧陵，不正如此吗！

数千年后，何驽和他的同事们在早已被历史的尘埃淹没的土地上苦苦寻觅，精密地测量，反复地推敲，在失败的懊恼与成功喜悦的交织中，他们终于找到了一个神秘的点，插下一个寄予期待的标杆。然后，一层层地开挖下去，竟然发现，我们的点与4000多年前老祖宗留下的观测点几近重合，只差之一寸丁点！

这个点，就是尧之中国的“中”！

历史，就这样准确无误地告诉我们，这就是当年陶寺观象台的圆心！

在观象台遗址，一块刻了圆环的石刻埋在中央。这，就是中国最早的天坛雏形。让我们想起故宫紫禁城中的日晷天坛的圜丘。

“坐地日行八万里，巡天遥看一千河。”

这实在应该算作中国的第五大发明！

我看到过何驽站在圆心上伸手测量远方的照片，忽然想起羿射九日的故事。

何驽，是尧给了你那张弓弩吗？

何驽信心满满地拉满了这张弩。

历史在这里还原，他站在这个历史的原点上，通过复原4000多年前观测的墙柱，他看到了，看到了从春分到冬至的曙光，看到了四五千年来在同一个位置升起的太阳！

啊！陶寺，是你开启了人类走向太空的先河！

神舟由此飞天！

陶寺　发现最早的国都

文明的国家，是振兴一个民族的希望之本。

城市的陶寺承载了国家所有的文明。

陶寺的文明将从夏商周开始的历史往前推进了上千年。

这一片年年耕作岁岁轮回的麦地覆盖了旷世的奥秘。

迄今为止，陶寺是我国考古所发现的最完全具备城市要素的古城。它的宫殿，它的王陵，它的手工业区，它的粮仓，它的祭祀区，它的城墙等等共同支撑起先秦最辉煌的都城。它高度发达的文化，它高度集中的体制，为我们树立了最早的都市范本。尧的贤达开明成为我们民族美德的模范。传承尧文化当然有益于和谐社会和精神文明。

尧乃陶唐氏，

何为陶唐呢？

有史曰，尧初居陶，后徙唐。

尧所主宰的地方是陶寺，乃宫廷、官府。陶寺者，尧之宫殿也。

且，陶寺有陶曰陶瓷，陶寺有山曰唐山。

是为陶唐也。

陶寺自古就是中国的象征，英文中“china”既是中国的名字，也是陶瓷的同义。全中国的饭碗至今都还是尧传下来的“陶瓷”。唐山（即今塔儿山）下建起的城市的街道延伸到了国外，就叫唐人街！

恍惚间，我们叩开厚重的城门，穿越时空，行走在这座古城的街巷中。贵族区的高大豪宅，平民区的矮小陋室，都在各自的社区中鳞次栉比。宫殿旁那是铸铜的作坊，在王亲贵族的监视下，工人们还在打制着精美的铜器；而在另一边的作坊中，工匠们还在雕琢着新石器时代的年轮。城中那高大的粮仓中屯藏着足够的食粮，粮仓外狭小的岗亭中，似乎还站立着守卫的兵卒。奢华的墓园下，陪葬的大批礼器、乐器似乎仍在铿锵作响。远处城墙下那座观星揽月看牛郎织女牵手的神秘天坛，在朦朦胧胧中显示出巍峨的身影……所有作为城市应有的一应俱全！所有作为国家应有的无所不包。那宏伟的城墙所环抱的就是一座辉煌的王城！

这，就是尧的国都。

中国社会科学院考古研究所所长王巍感叹，“陶寺遗址的考古发现足以‘改写历史’。以往考古界认为，中华文明形成于河南偃师二里头时期，距今3700年。陶寺遗址考古发现至少将文明时代形成的起点向前推进了500年。”

该遗址项目领队、来自中国社会科学院考古研究所的何驽斩钉截铁地表示“这里就是最早的中国”！

著名的考古权威苏秉琦先生在《中国文明起源新探》中一言九鼎：“晋南是帝王所都，曰中，故曰中国”。

尧，在此协和万邦，划定九州。

陶寺，正是帝尧之早期中国之首都！

陶寺 发现最早的国乐

“汾河湾旁磬和鼓，夏商周及晋文公。”

苏秉琦先生站在汾河湾吟诵，他聆听着磬和鼓的金石之声。他沉醉在这美妙的音乐之中，他赞叹道：“特磬同鼍鼓是配套的，演奏时可以和声。不能视同一般的乐器，这是陈于庙堂之上的高级乐器，庄严的礼器。普通的村庄，怎么能有这样的重器？鼍鼓、特磬的出现，突出地表明了陶寺遗址的规格和水平。它所反映的社会发展水平是国内其他同时期遗址所难于比拟的。是社会发展到较高阶段，文化发展到较高水平的产物。”

在陶寺墓地中沉睡着那个时代的乐器，土鼓、鼍鼓、特磬，还有中国历史上迄今所见的第一件金属乐器铜铃。它们曾经响彻这片古老的大地；我们或曾看到，陶唐乐舞，美轮美奂，一出出永不谢幕的山水实景大戏《印象——帝尧颂》在此上演。

磬和鼓是当时最高档的乐器，磬和鼓的组合不是一般民乐器，而是相当于当今的“三军仪仗队”，尧舜时代万邦林立，各邦朝贺“之中国”，觐见王者。于是，土鼓、鼍鼓齐响，特磬、铜铃共鸣，奏响最美妙的金石之声。于是，最早的国乐在此生成，余音绕梁到而今。

从朗朗上口的《击壤歌》到气势恢宏的《大章》，从吟诵万物知春、和风淡荡之意的《阳春》到颂扬凛然清洁、雪竹琳琅之音的《白雪》，从曲调高亢的蒲剧到动人心弦摄人魂魄的《黄河大合唱》……都诞生在这古老的尧都平阳。

望着远处塔儿山连绵的身影，将耳朵贴紧在观象台柱子上倾听，我们仿佛听到了威风锣鼓的震耳欲聋，仿佛看到了簇拥着帝尧巡游的车鼓凛凛威风。帝尧留给我们礼乐，帝尧留给我们激情，此之后，无论城乡，无论朝野，但凡隆重场合，都少不了礼乐的唱和，少不了锣鼓的轰动，传九州而声赫赫，历五千载而音袅袅。生生不息，长鸣不衰，至今更是威风八面，打进亚运会，敲进北京城，震撼世博会，响彻香江畔。

作为中国锣鼓之乡、礼乐发源地尧都陶寺的襄汾，礼仪之邦，正宗礼乐源远流长，更是黄钟大吕的铿锵入云。

这，是陶寺尧之中国的千古绝唱！

陶寺 发现最早的“国殇”

正如恩格斯所指出：“在新的设防城市的周围屹立着高峻的城墙并非无敌，它们的壕沟深陷为氏族制度的墓穴，而它们的城楼已经耸入文明时代了。”

陶寺古城就是这个耸入文明时代的国家之城。

当然，在它“深陷的壕沟”中也同样有着体现着等级与身份尊卑的“氏族制度的墓穴”。

通过一层层质地不同土壤的解剖，陶寺遗址早期小城之上之中期大城之上晚期城池的层层叠加告诉我们，陶寺古城经历过建筑、摧毁、再建设、再推翻，以至一次又一次的建筑过程，这就是一个历史不断演进的过程。

前期墓主人身上的铜铃为什么会系在后期墓主的腰间？奥秘在于那些后继者当参与了对前辈的征伐与盗陵，那些青铜的战利品居然在地狱中进行了神秘的“传承”！

是一次次的革命与暴力，使这座古城在一次次的倾覆中涅槃重生。

那政权的更迭是否也将帝尧卷入其中？

或许，晚年的尧“浑浑噩噩”。

忽一日，城外杀声四起，山摇地动，舜带领造反的臣民攻入殿来。于是，随着扒城墙、毁宫殿、捣王陵的暴动，尧“束手就擒”。

我不愿这样以为。因为，我们一直所接受的是尧舜禹的禅让与开明。

然而，另一种声音让我们迷惑。

荀子说："尧舜禅让，是虚言也，是浅者之传，陋者之说。"韩非子则说是"舜逼尧，禹逼舜"。《古本竹书纪年》则记载"昔尧德衰，为舜所囚，舜放尧于平阳"。

查《辞海》中有关尧舜禹的词条，有如下解释："尧……咨询四岳，推选舜为其继承人，对舜进行五年考核后，命舜摄位行政，他死后，即由舜继位。一说尧到了晚年，德衰为舜所囚，其位也为舜所夺"。两种观点兼容。

关于舜，亦有"选拔禹为继承人"，以及"舜被禹放逐死在南方苍梧"的记录。

孰真孰假？

我从来都认为尧舜禹是伟大的人物，尧晚年即便"德衰"，也掩盖不了其一生的光辉，他缔造了最早的中国，开创了最早的文明！但遗憾的是圣人也不能长生不老，政权的更迭既不可避免，于历史而言也总是一种进步。

国家与阶级相伴而生，政权的维护与颠覆既有文明也有血腥。陶寺古城是数多朝代的建树，有着尧、舜、禹的功劳，也是无数劳动者智慧与血汗的结晶，或许还有尧舜禹之前的祖先们的奠定。

在那厚重的尘埃下，在那凄凉的废墟中，既埋藏了几多故事，也埋藏了许多灵魂。

剥开陶寺深深的陈土层，让人震惊的是，竟然罗列了厚达六层的头盖骨，这些不朽的头骨上留下了被钝器击打或砍斫的印痕。所谓"打入十八层地狱"之说看来在此能找到最充分的佐证。这些被杀戮的古人不知是否是这种政权更迭的牺牲品，或者说是国家机器的产品。

据《唐汉解字》言，甲骨文的尧字是一个会意字：下面是一个跪着的人形，上面乃两个土疙瘩，中间一长横，以简洁的图案会意，表示将活人用土埋掉。小篆的尧字，上面成为三个土，下面则演变为一个兀，表示无头之人，亦是把一个人全身都埋掉之意。

尧的构形源自将人活埋，其词意上有“围绕，堆积，自上倾覆”等意。

在陶寺，在尧的故城，似乎能找到这个字的注脚。

一位伟人说过：革命，不是请客吃饭，不是作文章，不是绘画绣花，不能那样雅致，那样从容不迫文质彬彬，那样温良恭俭让。革命是暴动，是一个阶级推翻一个阶级的暴力行动。

由此而生，一个新的世界。

由此而生，一个新的文明。

上海，世博会。山西馆的主题片影像演绎中，陶寺作为三晋古城之首，展示于全世界，拔地而起的观象台立柱间透露出奇异的霞光。

啊！

这是远古文明的曙光！

这是陶寺国家的曙光！

这是人类进步的曙光！

光芒万丈。

（作者系《临汾日报》高级编辑、《尧文化》执行主编）

浅论尧的德廉思想对治国理政的启示

宋冬梅

帝尧，姓伊祁，名放勋，生活于古冀州之中心地域平阳，即今山西省临汾市一带。传说他先后被封为陶侯和唐侯，古时人们以地为氏，所以他又被称为陶唐氏。那时，自然环境恶劣，“十日并出”，万国争雄。尧率先担当大任，团结亲族，联合友邦，征讨四夷，统一了华夏民族，被推举为部落方国联盟首领，建都平阳。尧作为上古时期杰出的部落首领，治世功业卓著，推进了人类文明的发展，被列于人们追述的三皇五帝之一，得到世世代代华夏子孙的尊崇和敬仰，被尊为“文明始祖”，“民师帝范”。孔子称赞：“唯天为大，唯尧则之。”司马迁称赞：“其仁如天，其知如神，就之如日，望之如云。”

一 “克明俊德”的德治思想

《尚书·尧典》是了解尧的基本文献，记录了尧的治世之道。宋代程颐认为，“治道”之成始于尧，“其根本即在于尧之治理本于客观法度，由此形成的典常法则足以垂宪后世。要而言之，本于‘义理’所安以为治，明用俊德之人乃为治之先，治理的目的在于‘正家’，分官设职，明确政治责任，选贤与能。它们勾勒出了华夏治理之道的基本规模”[1]。

《尚书·尧典》载："曰若稽古，帝尧曰放勋。钦明文思安安，允恭克让，光被四表，格于上下。克明俊德，以亲九族。九族既睦，平章百姓。百姓昭明，协和万邦。黎民于变时雍。"《尧典》的这段内容首先介绍了尧及其道德，其次介绍了他九族和睦—平章百姓—协和万邦—于变时雍的治世蓝图。社会主体的"黎民"能够"于变时雍"是最终的落脚点，体现了最古老的"民本"思想。

关于尧之德，郑玄注《尧典》云："若，顺。稽，考也。能顺考古道而行之者帝尧。"这是说，道在于行，而能行道者，帝尧。克，能；光，充；格，至。总体来说，"钦明文思"为尧之四德。"安安"，意为"安天下之当安者"。郑玄解释四德为，敬事节用谓之钦，照临四方谓之明，经纬天地谓之文，虑深通敏谓之思。四德，在身为德，施之曰行。行，是四德的发用流行；发用流行，才能"允恭克让，光被四表，格于上下"。实际上，尧既有四德，又信恭能让，故其名闻充溢于四外，至于天地。天道呈现为尧之四德，四德呈现在尧之视听言动；天道在视听言动中显现，则遍及天下。尧的治世蓝图"克明俊德，以亲九族……黎民于变时雍"，是说尧以"俊德"治世，天道由近及远，层层推广，从而建立起上下和合的太平盛世。

在德治观念下，尧致力于保障老百姓的生存和安宁，于是，采取了一系列利天下而福泽万民的措施。首先，他非常重视发展农业，"敬授民时"，组织人员观测天象和气候，根据规律制定历法，用来帮助民众按照时令节气进行农业生产；曾经举用后稷"播时百谷"，以解"黎民始饥"。其次，鼓励开凿水井，发展灌溉，推动农业进步。再次，解决当时自然灾害中的洪水滔天、下民忧惧的严重问题，先后任用共工和鲧，下很大气力治水。最后，平定三苗作乱，等等。尧重视解决人民生活的实际问题，时时处处为了百姓的幸福而着想，经过努力，老百姓过上了在当时条件下的幸福生活。《吕氏春秋·长利》载："伯成子高（对禹）曰：当尧之时，未赏而民勤，未罚而民畏，民不知怨，不在说，愉愉其如赤子。”他为政以德，心系百姓，公正无私，爱民尚贤。《淮南子》记载：“尧立孝慈仁爱，使民如子弟。西教沃民，东至黑齿，北抚幽都，南道交趾。”在尧管辖范围内，从东到西，从南到北，他对老百姓都是像对待自己的亲人一样，给予无微不至的关爱。直到晚年，尧还说：“终不以天下之病而利一人。”[2]尧终生的作为就是为了利天下，而福泽万民。有了尧的善政，老百姓才有无忧无惧、其乐融融的生活。

二　“尧戒”的廉洁思想

帝尧关爱百姓，更注重加强自身修养。他以身作则，生活简朴，温和谦让，克己奉公。这与儒家推崇的“修身、齐家、治国、平天下”的内圣外王思想是相通的。他身体力行，勤俭治国，衣食住行如同常人，不见特殊；老百姓都非常敬重他，待他就像对待自己的父母一样。

尧治世有功，却常常谨慎终日。《淮南子·人间训》记有“尧戒”曰：“颤颤栗栗，日谨一日，人莫踬于山，而踬于垤。”意思是说，做人要戒惧谨慎，一天比一天谨慎。人很少在高山峻岭上摔倒，但却常常在小土丘上跌跤。尧常常以此警诫自己，表明了他为人君的思想品质，以德立身与为人处世的态度。“颤颤栗栗”是说，他身为首领，深知责任重大，身在其位，处处谨慎，如履薄冰，唯恐辜负为君的重任与民众对他的期望。他对臣民谦逊有礼，甘做效劳臣民的盟主，真诚表明了对待民众的态度。尧帝不但自己谦恭待民，而且还从封陶唐侯那天起，就鄙弃当时部落酋长中存在的骄奢淫逸和欺诈民众的不良作风，为此深受人们拥戴。“日谨一日”，表明他做事表里如一，言行一致，并能保持时不待我的勤奋作风。他在位七十年，治陶、治唐、政绩卓著，人们口碑相传。

当前，我们党和国家正在进行的反腐倡廉工作，值得以帝尧为典范，汲取“尧戒”中的智慧。为官者每天都要省察克己，不要轻视小事；能把小事做好，才能做成大事。人生从细节臻于完美，当从点滴和小事抓起。随时保持清醒的头脑，做到律人先律己。首先，要“慎独”。大千世界，五彩缤纷，对人的诱惑无处不在，为官一任，首先要做到不论有无他人监督都一个样，始终保持洁身自好。其次，要“慎微”。生活、工作中的小错往往能导致大祸，像“小洞不补，大洞吃苦”“千里之堤，溃于蚁穴”“万事必作于细”“小节不小”“细节不细”等出现的问题，比比皆是。还有俗话讲的“小时偷针，大时偷牛”的故事，足以能够引起我们深思。很多贪污腐败的人都是从收取小恩小惠开始起步，最终走向了罪恶的深渊。再次，要“慎权”，权力是一把双刃剑，可以成全一个人，也可以毁灭一个人。那些信奉“有权不用，过期作废”，“以权谋私”的人，到头来都会为自己的贪欲付出沉重的代价。

三 “纳谏”“禅让”的民主思想

帝尧施政时，为了让人们能及时批评朝政和揭发不守规矩的人，在百姓出入的四达之衢设置“进善旌”“敢谏鼓”“诽谤木”等，其目的是让百姓敢于说话，议论朝政，敢于提出自己的合理意见和建议，即使说错也赦免无罪，这是古朴的民主思想和行为。毛泽东主席曾说过：“让人讲话，天塌不下来，自己也不会垮台。”这是有道理的。这样做，百姓可以畅所欲言，政策可以上下通达，政通才能人和。现今，“谤木”已演变为天安门前的华表。

另外，尧施政的民主思想还体现在选贤任能上。《墨子·尚贤》记载：“尧举舜于服泽之阳，授之政，天下平。”尧在位时举荐舜作为继承人，那时不存在父死子继的世袭制，而是选择贤能之人作为接班人。这种“禅让”，反映了原始公社的民主选举制度。禅让的方式是公平、民主地推选，而不是个人权力的转移。体现了原始的任人唯贤、公平正义的朴素民主思想。“禅让”有利于部落联盟的团结，协调社会生产，促进社会稳定，推动文明的社会形态进程。文明社会形态如《论语》载："子曰：大哉尧之为君也！巍巍乎，唯天为大，唯尧则之。荡荡乎，民无能名焉。巍巍乎其有成功也，焕乎其有文章！"[3]

帝尧功绩卓著，天下为公，实行禅让；选贤任能，治国安邦；治理水患，解厄济民；铲除六害，天下太平；教民稼穑，丰衣足食；礼仪为本，政纲彰明。尧之功德，在《史记·五帝本纪》中称赞为："其仁如天，其知如神。就之如日，望之如云。富而不骄，贵而不舒。"尧之德智，源远流长，如孟子曰："源泉混混，不舍昼夜，盈科而后进，放乎四海。有本者如是，是之取尔。"[4]

尧舜时代，处于原始社会崩溃、阶级社会私有制形成的初期。在这历史大转折时期，尧能顺应潮流，集帝王之权、谦卑的功德与爱惜民力的大智慧于一体，推动了社会进步。尧是圣明的首领，时代的典范。后人常用"尧天舜日"比喻理想中的太平盛世。儒家把帝尧作为师表，孔子接续其学说，称为"祖述尧舜，宪章文武""言必称尧舜""尧趋舜步"。至宋明理学时期，儒学大倡也尊尧为精神支柱。

四　当今时代对德廉思想的继承与发展

德廉思想，是我们民族优秀传统文化的重要组成部分。中国共产党执政以来，以毛泽东、邓小平、江泽民、胡锦涛、习近平同志为核心的党的领导集体，从巩固党的执政地位、维护社会稳定发展以及实现全心全意为人民服务的根本宗旨出发，根据社会和时代发展的变化与要求，在充分吸收借鉴古今中外一切优秀廉政文化成果，深刻总结我们党长期以来反腐倡廉经验的基础上，创立和发展了一系列廉政建设理论，赋予了廉政文化以崭新的内容，形成了社会主义廉政文化体系。这一文化体系主要体现在党和国家反腐败体制的机制创新和制度保障上。从而不断强化纪律建设，纠正不良之风；强化对领导干部的监督管理，坚持正面教育；强化转变职能方式，抓实工作作风；强化用铁的纪律打造纪检、监察队伍等各方面。这一体系涵盖四个基本范畴，一是重树廉洁从政的思想道德要求，它作用于执政者的内心修养，在于形成廉洁从政的思想和文化动力；二是在全社会营造良好的廉洁从政的文化氛围，形成以廉为荣、以贪为耻的社会风尚，用健康向上、追求清廉的文化充实人们的精神世界；三是普及各职业阶层的从业人员恪守职业道德、爱岗敬业、廉洁自律、奉公守法的行业文化；四是普及广大人民群众追求公平正义、安定有序、诚信友爱的文化道德教育。这是我们党立党为公、执政为民的执政理念在文化形态上的反映，是党的执政实践的进步和提升，是建设社会主义先进文化的重要内容之一。

当今，以习近平为总书记的新一届领导集体成立以来，从社会发展的实际需要出发，更加重视党风廉政建设，不断提升党的廉政建设理论水平和实际应用能力。2013 年 1 月，习近平总书记在十八届中央纪委二次全会上指出："坚定不移惩治腐败，是我们党有力量的表现，也是全党同志和广大群众的共同愿望……要继续全面加强惩治和预防腐败体系建设。要加强反腐倡廉教育和廉政文化建设，督促领导干部坚定理想信念，保持共产党人的高尚品格和廉洁操守，提高拒腐防变能力，在全社会培育清正廉洁的价值理念，使清风正气得到弘扬。"[5] 新一届领导集体所阐述的党风廉政建设问题，是廉政文化理论的新发展、新探索。它作为社会主义先进文化的一部分，是一个开放的文化体系，具有与时俱进的文化特征。它善于吸收人类文明的一切成果，包括我国历史上的廉政文化资源以及其他国家执政党廉政文化建设的优秀成果，这一体系在不断创新、不断丰富中，始终保持着发展的先进性。

当今的德廉文化建设，一直坚持社会主义先进文化的根本要求，坚持文化创新的重要方向，是社会主义先进文化理论在廉政建设领域的运用和发展。社会主义先进文化，是一个丰富、完备、充满活力的思想和知识体系，渗透到物质文明、政治文明、精神文明各个领域，作用于党的各项工作的各个环节。廉政文化建设的精神实质，是引导全党全国牢固树立中国特色的社会主义理想，牢记“全心全意为人民服务”的宗旨，树立正确的世界观、人生观、价值观，增强立党为公、执政为民的自觉意识，不断提高执政能力和执政水平，增强拒腐防变和抵御风险的能力，它既是社会主义先进文化在廉政建设方面的集中反映，也是社会主义先进文化的重要组成部分，是社会主义先进文化的本质要求和服务方向的体现。

党的十八大提出了“富强、民主、文明、和谐、自由、平等、公正、法制、爱国、敬业、诚信、友善”的社会主义核心价值观。这是全党全国人民上下同心实现中国梦的直接精神动力，是与时代发展紧密相连的推动力。社会主义核心价值观，是我们党以马克思主义为指导、以实现中国特色社会主义共同理想为目标的真知灼见。是时代的强音，是以爱国主义为核心的民族精神的体现，是社会主义核心价值体系的核心体现。与社会主义核心价值观紧密相连的廉政文化建设的核心价值观，是务实、为民、清廉。务实，就是认真研究中国特色社会主义建设中执政党廉洁从政的规律，坚持立党为公，开拓进取，勤奋工作，务求工作实效。为民，就是把广大人民群众的利益视为最高利益，一切想着群众，一切为了群众，一切方便群众。清廉，就是要保持我们党艰苦奋斗的优良传统，保持共产党员的优秀品德和高尚情操，廉洁奉公，廉洁从政，勤政为民。这一价值观，顺应了时代发展要求，反映了广大人民群众的意愿，代表着社会主义先进文化的本质要求和服务方向，反映着新时代的社会主义核心价值观的要求。

注释

［1］任文利：《推原治道——程伊川〈尧典〉解引义》，《政治思想史》2014 年第 2 期。

［2］《史记·五帝本纪》。

［3］《论语·泰伯》。

［4］《孟子·离娄下》。

［5］习近平：《依纪依法严惩腐败，着力解决群众反映强烈的突出问题》，中共中央文献研究室编《十八大以来重要文献选编》，中央文献出版社 2014 年版，第 135 页。

（作者单位：山东孔子研究院）

略论最早"中国"在陶寺

张建华

地处晋南的襄汾陶寺遗址，是从时空上考古探索中国文明核心形成、最初中国诞生的重要节点。从 1978 年至今，先后近 40 年的考古发掘与研究，陶寺遗址取得了令世人震惊的考古成果。专家论证，这里是"最早"中国。

一　什么是中国?

"中国"一词至迟出现在西周初年，目前所见到的最早的证据，是 1963 年在陕西鸡贾村出土的青铜器何尊（"尊"为古代的酒器，用青铜制成）上的铭文。铭文写道："惟武王既克大邑商，则迁告于上天曰：'余其宅兹中国，自之辟民。'"意思是：周武王在攻克了商的王都以后，就举行了一个庄严的仪式报告上天："我已经据有中国，自己统治了这些百姓。"铭文的前面还提到"惟王初迁，宅于成周，复禀武王礼"，可见是周成王时的记录。在金文铭文中，"国"写作"戈"加"口"，即"或"字。其中戈是声符，也兼有执戈守城之意，口表示城邑。"中国"一词最早出现于东周时期成书的《尚书》和《诗经》等书中。《尚书·梓材》是周公教育他的弟弟康叔如何治理殷商古地的训告之词。其中"皇天既付中国民越厥疆土于先王"意即"皇天将中国的土地与人民交给周的先王治理”。这里的“中国”应指关中至河洛一带的中原地区。而《诗经·大雅·民劳》“惠此中国，以绥四方……惠此京师，邑绥四国”（惠及中国的百姓，以安抚中国四方的人民）的“中国”则与“京师”同义。殷墟甲骨文中也有“中商”“大邑商”“天邑商”等带有文化本位色彩的、对本朝王都的自称，其含义应与西周时代的“中国”相当。在古代中国，“国”字的含义是“城”或“邦”。从字形上可以看出，一个邦国是以都城为中心而与四域的农村结合在一起的，它又是以都城的存在为标志的。“中国”即“中央之城”或“中央之邦”。

“中国”一词出现后，仅在古代中国就衍生出多种含义。说主要有三种：一是指帝王所在的国都和其直接统治的国家；二是指中原地区；三是指古代华夏民族居住的地区或建立的国家。如《论语集解》：“诸夏，中国也”。在汉人心目中，其直接统治地区是为中国本土，其周围四夷均为臣属之地，所谓“天子有道，守在四夷”。中国是居天地之中者曰中国，四夷是居天地之偏者。汉代始建蛮夷邸，南北朝建“四夷馆”。明朝四夷馆，内分八馆，曰鞑靼、女真、西番、西天、回回、百夷、高昌、缅甸。

二　“中国”概念形成于何时?

周成王营建洛邑确实是实现了周文王留下的“寻中”伟大遗愿，可见，中国概念在西周时期明确与地中有关。然而，“中国”的概念绝不止起于西周，可能出现更早。

在我国古代文献中，记载尧三年之丧毕，“夫而后之中国践天子位焉，是为帝舜”。南宋郑樵编撰的《通志》：“伏羲但称氏，神农始称帝，尧舜始称国。”说明尧舜时期已经有了“国”的概念。《淮南子·坠形篇》云：“正中冀州为中土。”为什么叫“中土”呢？书中的解释是：“冀，大也，四方之主，故曰中土。”或者说冀州之地“当天下之中”，为“天下之中州”，所以叫“中土”。《正义》曰：“冀州者，天下之中州，唐、虞、夏、殷皆都焉。”罗泌的《路史》称：“中国总谓之冀州。”顾炎武《日知录》中也说：“古之天子常居冀州，后人因以冀州为中国之号。”说明在尧舜时期，“中国”概念的地理方位是指“冀州”。

学者苏秉琦在《中国文明起源新探》中论述：“夏以前的尧舜禹，活动中心在晋南一带，‘中国’一词的出现也正在此时，尧舜时代万邦林立，各邦的‘诉讼’、‘朝贺’，由四面八方‘之中国’，出现了最初的‘中国’概念，这还只是承认万邦中有一个不十分确定的中心，这时的‘中国’概念也可以说是‘共识的中国’。而夏、商、周三代，由于方国的成熟与发展，出现了松散的联邦式的‘中国’。”“从中原区系的酉瓶和河曲地区的三袋足斝的又一次南北不同文化传统共同体的结合所留下的中国文字初创时期的物证，到陶寺遗址所具有的从燕山北侧到长江以南广大地域的综合体性质，表现出晋南是‘帝王所都曰中，故曰中国’的地位。”

三　“中国”概念的形成以陶寺遗址为标志

陶寺遗址，从年代上来看，距今4300—4000年，正处于我国历史上的尧舜时期。从地望上看，处于古冀州、尧都平阳的地理空间。从规模上看，面积近300万平方米，是中国史前超大型都邑性质的社会聚落。从考古成果上看，出现了城市、宫殿、文字、礼制建筑、青铜器和手工业作坊区，符合国家形成的标准。从族属研究上看，葬法、礼乐器、文字、天文学成就等与唐尧有关，可以确定为“尧都”。这就为考察“中国”概念在尧舜时期形成提供了标本。

从考古发现来看，陶寺城址规模宏大，它的存在表明，当时已经形成了一个比氏族部落领导集团远为强大的管理机构，它能够调集大量人力物力来兴建这个巨大的建筑工程，并且有能力调集足够的军事力量来守卫这座城。正所谓“筑城以卫君”。陶寺城址的兴建，其根本目的是为了保护统治阶级的利益。因此，陶寺城址是一个初期国家权力中心已经形成的标志，它表明当时社会已经进入初期国家阶段。

四 “陶寺圭尺”解读“中国”概念

2002 年秋，考古工作者在陶寺中期小城中期王族墓地内发掘了一座王级大墓，发现了一根漆木杆，漆杆先整体髹黑漆，再间断髹石绿色漆段，绿色漆段两端分别髹以粉红色漆条段与黑底漆相间隔，使漆杆体呈现出黑绿色段相间的醒目纹样。同时发现的还有玉琮、玉戚。2009 年夏至日，经过考古学界、天文学界的专家学者实地验证和研究，确认这是一套圭表侧影的天文观测系统，漆木杆即“圭”。

学者何驽对此进行了深入研究，从而揭开了最初“中国”概念的由来。他在《陶寺圭尺“中”与“中国”概念由来新探》一文中指出，陶寺中期王墓漆杆的功能是测量日影的圭尺，史前时期至殷商时期称为“中”，西周时期称为“圭”。在所谓的尧舜禹时期甚至到西周时期，政权的交替甚或都城的变化都伴随着圭表“中”的交接或“地中”夏至影长标准的改变，充分说明“帝王所都曰中”源自“王者居中”的意识形态，更确切说则应是“王者逐中”，此“中”既是圭表之“中”，又是“地中”之“中”。其中最关键是地中，因为地中是求中的目的，圭表之“中”则是求中的工具。

何驽进一步论证，王者为何逐“地中”？武家璧先生的观点很有启发，他认为，上古盛行盖天说，以为大地是平坦的，故认为普天之下最高的“天顶”即“天之中极”只有一个。对应于“天之中极”的“极下”地区，就是“土中”或“地中”。于“土中”建国（都），称为“中国”《说文》：“中，内也，从口丨，下上通也”，说的就是这个引申的意义。王者独占地中，实质上就是绝他人天地通的权利，垄断与上帝沟通的宗教特权，从而到达到“独授天命”“君权神授”合法化和正统化的政治目的，王者只有逐中、求中、得中、（独）居中，在地中建都立国，才能名正言顺地受天命，得帝祐，延国祚，固国统。

因而何驽认为，“中国”的最初含义是“在由圭表测定的地中或中土所建之都、所立之国”。中国的出现或形成的物化标志，应当是陶寺的圭尺“中”的出现，因为它是在“独占地中以绍上帝”的意识形态指导下，通过圭表测影“立中”建都立国的最直接物证，它既标志着控制农业社会命脉的历法作为王权的一部分，又依据其大地测量功能成为国家控制领土的象征。

由此可以看出，《论语》所谓尧传位于舜时谆谆嘱托“天之历数在尔躬，允执其中”，意思是说，天时和历法必须由你亲自掌握，你要好好地把握住手中圭尺。说明圭尺在当时被视为王权的象征。《尚书·虞书》中舜传位于禹时也叮嘱“允执厥中”，很可能是将用于测影定历法和疆土测量的圭尺“中”作为国家权柄的象征，传给舜。

陶寺“圭尺”破解了“中”的概念，并作为国家权柄的象征而传递，后经夏、商、周三代，以至于到明清时期的紫禁城保和殿还悬挂着“允执厥中”的牌匾，其含义与陶寺时期并无二致。另一方面，陶寺遗址所达到的文明高度表明，早在4300年前，陶寺已经具备了一个国家形态的所有特征，而且是迄今已知在中国版图内最早形成的一个国家。从这两个方面来看，至少到目前为止，陶寺就是最早的“中国”。

（作者系襄汾县委宣传部副部长）

翼城与“古唐国”

翟铭泰

晋南是中华文明的直根。每块塬峁丘陵下，每条河流溪水旁，考古工作者不经意间，就有可能发现人类文明进化的奥秘。位于翼城、襄汾、曲沃、浮山和尧都区交界处的崇山（俗称塔儿山）一带龙山文化遗迹丰富。尤其是汾河下游襄汾境内的陶寺遗址，发现有城墙、贵族墓葬、观象台等遗迹，有鼍鼓、特磬和蟠龙纹陶盘等遗物，以陶寺遗址为中心辐射崇山周边县市的大大小小龙山文化遗址，已形成具有政治、宗教统辖关系的“都、聚、邑”格局，进一步奠定了崇山一带就是陶唐氏部族的发祥地，陶寺遗址就是文献记载的最早的“中国”，而那个在“中国”一词出现之前就频频闪烁在文献典籍中的“古唐国”在晋南毋庸置疑。在晋南诸多县份中，与“唐”相关的地名唯有翼城最为丰富而耀眼，这也是翼城素有“唐尧故地”之称的渊源。

“唐”是读懂中国文明的一部辞海。基于此，自古以来，人们探寻古唐国的脚步从未停歇。然而，“唐”的地望，史书却有不同的记载，除一说在河北唐县外，其余皆在山西，即翼城说、平阳（今临汾）说、永安（今霍县）说、安邑（今夏县）说、晋阳（今太原）说等。如今，陶寺遗址以其丰富的遗存证明，晋南已具备“帝王所都曰中，故曰中国”的地位。史书记载“天下明德自虞舜始”，舜“夫然后之中国，践天子位焉”。翼城东连上党，西略黄河，南通汴洛，北阻平阳，这里原隰迂回，河山表里。舜耕历山就在翼城县境东南的舜王坪，翼城有尧都、唐城、丹山、朱村等与帝尧时代相关的村落。尧都村是尧为唐侯时在翼城制陶的遗存，尧都砂锅就是陶唐氏部族在翼城留下的珍贵而醒目的文明印记。唐城是尧即天子位后，其子丹朱留守古唐国宗庙社稷所都之处。相传尧是其母庆都“感赤龙之祥，孕十有四月，而生尧于丹陵”，故而，尧部落有“尚赤”的习俗，陶寺遗址的几座特大型墓葬使用朱绘木棺，棺内铺垫朱砂，而尧子本名开明，别称丹朱者，恰好证明传承着尧的遗风，丹子山、朱村、丹渊与浮山的尧山等这些地名密集丛生，也就在情理之中了。传说尧生九子，龙也有九子，翼城有御龙氏刘累故里刘王沟、学扰龙之艺的龙艺村，有刘累为唐侯所居的龙唐村等，《山西通志》《平阳府志》和《翼城县志》所载的“翼城，古尧始封国，虞封尧子于此。夏商因之”也就不足为怪了。史书所载的“河北唐县”或者“山东定陶”，原本就是唐尧部落一支从晋南迁徙至此留下的遗迹，尽管与陶唐氏部落有所关联，但决然不是古唐国的源头。

为了进一步说明翼城就是上古时期尧始封的“古唐国”的核心地带，让我们再次翻阅历史文献，踏寻村落遗迹，回味一下那些久远的传说中古唐国的影子。

从典籍记载看，《左传·哀公四年》引《夏书》云：“唯彼陶唐，帅彼天常，有此冀方。”冀方即《禹贡》所说的冀州。《诗经注解》曰：“唐国，本帝尧旧都，在禹贡冀州之域……周成王封弟唐叔虞为唐国。”《翼城县志·建置沿革》载：“翼在《禹贡》冀州之域。尧受封于此，号陶唐。”《括地志》载：“故唐城在绛州翼城县西二十里，即尧裔子所封者也。”今翼城县境西北崇山脚下的里砦镇，迄今仍有唐城村，恰在县西二十里。正如《翼城县志·古迹》所载：“古唐城，丹朱封唐侯时所都，在房陵之右，今名唐城村。在翼城县西二十里，今有庙存焉。”

无独有偶，各类志书中也有相关记载。《通志》谓：“帝尧，高辛氏第二子，母帝喾四妃陈丰氏曰庆都，感赤龙之祥，孕十有四月，而生尧于丹陵，名放勋，育于母家伊侯之国，后徙耆，故名伊耆，年十三佐帝挚受封于陶，十有五封唐，为唐侯，合翼与浮山南为国，而都浍南之尧都，后迁于平阳，年十有六以侯伯践帝位，都平阳，是为陶唐氏。”今翼城县隆化镇尧都村仍存。《通志·都邑略》则云：“晋都唐，谓之夏墟，大名也，本尧所都，谓之平阳，成王封母弟叔虞于此，初谓之唐，其子燮父始改为晋，以有晋水出焉，其地正名翼，亦名绛，而平阳者是其总名。”《平阳府志》在“翼城县”条下云：“古尧始封国。虞封尧子于此。夏商因之。周唐乱，周公灭之，成王封弟叔虞于此，是为唐叔。”光绪六年《曲沃县志·沿革》载：（商时）“豕韦复承其国，商末国于唐，为唐公，沃在其西境，凡六百四十四祀。”翼城恰在其东。历代《翼城县志·建置沿革》载：“翼在禹贡冀州之域。尧受封于此，号陶唐。禹封丹朱于此，因名曰‘唐’。今县西唐城村，其故都也。至周成王五年，唐有乱，周公灭之，迁尧子孙于杜。成王戏剪桐叶为珪，封其弟叔虞于唐，建都翔翱山下，以山形如鸟舒翼，故名翼城，即今之故城村是也。自尧至此皆名唐。”

同样，大型辞书中记载也如此。《辞海》载：“唐，古国名，相传为祁姓，尧的后裔，在今山西翼城西，为周成王所灭，后来作为其弟叔虞的封地。”《辞源》载：“唐指唐尧，即陶唐氏，或诸侯国名，今山西翼城县西有古唐城。”《汉语大辞典》载：“唐指西周诸侯国名，周成王封弟叔虞于唐，今山西翼城县西有古唐城。”《汉语大字典》载：“唐为古国名，相传为祁姓，尧的后代，在今山西翼城西，为周成王所灭，后作其弟叔虞的封地。”《中国历史大辞典》称：唐为“商代方国，祁姓，相传为尧之后裔，都今山西翼城县西唐城村，为周成王所灭。封其弟叔虞于此。都今山西翼城县西唐城村”。

从地名遗存看，晋平公时期的晋卿范宣子（士匄）在自述家世时，说过这样一段话：“昔匄之祖，自虞以上为陶唐氏，在夏为御龙氏，在商为豕韦氏，在周为唐杜氏，晋主夏盟为范氏，其是之谓乎?”这段话记载了尧践天子位定都平阳后，古唐国1300多年间族系的延续。其实，这些都可在翼城境内寻其踪迹，有些地名虽未必真实，但诸多与陶唐氏族系相关的地名集聚一县，绝非偶然，它为古唐国的中心地带在翼城提供了有力的佐证。

与唐侯尧相关的地名有四处。一是县境西北的崇山。据考，崇山在夏朝以前曾名“唐山”。《山海经》载：“狄山，帝尧葬于阳，帝喾葬于阴……一曰汤山。”郭璞注：“狄山即崇山，汤山即唐山，亦今之崇山。”二是丹陵，相传为尧的出生地。位于今唐兴镇郑庄村北，也称丹山、丹子山。丹山上古时建有尧庙。三是封唐时所都之处，即上述的尧都村。历代《翼城县志·古迹·村落》载：“尧都村：邑南二十里，浍水之阳，尧封唐侯时所都也。”该村古时建有尧庙，后易为老君庙，庙后有一神泉称“尧井”。浍河南建有阅兵楼，至今尚在，门楣中央镌刻“古尧都”三个大字。村西北高埠处称尧都岭，上有后土庙。四是尧之异母兄姬弃（后稷）的出生地。位于王庄乡的弃里村，弃里，即姬弃的故里。历代《翼城县志·村落》载：“弃里村，在邑北二十五里，盖后稷生处。其母初见后稷而弃之，故名。俗讹为契里，误矣。又《稷山志》以稷墓在彼，遂以为稷山。人不知彼为葬处，非生处也。”此外，丹山上有一块巨石，上有一个大脚印，称巨人迹。相传后稷为其母姜嫄踏巨人脚印感孕而生后稷。

与尧子丹朱相关的地名有五处。一是丹朱的生地。位于今王庄乡郑庄村北丹子山后的朱村。历代《翼城县志·村落》载：“朱村，在邑北二十五里丹山东北。丹朱生于此，盖尧封唐侯时，生子于丹山之傍朱村，因命名曰丹朱。”丹山旁确有两个朱村，位处翼城的叫南朱村，传为丹朱生地；位处浮山的叫北朱村，传为丹朱食邑。清康熙年间《平阳府志·建置沿革·浮山县》载：“浮山县，虞丹朱食邑。”二是丹朱的封地。位处于今王庄乡龙艺村傍的丹渊。《翼城县志·古迹》载：“丹渊，在龙艺村南，即丹朱所封之丹渊，又一名善渊。”三是丹朱的葬地。位于南唐乡北史村的丹朱墓，墓高两丈，周围一百六十步，俗称“金井”“西老墓”。四是丹朱为唐侯时的都城。位于县境西北隅的里砦镇境内唐城，隔崇山与襄汾的陶寺遗址相望。尧禅位舜后，舜封丹朱为唐侯，都今房陵西的唐城村。1989 年，唐城村曾出土“古都唐城”“陶唐遗风”“守唐风”等门额刻石。五是丹朱避舜之地。位处于唐兴镇陵下村西的古房陵，相传尧子丹朱避舜于此为房侯，称之为“古房陵”，岭上的南官庄村石门上就赫然刻有“古房陵”三个大字。

与唐侯御龙氏相关的地名有三处。一是位处于桥上镇东南 2.5 千米处的刘王沟村，因御龙君刘累生此而得名。《翼城县志·古迹》载：“刘王沟，刘累故里。今其村多刘氏，即其裔也。”二是位处于王庄乡的龙艺村，为刘累学扰龙技艺的地方。《翼城县志·古迹》载：“龙艺村，邑北十五里，丹渊傍。尧后刘累学扰龙处也。土人皆称龙艺。”三是位处于南唐乡的龙唐村。历代《翼城县志·建置沿革》载：“唐侯御龙氏，姓刘名累，尧子丹朱后，居龙艺村。夏孔甲时，天降二龙，累以养龙术事孔甲，孔甲赐曰御龙氏，以更豕韦之后，为唐侯，都翼之西，曰龙唐，即今龙唐村。”

与唐侯豕韦氏相关的地名有两处。一是豕韦氏为唐侯时所都之处，位处于今唐兴镇的韦沟村。历代《翼城县志·古迹·村落》载：“韦沟：在履釜山东南，盖夏时豕韦氏侯此所都也。至商时豕韦灭，遂渐浚为沟焉。”另一处为后韦沟，位于苇沟村的后边，属于苇沟—北寿城晋文化遗址范围。

此外，尚有五唐村，是指分布在古房陵上的五座以“唐”冠名的村落。即今之南唐乡的南唐、北唐、龙唐（后讹为云唐）、东唐、中唐（已消亡），皆近故唐城，盖丹朱时所封其同姓者，叔虞时为“五正”所居。

在诸多的村落中，最为引人注目的是隆化镇的尧都村和里砦镇的唐城村。

尧都村，位处于隆化镇南 5 千米许浍水河畔，原名元宝村，又因村南村北有四沟八岭，浍河在中间川流不息，为天赐的九龙圣地，故又称九龙神村。相传，尧曾因佐帝挚有功受封于陶，以制陶为业。十五岁时返回到唐地为唐侯，称陶唐氏。这里至今盛产砂锅，《翼城县志·物产》载："砂锅砂壶，皮薄质细，久为社会所称道，行销河东，早经驰名，此为尧都一村独享权利，惜未能普及全境耳。"尧都砂锅的制作技术，承继着陶唐氏的制陶遗风，故当地百姓代代相传，不改其制。即便是在各类器皿已脱离手工制作的今天，尧都村制作砂锅的工具仍是很原始的。工人捣泥用的"端锤"，仅是一块方木头而已，传说这是尧王时代的"玉玺大印"，的确很像，近代才安上把子，成了斧头形的，但仍就叫"尧王大印"。还有拍砂锅用的"端板"，形似帝王的传令金牌，传统称"尧王金牌"。压整砂锅用的压板，其大小、长短、宽窄都很像大臣朝见帝王的笏板，俗称"朝王板"。

尧都村即尧受封为唐侯时所都，尧即天子位都平阳（即陶寺）后，已经融合了陶唐氏、虞舜氏和夏后氏三大部族文化，成为"民无能名"的天下共主。古唐国依然是帝尧的辖地，尧巡视旧地自然要将旧都作为临时治所，虽称尧都，为区别于"陶寺"这一严格意义上的国都，谓之帝尧行宫，犹如沁水的帝尧巡宫所在的尧都村，都是帝尧富甲天下、雄视四方的遗迹。但翼城的尧都则又与沁水尧都有着不同之处，因为这里是古唐国的中心所在，堪与里砦镇的唐城相媲美。尧即天子位于平阳前，曾在这里撒下陶唐氏文明的种子，并使翼城这块热土成为华夏民族古老文明曙光的辉煌所在。

十口为"古"。人类在没有文字以前，每个部族的历史也只能靠口耳相传保存下来，这些传说不能说它完全真实，但也不能忽视它的存在。就其历史的真实性也许欠缺些，但其蕴含的人文内涵则更为丰富些。陶唐氏部族也不例外。

据传，尧从西向东行进被一道石崖挡住，尧下令凿石门，即今天的上石门、中石门、下石门。尧都村也叫“摇头村”，传说尧骑乘一匹大红马，到今天的尧都村前腿刨地，摇头不停，村北高处的百姓都在观看红马摇头，有一年长者告诉尧，这里就是帝君当年带领百姓制陶的九龙圣地——尧都。过了一段时间，尧骑马再向东行，在尧都村东数里许红马产下一匹白马驹，这里便有了后来的西白驹、东白驹两个村落。那个观看红马摇头的村落也就叫成了“观头村”。

尧都村磨盘山下的“石洼洼”宝地上，当年建有尧王巡察唐地的宫殿遗址，即帝尧行宫。每年正月十五和七月十五的“祭尧大典”就在这里举行。庙台前设有群臣侍从的“月台”，前大殿为尧执政施政场所，中殿为议事场所，后殿是帝尧自修处。庙内还有东西文武、娘娘庙及走廊等，一派皇宫王府形貌。元代时，这里改建成了老君庙，但每年的祭尧大典仍在这里举行。在老君庙的莲花台背后，有一神泉，此泉相传是尧王当年亲手开掘的，其水有医治百病的神效，人们便命名为“尧井”，并建了井亭，亭柱上有楹联“老泉一泓清冽水，长流不息泽万民”。这里建有帝尧阅兵楼。传说帝尧阅兵，起初在一块高土台上坐观，群臣围阅。后在土台上建起了阅兵楼，阅兵楼以拱为座，分上、中、下三层。上楼为亭阁式，帝尧夫妇对坐，侍女伴阅。中楼为方形，大臣依职排座，陪尧共阅。此庙以亭、阁、楼和拱门多式连体，总命名为“楼”。今门楣中央有“古尧都”三个大字，门背后镌刻“山明水秀”，题款为清康熙朝重修。这里还有帝尧奖惩台，坐落在村北一座鼻形簸箕小山坡上，原来面积很大，现留存3000余平方米，传说丹朱因“旱地划舟，劳民伤财”曾在此被治罪。从清末至民国初，此处被列为“禁坡”，无人敢放牧畜禽，擅自出入。尧都村东门，原是一座三层建筑的神楼，名曰“祭天楼”。三楼中堂署有一个高一米的木制神牌位，上写“供奉玉皇大帝之神位”九个大金字。传说尧王曾在此祭天，后人建楼于此。清代又改称“文章（昌）阁”。第三层是尧王祭天处，每年不到七月十五举行迎神赛社的时候，绝不许任何人登上三层楼。就是到了七月十五这一天，也只有乡绅、族长及少数头面人物才有登楼的资格。所以村里绝大多数人，就是活了百岁，也无缘登楼一观。此外，还有“封福台”“天阁”等建筑。村西建有尧王桥，传说帝尧在尧都村建行宫不久，老天爷连降大雨，浍河水猛涨，村民的茅草房毁坏无数，帝尧的行宫也将被洪水淹没。帝尧心急火燎，便带领文武百官，召集能工巧匠搭建桥梁，谁知洪水泛滥，湍流不息，每次都是在桥快要搭建好的时候冲毁。村人看到帝尧急得吃不下饭，睡不着觉，就自发地祷告苍天保佑，感动得老天爷派下天兵天将下凡，一夜之间搭建起了一座桥。后来经多次重修，桥的望柱上刻有龙、虎、熊、狮、猴、鹿、羊、凤、鹤、龟、蛇等瑞兽，此桥历经数千年，至今仍称为“尧王桥”。

再说唐城村。结合陶寺遗址的考古发掘以及周边县市的龙山文化遗存，崇山一带应为陶唐氏部族的发祥地，尧生于斯、长于斯、施政于斯、卒葬于斯。崇山脚下与帝尧时代相关的村落星罗棋布，无不让研究唐尧文化的专家学者思绪纷然，品味无穷。其中备受史学界关注的即是翼城县的唐城，该村位处于县境西北崇山脚下的里砦镇，西距天马—曲村文化遗址 2.5 千米，北距南石龙山文化遗址 3.5 千米，为尧即天子后其子丹朱及后裔继嗣之地。1989 年，唐城村出土了“古都唐城”城门额刻石。

古唐国引领者帝尧时代制陶的技术潮流。翼城枣园遗址的发现告诉我们陶唐氏制陶技术承袭了枣园文化的遗风。枣园文化是庙底沟文化的前身，距今约 6000 年，其文化遗存中以陶器最具特色，器物轻薄得体，高低大小适中，色泽古典朴素。仰韶时期的代表性器物尖底瓶就是枣园文化的折唇壶演进而来的，泥质钵、盆、夹砂罐也一脉相传。此外，在翼城的古署、北撖、南撖、南卫等村，都发现了庙底沟文化时期的遗存，这是尧封于唐、居于唐，在枣园文化的基础上走向更辉煌的陶寺文化的最有力的证据。《临汾史话》一书述及“枣园遗址与玫瑰部落”时写道，“7000 年前的翼城枣园是孕育华夏民族童年的一方热土”。

襄汾陶寺遗址的发现为古唐国的核心地带在翼城也提供了旁证。陶寺早期墓地占地约 4 万平方米，在近 5000 平方米范围内就发现墓葬 1300 多座，按墓葬密度估计，原有墓葬数量当在万座以上，可见当时人口密集而兴旺。尤其是墓葬等级森严，贵族墓葬随葬有其他人无权使用的礼器，主要有彩绘漆木器、彩绘陶器和玉石器构成的家具、炊器、盛器、食器、酒器、饮器、乐器、兵器或者仪仗、饰物等，往往成套成组出现，位置固定，后来商周贵族使用的礼乐器，在陶寺遗址中已初具规模。相传帝喾生尧时，曾用石磬演奏《五英》，尧母庆都不顾产后虚弱，合着节拍拍掌，看来特磬的出现绝非偶然。当历史跨入 21 世纪时，陶寺遗址又放射出让世人注目的光亮，在这里终于发现了大城、小城、瓮城，还有仓储区、祭祀区，近期又发现了中国最早的观象台。经考古学家和天文学家多次验证，通过观察崇山日出的方位，可以判定一年 20 个节令。这又佐证了帝尧钦定历法的历史事实，而这恰恰是华夏文明诞生的重要标志。再结合 20 世纪 80 年代中期考古工作者在崇山一带发现的翼城南石——方城遗址、曲沃东许和临汾下靳等与陶唐氏部族相当的文化遗存，证明陶寺遗址不仅是尧居的陶地，而且就是尧即天子位定都的平阳，崇山（夏朝前称唐山）一带当为尧的故里及其部族活动的地域，古唐国当在都内，使陶唐氏族系得以延续，足以说明《都城记》《括地志》中所载的崇山脚下的翼城县里砦镇唐城村，无疑是尧裔子所封的古都唐城。

翼城、曲沃两县交界的天马—曲村遗址、翼城县西北 1 千米处的苇沟—北寿城遗址和翼城县东南 7.5 千米处的“故城遗址”等有关晋国文化遗址的发现，更进一步说明，叔虞受封的唐国与尧受封的唐同属于“河、汾之东，方百里”的地理方位。由此看来，古唐国的范围包括今临汾市的翼城、襄汾、曲沃、浮山和运城市的绛县一带，其政治中心、文化中心当在翼城。

正是基于文献记载、地名佐证和考古资料的印证，许多研究先秦史的历史学家、考古学家认为唐或唐国在翼城无疑。国家教委编写的大学教材《中国历史·先秦卷》中谈到晋国时说:“晋——成王之弟叔虞的封国，都于唐（今山西翼城西）。这里河流交错，土地肥沃，历来为天下重地，陶唐氏曾居留于此。”薛新民撰写的《唐尧文化与中国文明的起源》中认为，“甲骨文中，作为地名的唐不下十余条，而周初叔虞所封之唐在晋南，则唐尧在晋南最有说服力”。张永山的《卜辞中的唐与唐尧故地》中，按照卜辞中有作邑于唐和商王关心唐地吉凶的记录，也认为“唐与商为臣属关系，地在晋南翼城，尧都平阳，为尧的活动重心，后因尧族退出政治舞台，继之者舜或禹封其后于唐，平阳与唐才不再联在一起”。刘泽民、原崇信等主编的《山西通史》，是近年来出版的最具权威的山西历史专著。这部专著在第六章第二节中的“叔虞封唐”中记载:“殷周之际，在太岳山西麓的浍河中上游流域有一个古老的小国，史称唐国。唐国的范围大约在今翼城、曲沃和绛县之间，其中心区域当在浍河上游的翼城。古唐国具有十分悠久的历史，从《左传·昭公二十九年》的记载可知，其先祖就是陶唐氏，即唐尧部落。”王克林撰写的《陶寺文化与唐尧、虞舜》在谈到“陶寺文化的历史人文地理”时说:“根据《左传》、《史记》的有关记载，唐国故地在今晋南的翼城一带。”

数千年来，被岁月剥蚀湮没的古都唐城以其丰富的文献记载诠释着陶寺昔日的辉煌灿烂，近数十年来，浮出地面的陶寺遗址又凭其厚重的出土文物印证着唐城旧时的绚丽年华。尧都、陶寺和唐城俨如孪生兄弟，它们告诉世人公元前25世纪的晋南曾有一个强大的陶唐氏部落的存在已不是神话，被历代明君视为楷模的帝尧，不再是华夏儿女心目中崇拜的天神，而是真实存在的人王，是一个既有组织才能而又富于献身精神的杰出部落联盟首领，是当之无愧的“天下共主”。

帝尧建都平阳，统一中原，宾服四夷，形成中国最早的雏形；钦定历法，创立华表，开创了中华文明历史的先河。这位上古帝王，便是从翼城的浍水河畔走上至高无上的部落联盟酋长地位的。襄汾陶寺是“中国”的源头，翼城是古唐国的核心地带，尧都、唐城同陶寺一样都是当之无愧的根祖文化的发轫。

（作者系翼城县政协委员、临汾市政协文史研究员）

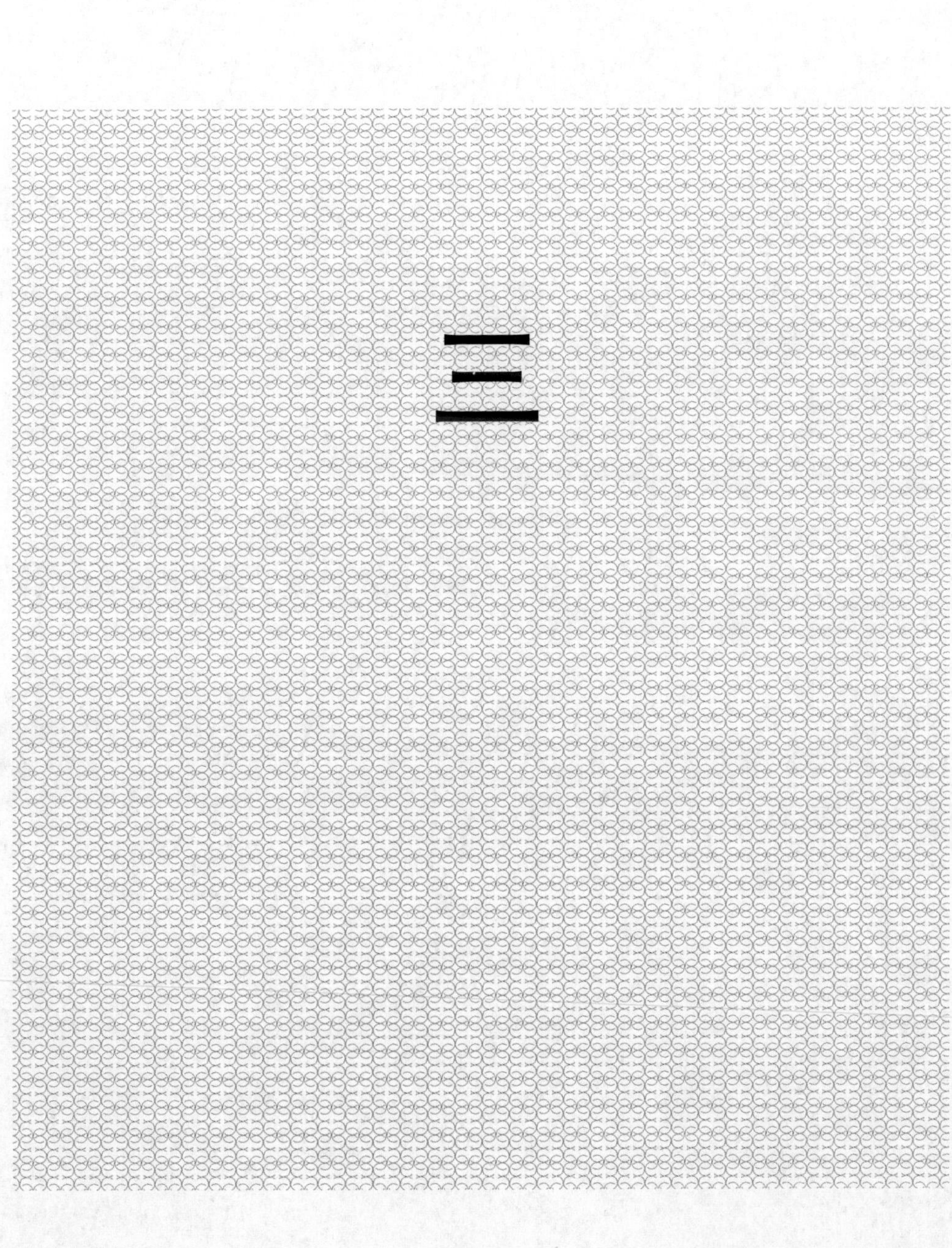

三

如何促进尧文化资源产业化

张富春

尧文化，经过考古专家和历史专家的研究，逐渐清晰并系统化。临汾市尧帝、尧庙、尧陵，陶寺遗址相关的文化符号与人类文明“最早中国”基本确认，尧文化资源也随着考古工作的进展而丰富起来。在做好尧文化资源挖掘研究的同时，如何推进尧文化资源的产业化，让丰富的尧文化转化为可供消费的文化产品与服务，让尧文化资源进入世界，具有重要的社会价值和经济意义。

一　尧文化产业化要具有开放的全球化意识

文化多样性是人类文化发展和创新的源泉。联合国教科文组织 2001 年《文化多样性共同宣言》中很好地阐释了文化多样性。“文化多样性”概念强调人类文化的多元化，倡导不同文化之间的交流与对话，也会更进一步推进人类文化发展和创新。

中国文化“走出去”是我国的国家战略。从世界范围看，我国是文明古国，文化资源大国。改革开放以来，西方文化以产业化形式大量进入我国，而我国在大量吸收了西方文化同时，却出现了文化全球化中的不平衡现象，即中国文化走出去不够。从文化产业化看，我国是文化资源大国，却是文化产业小国。尽管我国现在的产品外贸上是“顺差”，在文化交流与贸易中则是“逆差”。为什么这样说？中国文化软实力研究中心等机构联合发布的《中国文化软实力研究报告（2010）》的研究结果显示，美国文化在世界文化市场上所占份额为43%，欧盟是34%，拥有巨大文化资源的中国不足4%，不到美国的十分之一，甚至低于日本、韩国。我国文化资源的优势没有被转化为文化产业优势。

尧文化在临汾，但三源（人类文明之源、中华文明之源、三晋文明之源）文化的提法很大气，具有了全球视野。尧文化“最早中国”概念更丰富了三源文化内涵。这不仅是中华文化，更是人类共有的宝贵财富，具有巨大的实践价值、学术价值和经济价值。尧文化的产业化开发，有利于中华传统文化的传承，增强民族自豪感和凝聚力，更有利于推动当地经济社会全面、协调、可持续发展。从国际文化市场范围看，尧文化产业化有利于促进文化多样性，也有利于促进中华文化进入世界市场，提升中国文化产业竞争力和国家软实力。

因此，对中国尧文化资源开发及产业化，更要具有开放的国际化视野和全球化意识。这需要我们一方面进一步解放思想、更新观念，树立全球意识和国际视野，制定尧文化产业化开发战略，另一方面要充分认识文化产品的商品属性和文化产业的市场化运作规律，借鉴、学习世界各国发展文化产业较为成熟的产业化经营理念和经验，做到与国际市场的接轨，为我国文化产业的发展搭建更好的经济平台。

二　以市场为导向，打造尧文化产业链

尧文化的产业化，首先要明确市场导向。这是一个文化资源能不能产业化问题的关键。

发展产业，首先基于资源，将资源产业化，通常包括资源设计、加工、市场的产业顺序。这是工业化社会的思维。文化资源产业化，多数思路也如此。我认为，这是资源型产业化思路。这是资源禀赋型产业发

展思路，可以看作是供给决定型产业化。这里说的以市场为导向，是需求导向型产业化。文化的产业化要更多地从需求角度着眼。

推进尧文化的产业链发展。文化消费市场的层次化和多元化，文化资源的特色优势与多向度整合、配置，创意与科技对文化产品生产和服务的渗透提升，推动文化产业在发展中呈现出了不同的形态，特别是移动互联时代，更是这样。那又如何应对这样的市场？这就是产业链思路。现在全球经济已经是基于全球价值链的生产与贸易。文化产业当然也是这样。

从文化的整个产业链看，尧文化产业链大致可以说是在文化资源基础上，呈现上游、中游、下游三个连续且相互渗透的环节。其中，上游环节包括前置设计、资金筹措和文化资源再创作；中游环节包括文化资源产业化产品和服务的加工与生产；下游环节包括为购买商和受众提供的用户服务、项目的市场营销及衍生品等周边产品开发。市场化贯穿整个文化产业链。从尧文化产业链全过程看，其资源根置于中华文明或黄河文明，市场则要全球化。

尧文化，从文化资源看，有着较高的文化价值和社会意义，但从产业角度来看是一个产品，可以生产，可以通过销售得到收益。作为文化产品，就不能只将其看作一个孤立的东西，它不只是文化的旅游产品那么简单，而是需要把它理解为一个处于产业链条上的产品线。这时，我们的关注点就不在尧文化本身，而是围绕着尧文化存在的其他相关要素，并对这些要素进行创新。这就是产业链要素。这还需要我们的进一步研究。这是尧文化产业化发展的导向路径。

三　抓资源与市场两头，统筹文化要素，全面推动尧文化产业化

创新和开发尧文化资源。尧文化是特色文化，更是一种文化资源。尧文化包括的“和合文化”“选贤任能”“节俭勤政”等文化思想，影

响着人们的行为取向和道德标准。陶寺遗址集聚了中国文明核心形成的符号，是“最早中国”诞生的重要节点。这些都是尧文化的文化资源，要产业化这些文化资源，提供的产品与服务在较高的程度上满足不同层次的文化消费需求，则要以多层次、多元化个性开发来充实和提升文化内涵与品位。标准化的文化产品和服务很难实现对消费者的差异化定位，如何差异化，先是资源开发问题。资源开发不仅在专家，也在民间。尧文化资源开发和创新的重点在创意，创新和创意的方向也在民间。这要求政府在推进尧文化产业化开发过程中，不仅要重视考古和专家设计，也要重视民间文化和民间创意。

推进尧文化产业化的市场化。文化资源是开发尧文化产业化的一头，另一头则是市场。尧文化产业本身在临汾市场已经初步集聚形成了不同的消费市场，这包括文化旅游点及一些文化产品。尧文化要全面产业化、国际化，就要能够根据全球市场文化消费层次提供不同类型的产品与服务，既能满足高端文化消费对于个性化文化品位和精神享受的追求，也能满足中低端市场对文化消费的需求。如何做好市场，特别是全球化市场，需要深入的研究与调查。认真做好市场调研工作。日本在文化产业市场化过程中，主要的一条就是他们一直在积极地寻找世界性的元素，希望借此来构建一整套完善的文化产业体系以迎合消费者对各种文化的需求。

统筹文化要素，推动尧文化产业发展。我们可以借鉴韩国文化产业市场化的做法。韩国政府继日本之后，于 1998 年正式提出“文化立国”战略，将文化产业作为 21 世纪发展国家经济的战略性支柱产业加以优先发展，并且提出“韩国文化世界化”的口号，将韩国文化推向全球，韩国文化的发展由此步入了新纪元。尧文化产业化也要统筹文化要素，并进行市场化整合，一是整合全球文化产业人才资源，参与文化产业促进计划。研究世界市场，进行文化创意，使尧文化的民族性更好地在市场世界需求中全球化。做好文化产业发展规划。二是整合资本。推动金融业、民间资本进入文化产业。三是文化产业组织。推动大型企业参与文化产业发展。四是广泛动员文化资源，做好全球化市场营销。五是文化产业政策，政府推动文化产品的创新，支持企业投资进行尧文化新产品的研发。

适应文化产业新趋势，推进尧文化产业化。《中国文化产业发展报告（2012—2013）》指出，今后5—10年，我国文化产业发展呈现新的变化趋势，文化产业已经从“分业发展”走向融合发展；文化产业将从区域性竞争发展走向统一市场条件下的整体协调可持续发展。适应这种发展趋势，在推动尧文化产业化发展的过程中，地方政府本位的发展模式与国家层综合经济管理部门主导的发展模式相结合，加大产业整体层面综合创新力度，多管齐下、多措并举。

希望这些认识对尧文化产业化开发有所裨益。

（作者系山西财经大学国际贸易学院院长、教授）

临汾市尧文化旅游进一步发展的思考

刘海鸿　郭玉兰

尧文化是中华民族文化的源头之一，是中国传统文化的重要根脉，也是山西最为重要的历史文化资源之一，是临汾历史文化的骄傲。对于这样的历史文化资源我们要达成共识：保护文物，传承文明，弘扬文化，发展旅游，富民强省，转型发展。

一　目前旅游业界的发展大势与发展机遇

临汾市尧文化不仅是临汾历史上的辉煌与骄傲，也是临汾文化旅游发展的资源与资本。在文化旅游迅猛发展的今天，如何从世界范围内了解文化旅游，从全国范围内认识文化旅游，是山西文化旅游发展的必须，是临汾文化旅游发展的前提。

（一）旅游业发展面临的新机遇

当今世界，旅游业早已不再是可有可无的小门类，而是举足轻重的第一大产业。世界旅游组织提供的有关资料表明，自20世纪90年代开始，国际旅游收入在世界出口收入中所占比重达到8.25%，超过石油出口收入的6.5%、汽车出口收入的5.6%和机电出口收入的4.6%，[1]自此，旅游产业正式确立了世界第一大产业的地位并保持至今。据世界旅游业理事会（WTTC）预计，到2020年，全球国际旅游消费收入将达到2万亿美元，另据世界旅游协会预测，从2010年到2020年，全球旅游经济预期年增长率可达到4.4%，国际旅游业人数和国际旅游收入将分别以年均4.3%、6.7%的速度增长，远高于同期世界财富年均3%的增长率；到2020年，旅游产业收入将增至16万亿美元，相当于全球GDP的10%；提供3亿个工作岗位，占全球就业总量的9.2%，[2]从而进一步巩固其作为世界第一大产业的地位。对于这样的发展大势，我们必须引起高度重视。2010年，北京召开第十届世界旅游旅行大会，其主题为：旅游，世界第一大产业，迈向新领域。旅游业成为世界第一大产业的认识在我国已经数年。

作为世界第一大产业，现代旅游消费需求模式正在向多元化方向发展，人们的旅游需求从单一观光型发展到观光度假型，呈现出日益多元化特点。随着旅游方式不断地朝着多元化、个性化的方向发展，传统的旅游方式已不能满足旅游者的需求，各种内涵丰富、内容独特、富有新意的旅游方式和旅游项目不断应运而生。目前旅游消费需求的基本态势是：从人们出游的组织方式来看，散客旅游特别是家庭旅游成为流行趋势；从旅游动机和目的来看，生态旅游、文化旅游、奖励旅游、科考旅游以及其他各种形式的主题旅游构成了人们外出旅游的主旋律。

（二）中国旅游发展的新常态

我国旅游业发展非常迅猛，2009年12月，我国政府颁布了《关于加快发展旅游业的意见》，明确提出“要把旅游业培育成国民经济的战略性支柱产业”，这标志着旅游产业正式进入了国家战略体系。2013年《旅游法》颁布，成为中国旅游发展的里程碑。2014年国务院出台了《关于促进旅游业改革发展的若干意见》，提出了新时期旅游业改革发展的方向和任务。目前，中国旅游业已经完成由新的增长点到国民经济支柱性产业的转变，由旅游资源大国向世界旅游强国的转变，向初步小康型旅游大国的历史性跨越。旅游已经从少数人的奢侈品发展为大众化的消费，成为人民群众日常生活的重要内容。旅游业是增强国民幸福感、提升国民健康水平、促进社会和谐的新的增长点。旅游业已经发展成为全民参与就业创业的民生产业，发展成为综合性的现代产业。目前，我国几乎所有的省区市都将旅游业列入战略性支柱产业，85%以上的城市、80%以上的区县将旅游业定位为支柱产业。[3]

据世界旅游组织预测，2015年，中国将成为世界上第一大入境旅游接待国和第四大出境旅游客源国。根据我国旅游产业发展规划，到2020年，我们国家旅游业总收入将超过3.3万亿元，占全国GDP的8%，实现由旅游大国到旅游强国的历史性跨越。[4]

作为战略性支柱产业，旅游产业拥有其他产业无法比拟的优势和作用。旅游消费是集食、住、行、游、购、娱于一体的要素链完整的综合性消费活动，广泛涉及并交叉渗透到许多相关行业和产业中，上、中、下游产业链衔接性强，如食品、建筑、交通、制造、工艺、演艺，乃至于现代农业，等等。旅游业与相关产业的融合不断深化不断拓展，旅游新产品、新业态不断涌现，旅游企业类型不断细分，旅游服务模式不断优化，已经形成综合性、集群化的产业体系。现代旅游产业的综合性更强、关联度更大、产业链更长，已经极大地突破了传统旅游业的范围。据世界旅游组织统计，旅游产业每收入1元，可带动相关产业增加4.3元收入，所以，旅游产业“一业兴”可以带动其他产业“百业兴”已经是大家的共识。

区域发展现代旅游的重要性更为凸显，在一些生态环境好的贫困地区，发展旅游产业既为当地居民增收致富，又保护了稀缺的自然资源和脆弱的生态系统，有力地促进了城乡、区域的协调发展[5]。“旅游扶贫”成为扶贫工作中的一条重要思路和成功经验，“开发一个洞、富了一个村”“开发一处景区、富了一个乡镇”的事例在全国各地到处可见。据不完全统计，通过发展现代旅游产业，在保护环境的前提下，已使我国约1/10的贫困人口实现脱贫[6]。所以，各级政府对于旅游开发越来越重视，旅游工作越来越成为政府工作的一个着力点。

二　临汾市尧文化旅游发展的成就

临汾作为中华民族的重要发祥地之一，文化积淀十分深厚，文化资源异常丰富，所以，文物保护工作至关重要，这是临汾文化旅游发展的根基，是临汾持续发展的依托，更是关系到临汾形象、山西形象的重要问题。在此方面，临汾市取得的成就是有目共睹的。

（一）重视文物保护工作为发展文化旅游提供重要保障

临汾市对于文物保护工作始终高度重视，从20世纪50年代开始到21世纪初，中国社会科学院考古研究所山西队与临汾文化文物部门合作，先后多次对位于襄汾县陶寺镇的文化遗址进行调查和考古发掘，近年来在襄汾县陶寺遗址发掘出土的大批文物、古观象台以及4000多年前的古城址，大大提升了临汾的历史文化地位。2005年，文化部、国家文物局曾授予山西临汾市文物局“文物保护特别奖”。2006年，尧陵被国务院公布为全国重点文物保护单位，陶寺遗址被列入国家“十一五”期间大遗址保护规划，充分说明国家有关部门对临汾市文物保护工作的重视。

近年来，临汾市全面加强了文物保护工作，文物宣传、文物普查、文物保护、文物安全、文物执法和文物开发利用等工作有序开展，积极推进市县博物馆建设，临汾市文物事业得到持续健康发展。特别是临汾市扎实开展了古建筑核查和维修工作，不断加大古建筑保护力度，取得了明显成绩。据有关资料统计，核查古建筑2274处，占到总量的60%。自2013年以来，累计使用中央、省、市、县资金2亿余元，完成40多处省级以上文物保护单位及百余处县级文物保护单位的维修[7]。

（二）开展文化研讨活动为发展文化旅游提供智力支持

在文物保护的基础上，临汾市对于历史文化学术研究非常重视，多次举办高规格的研讨会议。临汾市成立了“尧文化研究与开发委员会”和“尧文化研究会”，延续并拓展了本地数十年尧文化的研究和发展成果。成立了“中国先秦史学会临汾尧文化研究中心”，创立了《尧文化》刊物并坚持连续出版多年，开通了“尧文化网”，极大地加强了面向世界的宣传力度和影响力。特别是成功召开了“首届中国临汾尧文化高层论坛”，来自全国各地的150多位先秦史学专家学者和尧文化研究专家出席了论坛，就尧文化的内涵与外延、尧文化的精神实质和基本特征、尧文化的历史地位和作用、尧文化与古都平阳、尧文化与陶寺遗址、尧文化与上古文明世界、尧文化与和谐社会构建、尧文化与临汾经济、政治、文化、社会的发展等方面的问题进行了广泛深入的探讨。专家学者们一致认为，帝尧是中华民族发展史上继“人文初祖”黄帝之后一位杰出的帝王，由于他奉行德政，功业卓著，使当时社会成为古代治世的典范，受到华夏子孙的尊崇和敬仰[8]。专家学者们通过考察交流，将自己的研究成果和学术创建与大家共享，开阔了大家的眼界，这些探讨成果至今对我们都有很好的启发。2015年4月在临汾召开的文化暨德廉思想研讨会上，北京大学考古文博学院李伯谦教授更是明确提出，陶寺是“中原地区第一个进入王国阶段”的国家以及“陶寺就是尧都，值得我们骄傲”的重要结论。

（三）创新文化节庆活动为发展文化旅游搭建平台

专家学者们对于遗址、文物的考证认定和对史料的研究，是开展文化活动的重要基础，在尊重文化形态和文化存在的前提下，临汾作为尧文化发祥地的地位得到了确认和肯定。发展中的临汾对于尧文化不仅珍视和保护，而且不断地开发和弘扬，在举办文化节庆活动、传承和弘扬尧文化方面取得了很好的成绩。为弘扬“帝尧古都、和合华夏”的尧文化精髓，着力开创新的文化平台，打造全国乃至海内外华人共识的文化品牌，2012 年 9 月，临汾市尧都区委、区政府推出了“首届尧文化旅游节”，用节庆品牌促进文化旅游产业发展。“首届尧文化旅游节”大型主题活动中，由威风锣鼓、地方戏曲和平阳木版年画等类型组成的文化底蕴深厚的“非物质文化遗产精品展”获得广泛的好评。临汾的文化旅游开发以历史赋予的独特的“中国之根、文化之根、文明之根、血缘之根”为主题，致力于将临汾尧都打造成泱泱华夏寻根觅祖的圣地，为全球华人提供一个寻根觅祖、归乡认同与展示文化、交流感情的平台[9]。2012 年 9 月，临汾市“首届文化产业博览交易会”搭建起了临汾市文化旅游产业展示平台，展品丰富多彩，包括文化旅游、艺术品、民间工艺品、出版印刷品、非物质文化遗产以及含有文化元素的各类产品，涉及临汾市各县（市、区）及众多文化产业单位，汇聚了全市的名优文化产品，集中展示了近年来临汾市文化改革发展所取得的成果[10]。这次文化产业博览交易会成为一个发展契机，不仅对于加快临汾文化产业发展、吸引各地客商和民间资本投资临汾文化产业具有直接的推动作用，而且为打造具有临汾特色的文化旅游品牌、实现临汾转型发展做出了贡献。2015 年的“山西・临汾帝尧古都文化旅游节”更加成熟，充分展示了临汾悠久的历史、深厚的文化底蕴、秀美瑰丽的自然风光，展示了百里汾河生态经济带的新变化、新面貌和临汾经济社会发展的新成就，展示了一个历史文化悠久、生态文明和谐、人民安居乐业的新临汾。

三　临汾市尧文化旅游进一步发展的建议

在“首届中国・临汾尧文化高层论坛”上，有关领导同志早已认识到，“必须将丰富的文化积淀和文化资源通过文化创意和产业开发，使之转化为文化软实力和经济财富”[11]。认识已经明确，思路已经清晰，我们接下来需要进一步明确的就是如何把这个大的思路落实到具体的旅游工作中去，在此笔者提几个思考建议。

（一）挖掘尧文化内涵，保持高尚的文化品位

旅游是一个文化含量非常高的产业，特色是旅游之魂，文化是特色之基。文化旅游的根基是文化资源，最终的落脚点也应当是以丰富人的精神文化生活、提升人的文化品位为旨归。旅游业是幸福导向、健康导向、快乐导向的产业，是增强国民幸福感、提升健康水平的产业[12]，所以，文化旅游开发要挖掘文化内涵，领会文化精髓，文化旅游运作要秉承文化精神，保持文化品位。特别是临汾尧文化这样一个历史文化资源，我们要充分领悟帝尧泽被天下、造福万民、协和万邦的博大恢宏，保持高尚的文化品位，这是临汾尧文化旅游发展的前提。

尧文化中包含着丰富的中国文化思想，例如陶寺古观象台所体现的“日出东隅”“敬天保民”的“天人合一”的朴素唯物主义思想观；制陶工艺从形制变化，红、白色彩的持续添加，到陶器花纹的圆点至条带，再到几何花纹、涡纹、云纹、龙纹等变体动物的不断丰富，反映着古人从物质生活到精神生活的不断追求；从陶器到青铜器的发展所体现的烹饪技术，从水烹、汽烹、油烹和水油混合熟制工艺的演进和烹饪文化的进步；“钦、明、文、思、安安、允恭克让”“克明俊德，以亲九族”的以德治国方略，都值得我们认真研究。我们更要把尧文化与旅游要素开发紧密融合，使旅游要素成为尧文化旅游产品的吸引力的重要因素。通过策划创新和科学开发及创意策划，以旅游为载体丰富尧文化的表现形式，打造尧文化旅游产业链，为尧文化的传承注入外在动力，使其获得市场价值并重现其生机和活力。

（二）传承发展尧文化，积极拓展旅游市场

保持文化高品位和现代旅游的大众化时代要求并不矛盾，曲高不能

和寡，旅游产业必然要求大众化，这是旅游经济的基本要求，也是临汾尧文化旅游的必由之路。如何吸引更多的游客来临汾旅游，感受尧文化的魅力，享受尧文化的滋润，这是临汾尧文化旅游发展的关键所在。文化的传承方式不仅包含着理念层面和哲学思想的精神传承，也包含体现手工业、饮食、建筑等方面的技艺的传承，更包含着学术研讨、民间活动和祭祀文化等方面的文化活动传承。文化传承要找到合适的载体，尧庙、尧陵和陶寺尧都固然是理想的载体，洪洞历山和羊獬的“走亲习俗”与民俗旅游、节庆旅游是理想的载体，霍山陶唐峪与避暑休闲旅游有机结合是理想的载体，但我们还需要建设发展新的文化载体。

从尧文化资源本身的特点来看，笔者认为，对于广大游客来说，最大的吸引力就在于游客想要从中得到更好的体验和参与，获得一种幸福感。临汾尧文化旅游应当在旅游开发和运作中，更多更好地给人们以幸福感。因此要学习三星堆博物馆旅游商品开发的好经验，创意设计具有尧文化符号的特色旅游商品，创作游客喜爱的反映尧文化的旅游演艺节目，举办尧文化主题文艺演出活动，进一步丰富购物、娱乐等旅游要素内容。要重视中国社会科学院考古研究所李健民先生提出的建立“尧都博物馆”“尧文化遗址公园”的合理建议，从动漫产业、旅游产业、文化产业与尧文化的结合上多做文章。

目前我国旅游市场呈国内旅游、入境旅游、出境旅游三大市场三足鼎立的格局，临汾尧文化旅游无疑应立足第一市场，大力发展第二市场。我们要深入研究国内游客来临汾旅游想要感受什么，国外游客来临汾旅游想要看到什么，临汾尧文化旅游的核心竞争力是什么，能否满足国内外游客的需求，如何满足他们的不同需求。

现代旅游业已经成为全要素融合、全产业链整合、跨越第一、第二、第三产业的现代产业集群和经济社会组织方式[13]。乡村旅游开发、旅游小镇建设、大型景区和度假区建设以及医疗健康旅游、养生养老旅游、自驾车房车旅游、邮轮游艇旅游、网络在线旅游等旅游项目和旅游商品、户外休闲用品等正在成为旅游投资的热点领域。在这样旅游大发展的社会环境中，临汾尧文化如何把高深的文化“化”开来，化为滋润人心的点滴幸福，这需要在旅游发展中真正以人为本，满怀爱心。

(三) 改善生态环境，建设尧文化旅游目的地

随着我们的消费需求结构从生存型消费向发展型消费升级，从物质消费向服务消费升级，旅游将因此成为经济新常态的亮点和发展方向[14]。发达国家居民一般每年出游8次以上，而目前中国居民人均每年出游才2.6次，我国居民旅游消费潜力才刚刚开始释放。面对这样的旅游发展大势，我们应当充分地认识到，旅游业是一个正在不断增长、前景美好、空间很大的领域，我们一定要有长远发展的眼光，把临汾建设成为尧文化为主题的优秀旅游目的地。要在山西省旅游业“十三五”规划、临汾市旅游业“十三五”规划中，进一步突出尧文化旅游主题线路的设计和旅游板块的规划。

优秀旅游目的地不仅要有深厚的文化底蕴，还要有优美的生态环境。临汾历史上是一个非常优美的地方，但一度污染严重，我们高兴地看到，临汾近些年来城市环境、汾河沿岸生态环境明显改善。生态环境建设是一项需要下大力气的长期性工作，但又是一项最值得下大力气去做的工作，我们祝愿临汾的生态环境越来越好，为进一步建设高素质、高品质富有人文内涵的、体现传统文化和现代理念有机融合的尧文化旅游目的地创造良好条件。祝愿临汾尧文化旅游为实现中国梦做出突出贡献。

注释

［1］中共北京市委研究室、北京市旅游局：《旅游产业作为世界第一大产业发展状况研究》，中国网（www.china.com.cn），2010年5月28日。

［2］同上。

［3］李金早：《开辟新常态下中国旅游业发展的新天地——2015年全国旅游工作会议工

作报告》，第一旅游网（www. toptour. cn），2015 年 1 月 15 日。

[4] 中共北京市委研究室、北京市旅游局：《旅游产业作为世界第一大产业发展状况研究》，中国网（www. china. com. cn），2010 年 5 月 28。

[5] 同上。

[6] 同上。

[7] 王长波：《励小捷查看临汾市文物保护及古建筑修缮情况》，临汾新闻网（www. lfxww. com），2015 年 3 月 26 日。

[8] 蔺玉堂：《首届中国·临汾尧文化高层论坛综述》，《光明日报》2007 年 12 月 20 日。

[9] 靳淑琴、李永秀：《临汾尧都区：叫响"尧文化旅游节"品牌》，山西新闻网（www. sxrb. com），2012 年 9 月 18 日。

[10] 高增平、刘芳：《临汾：文化产业大发展名优文化产品成果丰硕》，黄河新闻网，2012 年 9 月 18 日。

[11] 蔺玉堂：《首届中国·临汾尧文化高层论坛综述》，《光明日报》2007 年 12 月 20 日。

[12] 李金早：《开辟新常态下中国旅游业发展的新天地——2015 年全国旅游工作会议工作报告国家旅游局局长》，第一旅游网（www. toptour. cn），2015 年 1 月 15 日。

[13] 同上。

[14] 同上。

（作者单位：刘海鸿，山西财经大学旅游管理学院；郭玉兰，山西省委党校省情与发展研究所）

尧文化产业化中的政府与市场角色

席玉光

一 引言

尧文化根植于晋南临汾，是地方传统文化的杰作，承载着辉煌而悠久的历史。临汾市政府在很大程度上主导着地方尧文化产业的构建，帝尧作为一个古代传说，如何使其与经济建设相互作用，将尧文化产业化进而促进地方利益最大化是一项值得研究的内容。本文的目的是，探讨在尧文化的产业化开发中，临汾市政府与市场所应发挥的作用，并提出政策建议。

为了达到这一目的，文章以尧文化产业化中政府和市场角色的四个关键冲突为主线，按以下逻辑展开。首先，对尧文化产业化进行中的一些可能构成对政府和市场发挥各自力量的模糊不清的关键点进行描述，梳理尧文化产业化中政府与市场之间的冲突；其次，为了均衡尧文化产业化进程中的经济效益和社会效益，以政府的职能和市场机制的特性为出发点，分别对尧文化产业化中政府与市场之间的冲突进行分析，理清在这些模糊不清的关键点上政府和市场的角色；最后，针对尧文化产业化中政府和市场的冲突，提出政策建议。

二 尧文化产业化中政府与市场的冲突

尧文化作为一种文化资源，其产业化的内涵是将尧文化资源作为一种经济发展要素，与其他经济发展要素充分结合。因此，尧文化的产业化作为过程，首先要以尧文化资源为基本经济发展要素，通过挖掘、整合、创新等途径形成文化产品，然后进入市场，成为文化商品，参与到文化商品的生产、流通、交换、分配等基本环节中，在市场基本规律的作用下，遵循市场经济规律和文化产业标准，进而形成现代文化生产和运行方式。尧文化产业化运行的结果是指尧文化产品生产的规模化，以尧文化产业和尧文化产业群的兴起和形成为标志，构建成尧文化的全产业链，且这一产业链来源于产业内分工不断地纵向延伸，价值创造活动逐步由政府为主导或单个企业为主导分离转变为多个企业的活动，并构成上下游关系，共同创造价值。

冲突一，从文化资源到文化产品，尧文化产品的从无到有这一关键性、基础性环节由政府还是市场实现？对尧文化资源的挖掘、整合、创新，由尧文化资源到尧文化产品的形成是尧文化产业化的必需前提，也是最终实现尧文化产品规模化生产的关键环节，那么这一环节交给市场还是市政府？市场机制鼓励创新，这对于文化产品的形成是至关重要的，同时市场机制遵循利益最大化原则配置资源，有利于提高文化资源的使用效率，自我约束、自我发展、自主经营、自负盈亏的文化企业以利益杠杆为动力按照商品交换的平等原则，为实现利润最大化进行资源配置选择。在这样的激励机制下，文化企业就会根据成本与收益的比较，把资源投入最有价值的地方，最终取得资源使用效率的最大化。所以在这个转化过程中，要充分发挥市场的作用，以市场为导向，对文化资源进行优化配置，开发出符合市场需求的文化产品，才能真正实现文化资源的产业化开发，而此时市政府的作用，就在于构建一个有利于市场机制运行的高效、有序的制度、政策环境。

冲突二，地方投入尧文化产业的资本匮乏与发展尧文化产业需要资本驱动之间的冲突。尧文化产业化要实现跨越式发展，成长为地方经济支柱性产业，资本的匮乏是一个重要的制约因素，我们需要金融资本、社会资本和文化资源的对接，也需要对投入的资本进行合理利用。在市政府用于文化产业发展的资本有限、财政税收政策对文化产业的发展力度不够、市场对资本的导向不明朗以至于民营资本的进入积极度不高、且相关的投融资法律体系不健全的情况下，应该适时转变发展策略，建立以市政府导向型的、鼓励多方参与的、与尧文化产业化相适应的投融资体系。

冲突三，尧文化产业化的大力推进以及战略性规划由市场机制无法解决。以尧文化产业作为地方经济发展的增长点，实现尧文化产业化的快速发展，一定程度上需要以项目推进的形式集中力量发展尧文化产业，更需要对尧文化产业实施战略性规划，而文化产品交换基础的单一性决定了市场机制调节文化生产的局限性、市场机制的盲目性和局限性无法解决这一冲突。当尧文化的产业化把文化产品生产完全置于市场中时，则会产生发展尧文化产业战略性不足的问题，而战略性的重要性是关系到全局性、根本性的问题，是一个长远的规划，而不是一个具体的行动计划和具体的业务方案，是“如何发展尧文化产业”或者说“应当把尧文化产业建设成一个什么样子”这样一些关于尧文化产业发展的长远的目标，同时，以项目的形式开展尧文化产业化开发，对文化产业发展具有引导和支撑作用，是推动尧文化产业快速发展的重要举措，但市场机制根本不可能解决这个问题。

冲突四，尧文化产业化中短期利益和长期利益，以及经济效益和社会效益之间的权衡取舍。一定程度上，市场更看重短期利益和经济效益，而长期利益和社会效益对于地区的整体发展也不容忽视。一方面，当尧文化产业化进程中的短期利益与长期利益发生冲突时，相当部分的文化生产是市场价格机制无法调节的，如那些具有超前性、基础性和公益性的文化产品，它们满足的是人们长远的、整体的文化需求，这种需求不是个体即期文化需求的简单相加，而是经过社会机制提升后表现为带根本性的社会需求，对于这类产品，价格信号无法反映其供求的真实信息，这是市场手段失灵的文化领域；另一方面，文化产品的高度创造性、偏好不合理、一定的非竞争性、需求多样性等特殊性可能造成文化产品市场定价的偏差，这决定了市政府干预尧文化产业化发展的必要性。

三　尧文化产业化中政府和市场的角色建议

这一部分是针对第二部分的分析，对在尧文化产业化中的政府和市场各自作用的发挥所做的梳理和应用，是同时考虑社会效益和经济效益的原则致力于达成两者的默契与平衡，同时对临汾市政府提出在尧文化产业化开发中的政策建议。

首先，值得肯定市场的创造力，肯定市场对于鼓励创新的作用，使得有活力的文化产品得以创造，这对于形成尧文化产品至关重要。同时，在市场机制中，消费者需求得到充分反映，文化市场主体在市场有效的刺激下采取合理的决策行为，文化资源配置更加合理化，从而使尧文化的产业化变得更加充满效率。

其次，为了让市场机制在尧文化产业化中更好地发挥作用，为了解决尧文化产业化中的资本匮乏，为了使尧文化的产业化更具战略性，为了均衡尧文化产业化进程中的经济性和社会性，临汾市政府应该发挥不可替代的作用。而实现尧文化产业项目的有效推进，是作为政府力量推动尧文化产业化快速发展的重要举措。为此，临汾市政府需要在科学规划尧文化的产业化战略的基础上，以尧文化产业项目建设的形式推进尧文化的产业化，为尧文化产业化创建一个健康有序的发展环境、科学高效的运行机制、完善多元的创新机制，充分发挥尧文化产业项目的支撑和引导作用，做好尧文化产业项目推进工作，应主要在以下几个方面发挥作用。

（一）优化发展环境，完善市场主体培育机制

优化发展环境是项目建设的重要保障，发展环境的好坏，直接影响着企业的生存发展和利用外来资金推动经济发展的进程。为此，要围绕完善市场主体培育机制，全面优化发展环境。企业是市场主体，其中企业家的行为是实现创新的关键，是市场中最活跃的因素。推进临汾市尧文化产业项目，必须不断培育市场主体。首先，通过大项目、好项目有效整合尧文化资源，吸引和聚合资金、技术、人才，充分发挥市场机制作用，实现企业力量的优化组合，培育更多充满活力的市场主体；其次，大力扶植民营企业的“文化创业”，对尧文化产业项目都给予最大的优惠和便捷，为其能够更好地扎根、发展营造良好的生长环境；最后，解决突出问题，努力营造公平正义的市场环境。

（二）广开门路，实现融资、引资、筹资机制创新

资金是项目实施的保障，尧文化产业项目要吸引更多社会资金融入，必须把目光转向市场，广开门路，多方融资，形成企业投资为主体，财政、信贷、外资为补充的多元化投融资机制。首先，在积极争取中央和省级资金支持的基础上，吸收社会资本，鼓励民营资本进入，探索建立“尧文化产业发展基金”和“尧文化产业创业投资基金”，形成多元化、社会化、公共化的投融资服务体系，努力在融资、引资、筹资机制等薄弱环节上取得突破。其次，创新招商方法，加大招商力度。划定招商区域、确定招商重点、制定招商标准，广泛吸引外部资金。再次，建立专项资金保障机制。加大项目专项资金额度，增加相应的引导资金，确保专项资金支持。

（三）做好尧文化产业化的发展战略规划

市政府应在全面把脉尧文化产业发展现状、科学研究文化产业发展机理的基础上，积极制定尧文化产业化发展战略，出台具有前瞻性、预见性的尧文化产业化战略规划，并将尧文化产业化发展战略执行落实到文化产业各行业的操作层面。

关注尧文化产业的可持续发展与社会进步、城市文明的关系，进行科学、合理的开发，关注通过尧文化产业的发展实现社会效益的提升。同时，积极利用技术创新实现尧文化产业的可持续发展。此外，将重点放在本市文化产业整体竞争力与生态位提升层面，拓展尧文化产业国际竞争力提升的空间，最大化地实现通过“尧文化产业化发展战略”塑造“尧文化产业发展”的目标。

（四）提升管理理念，完善项目管理、运营机制

在推进尧文化产业项目的进程中，要不断提升管理理念，包括宏观管理以及微观运营，通过构建文化创新驱动机制、管理模式创新和品牌创建推进机制、项目微观运营机制，以高质量、创品牌的标准提升项目建设的内在质量。

1. 建立文化创新驱动机制

科技对于文化产品的影响力与日俱增，要进一步加强科技创新的带动作用，提高重大文化产业项目与相关产业深度融入，从而不断提高文化产业项目的档次、附加值和文化含量；要以创意为源头，以文化创意的注入为产业提升“核心竞争力”；要强化企业自主创新的主体地位，使创新创业成为推动项目建设的第一驱动力，努力实现以创新驱动推进尧文化的产业项目建设。

2. 建立管理模式创新和品牌创建推进机制

加强项目建设的宏观管理，创新管理模式，在产品、服务各个层面

全面落实，使企业成为诚信经营的典范；通过有效的策划、包装，实施品牌创建工程，提升内在质量，培育众多具有帝尧特色的知名品牌、著名企业，扩大企业品牌影响力，努力使尧文化产业项目成为临汾市新的经济增长点和城市名片。

3. 完善项目微观运营机制

在推进项目建设的过程中，要认真研究项目运行规律，形成环环相扣的运营机制。同时，协调好物流、文化产业中介组织、行业协会等与项目紧密相关的衔接配套环节，完善运营体系，确保项目推进的各项工作高效运转。

（作者单位：山西财经大学）

浅析尧文化创意产业的融合

李娇

文化创意产业是繁衍于知识经济体系的经济部门，是开放性与兼容性的共同体。新技术革命和企业在不同行业、不同地区的兼并重组活动共同推动，使各产业的边界趋于模糊，从而形成产业融合[1]。产业之间的融合改变了原有产业的运作模式，改变了传统的文化产业的发展方式。在产业融合的过程中，文化产业与其他产业之间以及文化产业内部各产业之间的边界逐渐模糊，跨地区、跨行业、跨媒体经营成为文化产业发展的重要趋势。因此，以产业融合的角度，在创意产业化基础上探析尧文化产业化的发展，具有重要的作用。

尧，中国五帝之一，因其爱戴百姓，制定历法，禁止欺诈，而受人尊敬。尧的英明、勤政，被人们世代传承，经过长期的历史积淀形成了"尧文化"。它主要包括"和合文化""选贤任能""节俭勤政"等文化思想，作为炎黄文化的一个主要支系，长期影响着中国的政治、文化生活，影响着人们的行为规范和道德标准。尧文化，根植于今晋南临汾，作为一种无形的文化资源，在其传统的产业化发展模式中，只是简单地通过图书室、档案馆、博物馆、游览园等的组织形式，这样不但阻碍了尧文化产业化形式的创新，而且也没有真正地发挥尧文化资源的经济价值。

尧文化资源虽有非产品、非产业性，但可供开发、具有开发潜力的物质存在性，如果要让这种文化资源转化成为文化产业，我们首先要做的就是为这一静态的文化资源注入活的当代的因素，让资源与当代人的精神生活形成一种相互接纳、相互促动的关系。那么，对此只有采取与其他实体产业融合发展的模式才能实现其文化的外在经济价值。正如Throsby所说，“无形文化资产的价值较难评估，但不能因此就否认它们的价值”[2]。因为通过将这些无形文化资源与其他产业融合到一起，它们同样可以实现其经济价值。

一　尧文化与第一、第二产业融合

在产业融合的背景下，传统的产业划分标准面临着很多困难与局限。若按传统的三次产业，在文化大发展的背景下，只要产业之间有一定的关联性，有共同的市场契合点，有文化因素与创意要素的应用，文化产业就可以贯穿于传统三次产业之中。三次产业的界限开始变得十分模糊，那么基于三次产业分类法的国民经济统计数字逐渐失去了意义。如文化产业与农业融合发展出新的产业——创意农业等。近年来，随着人们生活水平的提高，人们对鸡鸭鱼肉已经厌倦，开始转向对土特产的追求，每一个地方都适应这种需求，临汾当地也不例外。我们可以将尧文化因素与农产品嫁接起来，包装各式各样系列的土特产。例如，一方面，可以在临汾的特产官滩枣、洪洞莲藕、乡宁翅果、古县核桃、吉县苹果等包装上进行加工，注入文化元素，从而形成不同于其他农产品的特色。另一方面，在当地发展生态农业、绿色农业的同时，将尧时期农民农耕时所用的农具进行翻新改造，或者邀请专业工艺设计师根据历史古典记载，设计当代耕作时的农忙系列场景，让观光的人进行实地亲身体验，感悟当时人们的农耕生活。这对现代快节奏生活、多压力的人来说，不失为一个好的放松方法。通过这两方面，将尧文化与第一产业紧密融合在一起。

张为付等（2008）[3]提出，文化产业与制造业互动的演进过程可以归纳如下：制造业→第三产业→文化产业→文化产品制造→制造业，二者已呈现融合化发展趋势。在服装制造业和食品加工业中，也经常可以看到文化创意产业，即将色彩比较浓厚的文化内涵蕴藏于其中，这样就会创造出一种差异化。例如印度沙丽、中国旗袍、中国汉服、中国唐装和日本和服等，这些充满民族特色的东西总是使人浮想联翩，由此及彼，想到各国的传统文化。那么，对待尧文化的发展也可如此，在唐装的基础上进行加工改造，添加具有代表唐尧时期特别的围件、头饰等特色手工品。但是在此基础之上的改造，要更加注意现代人对衣物颜色搭配的要求以及潮流趋势，迎合消费者审美与实用的双重需求，树立新品牌。

在尧文化产业化的发展上，我们也可以借鉴孔子、少林寺等无形文化的发展，将尧的塑像刻在折扇、桃木、木梳以及当地地标性的建筑之上，将其文化的内在价值外在化。例如，如果没有尧文化的影响，在当地的商品市场上，一把木梳估计能卖 3 元钱，但附加了唐尧的故事与当时的风俗人情等的木梳却能卖 10 元到 15 元一把，那么其中的 7 元到 12 元就是尧文化价值的体现。在当地地标性的建筑物上雕筑唐尧的形象，使古唐风韵与现代建筑艺术融合，不仅让前来游览的人一饱眼福，而且让看到的人刻骨铭心，之后，一提起临汾，就会想起尧，想起尧文化。除了在这些传统的劳动密集型低端行业外，随着时代发展，也必须将高科技融入其中，例如，可以组织专业设计团队，根据历史典载，研发相关主题的棋类、桌游类等的娱乐产品，最大限度地满足当下新一代群体的娱乐需求。

二　尧文化与第三产业相融合

1. 不断完善尧文化第三方发展平台——尧文化网。（1）临汾市政府当前最紧迫、最重要的任务就是要不断完善“尧文化网”，对尧的人物资料、英雄事迹等相关典故编写完整，丰富尧文化的历史内涵；将当地定期举行的文化旅游节、人文风俗节的有关活动视频上传到网站上，供人欣赏。定期举办的文化旅游节，在节目的设计上要融入现代元素，幕台、灯光设置等科技艺术应与尧文化背景相融合，让人身临其境；设置文化创意专栏以及意见专栏，在尧文化实施创意产业化的过程中，不断接受当地群众的意见和新想法，使创意文化的发展更加具有可持续性，符合当地人文风俗的发展。(2) 切实迎合李克强总理在当前的《政府工作报告》中提出的“互联网+”战略，将移动互联网、云计算、大数据、物联网等与传统的行业相结合，将尧文化与旅游、科技、金融等产业的融合，提升文化产业的整体效益，加快推进历史文化基地建设，以此发展当地的文化产业。

2. 由临汾市政府牵头，审批规划尧文化产业园区，建立尧文化街。(1) 聘请资深的专业文化研究学者以及“古风”的设计师，联合打造各种唐尧时期的饮食娱乐场所，如茶楼、酒楼、杂戏团等的生活场景。在尧文化街建设“穿越古唐”影视基地，聘请专业导演执行策划有关“尧”系列的微电影、微电视等，让全民参与其中，体验“穿越”。(2) 在产业园区相关创新产业的发展上，一方面建立“主题餐馆”“主题电影院、咖啡馆”“3D照相馆”等，既能吸引大批的年轻人来此驻足游玩，也能引领时尚潮流，带动临汾的经济发展。另一方面，建立“动漫园区”，设计多款系列手游、网游，将“尧”形象卡通化，让不同年龄阶段的人在娱乐的同时进行文化渗透，扩散文化影响力。

3. 充分利用当地的公交运输网络，在车体上印刷文化宣传广告，车载电视上不定时地播放文化旅游节以及在尧文化街拍摄的微视频等动态广告宣传以及公共厕所间广告，在细微生活中影响人们对尧文化的理解。在银行金融产品的研发和设计中，也可以加入无形的文化元素。例如，在当地晋商银行金融新产品的宣传手册、广告上，加入“尧”的可爱动漫形象，让人们在理财的同时，感受尧文化的熏陶。

三 相关的政策建议

基于对尧文化创意产业与其他产业融合的分析，提出如下政策建议：

第一，创新尧文化资源的发展机制。在尧文化资源向文化创意产业转化的过程中，必须注重建立、健全、创新尧文化资源发展和运用的体制机制。建立全面、协调和可持续的文化资源发展和运行体制机制，协调文化资源的开发、利用和保护的关系，保持文化资源的可持续发展和运用，促进临汾当地文化软实力的持续性提升。

第二，制定合理的尧文化保护和开发政策。首先，要对临汾市地县级城市的文化资源进行一次系统的普查，整体上掌握现有文化资源；之后，组织文化产业相关部门联合一些文化学者和专家，对文化资源进行评估以及科学、合理地分类和区域划分，为保护和开发文化资源打下基础。其次，市政府要拟订文化资源保护工作的方针政策，审定保护规划，协调处理保护中涉及的重大事项，以及提供相应的资金支持。政府作为文化资源开发的引导者，规范文化资源开发者的行为，遵循“谁开发、谁受益、谁保护”的原则，把部分开发收益反哺文化资源保护，形成以“开发促保护”和以“保护促开发”的良性互动模式。在政府投入一定资金的同时，适时地引入当地社会商业资本，逐步建立以企业为主体、政府引导、金融支持、风险投资参与的多元化新兴文化产业投入体系，使政府调控和市场调节有机结合起来，并保持相对平衡。最后，根据各个县区的文化资源特点，形成各具特色的县域文化产业群，实施重大文化产业项目带动战略，加快文化产业基地和区域性特色文化产业群建设[4]。

第三，打造文化产业街、产业集群。一个地区的文化资源根植于这个地区历久弥坚的文化积淀，其最大的特点是可以多次开发和重复利用。对那些具备独特性、特定价值性以及能满足文化市场需求的资源进行深度整合，通过有效的文化市场运作，为文化繁荣和文化创新注入活力，使之成为促进尧文化产业转型升级的强劲动力[5]。立足临汾，着眼全市的总体规划，建设文化创意产业集群。研究制订临汾市文化产业发展规划，科学规划文化产业布局，形成特色文化产业集聚区。在加快经济发展和基础设施建设的同时，加快区域内文化基础设施建设，出台支持文化产业集聚发展的政策措施，引导区域性特色文化走产业化、集群化的道路。以尧陵旅游园区为中心，向外围地理扩散，收购周围土地，进行改造，打造文化一条街，“饮食、娱乐、休闲”集一体的文化中心。将“丁村文化、新田文化、三晋文化”整合，建立一个文化产业集聚区，将相关文化产业领域的企业及其支撑机构集中于这一地理区域内，设立严格的独立管理和组织机制，形成完整产业链，为文化产业化发展提供创意孵化、研发设计、生产制作、展示传播、交易经营的场所。场所内集聚资深学者专家、专业技能工人、专业信息，内部交流频繁，专业分工，协作竞争，坚持创新，有效提升行业整体的竞争力和区域经济竞争力。

第四，推进文化业态创新。新的文化业态不断涌现是文化发展的规律，也是文化生产和传播领域革命的重要表现。（1）以创新技术改造尧文化产业，与电子出版、数字影视、网络传输等现代技术进行融合，不断催生新的文化业态。（2）由于文化创意产业具有智力密集、联动效应强、产品附加值大等特性，对于提升晋南文化的综合实力具有积极作用。因此，要注重培育尧文化新的产业生长点，形成一批特色鲜明的文化创新集聚区，大幅度提高尧文化产业的科技水平和创新能力，力争在形成具有自主知识产权的核心技术方面，取得新进展、新突破，推动尧文化产业不断升级。（3）调整优化尧文化产业内部的资源配置结构，促进歌舞演艺、工艺美术等传统文化形式与科技、旅游等现代技术和周边产业相融合，扩大尧文化的影响力，提升市场价值。（4）大力发展动漫网游、特效电影、游艺游戏、电子竞技等新兴尧文化业态；发展网络广播、网络电视、手机电视、移动电视等广电新媒体产业，建设版权产业发展服务平台等，推动尧文化与数字出版产业的融合发展[6]。

第五，重视文化产业人才的引进和培养。这是亟须解决的问题。首先，文化产业部门要引进一批文化创意人才，对尧文化的创意性展开探讨，并制定相关的行动方案。其次，政府要积极鼓励高校开设与尧文化相关的专业和课程，对这些专业的发展可以从立项角度给予扶持；加强高等职业学校与尧文化企业进行联合，实现订单式生产和按需定制；鼓励从事文化产业的教师与企业之间进行互动交流，让教师了解，深入挖掘其文化的潜在价值。

注释

[1] 马健：《产业融合理论研究评述》，《经济学动态》2002 年第 5 期。

[2] David Throsby, *Ecomoics and Culture*, New York: Cambridge University Press, 2001, pp. 77 – 86.

[3] 张为付、黄晶、周长富：《南京市文化产业与工业制造业互动关系研究》，《南京财经大学学报》2008 年第 1 期。

[4] 吴锡俊：《文化创意产业发展中的政府职能转变与政策取向研究》，《现代传播》2011 年第 2 期。

[5] 徐艳芳：《区域文化资源优势向产业开发优势转化机制研究》，《山东社会科学》2011 年第 11 期。

[6] 沈阳：《新媒体技术与文化创意产业互动关系的多维度分析》，《经济导刊》2012 年第 4 期。

（作者单位：山西财经大学）

“尧文化”国际化传播策略分析

栗雅妮

自从2013年中国政府将建设“丝绸之路经济带”和“21世纪海上丝绸之路”提升至国家战略层面以来，我国更加注重与沿带沿路国家和地区的经济交流合作。与此同时，越来越多的国家希望以此为契机进一步了解中国，解读中国悠久文化的深刻内涵。“尧文化”作为我国的根祖文化，泛指尧舜禹时代人们所创造的物质形态、意识形态的文化及其影响下后世产生的与之相关的文化现象。它的推广有助于扩大临汾市文化软实力的感召力和影响力，促进经济的腾飞。

一　国际化基础——发展尧文化创意产业

尧文化作为中华民族的传承基因和精神内核，不仅是中华文化的源头，更是全民族世代华夏子孙共同享有的精神财富和文化遗产。作为世界文化中的先进文化，尧文化传达的“教化万民，和协万邦”以及和合文化的思想，正教导我们要注重人与自然、人与社会、人与人之间的和谐发展。只有实现了彼此之间的协调，我们的世界才能在可持续中更加稳妥地发展。然而，现阶段尧文化的发展虽已采取以尧庙为龙头，尧庙文化游览区、仙洞沟风景区和尧陵景区为辅助的旅游形式，且取得了一定的经济效益和社会效益，但距离尧文化资源优势在国内的充分发挥、在世界文明进步中的价值实现仍有一段距离。由此可见，加强尧文化自身的创新力，实现尧文化创意产业化已迫在眉睫。

（一）尧文化创意政策的发挥

政府要在尧文化的创新之路上积极响应国家政策，依据《国家"十一五"时期文化发展规划纲要》出台的相关政策来扶持和推动尧文化创意产业的发展。同时，政府工作人员还应该时刻关注"中国创意文化网站"的相关内容，建立属于临汾市自己的尧文化创意网站，以此来搭建政府、高校、校企、企业间相互沟通的桥梁。

（二）尧文化产品档次和附加值的提升

尧都企业要积极开发尧文化相关产品及衍生品，扩大衍生品的范围和种类，实现不同领域的协同合作，提升尧都文化企业的市场竞争力。

在构成尧文化系列内容中，尧文化企业可以从尧帝的钦定历法、普及水井、设立谤木、实行禅让的四大亮点和古老科学及古朴的民主角度出发，设计新颖的文化产品、影视作品，增加尧文化产品的附加值。尧都旅行社则可以从尧帝出身的故里、安葬的陵墓、成婚的洞房等与尧帝相关的遗址角度思考，将神话故事与实体建筑融为一体，既能向游客解说，又能编书造册，制造工艺品，将尧文化的基础资源充分利用起来。当然，建立尧都工艺品作坊也是十分必要的，以此来开辟具有规模效应的旅游购物品交易会，带动旅游购物品销售网络的建立。同时也可让游人亲自参与到手工艺品的制作当中，形成一批融生产、购物、观光于一体的传统手工艺品作坊。

（三）尧文化创意人才的引进与运用

我们必须强调的是：文化创意产业的核心是人的创造力以及最大限度地发挥人的创造力。所以政府要在创新人才的引进与运用方面，挑选具备帝尧文化及企业管理双重知识的优秀人才，尤其是文化创意产业领域的复合型人才，致力于尧文化的推广，以实现尧文化的国际化。

同时，临汾市政府可以定期在山西全省范围内遴选领军人物，建立全省尧文化产业优秀人才信息库；设立全省尧文化产业人才激励专项资金，加大对创意人才的扶持力度和激励力度；通过与海外高校和研究机构的沟通交流、合作办学，交换回一批批具有国际视野的文化创意人才，以满足尧文化“走出去”战略对人才的需求。

二　国际化传播——提升尧文化的外在影响力

尧文化作为一种抽象的事物，其国际化的推广，不仅要依赖于自身创新力的挖掘、创意文化产业化的建立，还要借助传播媒介的依托作用。

（一）借助孔子学院文化交流平台进行精髓传播

孔子学院从2004年创办至今，办学规模逐步扩大、办学质量日益提高，在全球范围内广受欢迎，创造了中华传统文化“走出去”的新模式、新路径。这种跨越式的发展，不仅使我国成为古老经典文化对外交流合作的典范，而且为我国其他传统文化的国际化提供了充足的借鉴经验。在促进中外文化交流、增进中外人民友谊、缓解中外文化冲突等方面做出了重要贡献。

尧文化可以同孔子学院展开合作，借助其覆盖广泛的网络体系，寻找尧文化“走出去”最稳妥、最高效、最直接的途径。首先，在全球孔子学院的课堂教授中，融入尧文化的内在精髓，推出一门“中华经典文化概述”类型的课程，将尧文化作为中华古文化的一个分支进行简要的介绍，以此来增进世界各国对中华文化和价值观念的了解与认同，扩大我国文化产品和服务在国际市场上的份额。其次，在孔子学院机构内部设立"尧文化课余学习"模块，借助其集语言教学、学术研究、文化交流于一体的综合文化交流传播平台，激发外国友人对尧文化的学习兴趣，引导他们逐步领会尧文化的先进之处及精神内核，进而培养一批批尧文化产品与服务的忠实消费者，并通过他们的具体需求与想法改进尧文化产品及衍生品的功能，设计个性化服务，最终完美实现尧文化的国际化之路。

（二）借助尧都地域优势进行形象传播

尧都临汾"东临雷霍、西控河汾、南通秦蜀、北达幽并"，地理位置十分重要，自古就是兵家必争之地。尧都人文历史丰富，自古以来就是众多历史故事的见证地，如丁村人遗址、唐尧建国、晋文公称霸、三家分晋、刘渊建汉、法显西行等。临汾市在发展旅游业时，应该将这些故事进行融合，将各家文化景观进行整合，形成"一条龙"的旅游路线。通过这个流程设计来主推"尧都"根基文化的形象宣传，在中华大地旅游业中形成特色，进而声名远传海外，吸引国外游客前来参观。

另外，临汾还应该主推尧都的上古文化，因为北京展示明清文化、西安展示汉唐文化。临汾的上古文化，即可补充北京和西安之间的空缺，又更具文化的前驱性、吸引力。在尧文化的国际化进程中，尧都市民可以采用讲座式、论坛式、展览式、表演式、比赛式、游戏式等形式的文体活动，对尧文化里的经典中国元素进行宣传，将传统文化与现代文化传播方式巧妙结合。

（三）借助港澳深政策优势进行"顺风车"传播

尧文化国际化的推广，不仅仅是临汾市所有市民的任务，而且是全体中国人的义务，更是世界华夏子孙的责任。因此，尧都应该学会利用多方力量来加速尧文化的推广。这样一来，在中华文化的海外传播上，不得不提的就是港澳深地区。其文化渊源及历史背景在中国文化产业内外统筹中非常值得重视。港澳地区有利的国际性条件，使其能够很好地与西方国家进行沟通交流。山西临汾的尧文化只要能进入港澳地区，就能在保留其经典中华元素的基础上，更快地融入西方社会。

第一，港澳的“优秀人才入境计划”等特区政策，就为内地的文化创意人才提供了一条国际化通道。第二，以凤凰卫视为代表的港澳优秀的国际性传媒机构，也可为尧文化产业实现国际化突破提供较成熟的传播渠道。第三，2003 年，中国中央政府与香港、澳门特别行政区政府分别签署了《关于建立更紧密经贸关系的安排》（CEPA），针对内地与港澳服务贸易制定了许多具体措施，提高了内地与港澳地区经济交流与合作的水平。这些具体的政策措施为尧文化的国际化传播提供了极为优越的国际性条件。当然，深圳日前的发展也使其逐步成为尧文化“走出去”的一个重要跳板。

通过多方努力，如果能够在全球各地的华人聚居区建立一定规模的尧文化圈，将是尧文化国际化的一个重大成果。

（四）借助国际委托进行知名度传播

由于尧都临汾企业的国际性竞争力相对较差，在加强文化产品和服务的国际销售过程中，它们可以委托国际代理公司和中介机构代为推广。这种策略方式下可以达到“借势胜于造势，借力强于发力”的效果。专业的国际代理公司能够充分利用他们的资源和专业的促销手段，快速提高尧文化产品或服务的知名度，使其在国外的推广更加高效。为了能够提高文化产品的附加值，加强开拓国际市场的能力，现代代理公司的业务正从简单的产品代理向增值服务方向转变，例如多语种改版、配音、配唱、形象包装等。

此外，2015 年两会热点话题之一的“互联网 +”，将会以互联网平台为基础，推动、催生和创生出新产品、新业态、新模式。尧文化要积极利用信息技术来扩大其传播能力，达到传统文化与现代科技完美结合的效果，实现与各行各业的跨界融合，紧跟时代步伐，实现国际化之路。

三　国际化营销——做好尧文化的国际市场开拓

在国际化进程中，尧文化要时刻保持自身超越地域的文化自信。首先，在文化内容上融入"新鲜的创意血液"，以此来提升尧文化的竞争力。其次，尧文化可以通过借助多方力量来实现其国际市场开拓。最后，企业在尧文化市场开发多元化战略制定方面，要从多国经营的灵活性角度选用具有针对性的市场策略。因为各国在政治、经济、文化、法律和自然条件等方面存在较大差异，尧文化在纷繁复杂的跨国经营环境中存在一定程度的风险，使得企业必须小心谨慎地从战略全局考虑众多环境因素，着力提升对尧文化的市场认知能力与应变能力，最大限度地降低市场进入风险。作为临汾城市文化软实力的代表，"尧文化"的国际化推广将助于增强临汾市的核心竞争力，促进临汾及周边地区的经济增长，扩大临汾在全国乃至世界的影响力。

注释

[1] 王春元：《关于尧文化的研究与思考》，《山西师大学报》（社会科学版）1999 年第7 期。

[2] 石青柏、李百玉：《传承中华文明彰显志书亮点——浅谈编纂〈临汾市志·尧文化〉》，《中国地方志》2003 年 S1 期。

[3]《确立尧文化的产业地位和品牌价值》，《经济问题》2008 年第 2 期。

[4]《尧文化研究与开发功在当代利在千秋》，《经济问题》2008 年第 2 期。

[5]《陶寺考古奠基了尧文化的基础地位》，《经济问题》2008 年第 2 期。

[6] 许琳：《充分发挥孔子学院综合文化交流平台作用，助推"中国梦"走向世界》，《华文教育与研究》2013 年第 2 期。

[7] 张会：《孔子学院文化活动设计与反思》，《云南师范大学学报》（对外汉语教学与研究版）2014 年第 9 期。

［8］唐顺英：《曲阜：孔子家乡文化修学旅游开发研究》，《社会科学家》2004 年第 9 期。

［9］张振鹏、马力：《“本山传媒”与“迪士尼”商业模式比较及启示——兼论我国文化企业国际化商业模式》，《中国海洋大学学报》2013 年第 2 期。

［10］北京市社会科学院“北京文化创意产业发展研究”课题组：《北京文化创意产业国际化战略研究》，《北京社会科学》2006 年第 6 期。

［11］贺培育、潘小刚：《湖南文化产业国际化发展研究》，《湖南社会科学》2009 年第 5 期。

［12］蔡尚伟、王理：《开启中国文化产业国际化时代》，《西南民族大学学报》（人文社会科学版）2010 年第 5 期。

［13］赵有广、盛蓓蓓：《中国文化产业外向国际化发展战略及其实施国际贸易》2008 年第 10 期。

［14］吴忠：《提升城市文化软实力的意义与路径选择》，《学术界》2011 年第 5 期。

［15］林茂：《全球化背景下提升我国文化软实力研究》，西南大学硕士学位论文，2014 年。

［16］宁德业、尚久：《当前我国文化软实力发展面临的挑战及其应对》，《江西社会科学》2010 年第 4 期。

（作者单位：山西财经大学）

后　记

全书共30万字，图片100余幅，内容分为陶寺遗址发掘成果、帝尧文化思想精髓、尧文化资源开发和利用等三个部分。全书主题鲜明，内容丰富，图文并茂，是一本思想性与艺术性相统一、专业性和知识性相结合的文化读物。

在编辑过程中，得到了中国社会科学院和山西省委宣传部领导的大力支持。中共中央委员、中国社会科学院院长王伟光，中共山西省委常委、宣传部部长胡苏平同志专门为此书作了序。中国社会科学院考古研究所所长王巍对本书稿的修订提出了宝贵意见。中国社会科学院考古研究所研究员何驽、山西财经大学国际贸易学院院长张富春对本书进行了润色和斧正。

本书修订得到了中国社会科学院、中国科学院、北京大学等科研院校以及省内外知名专家学者的关心和支持，他们就此书的文章收录、主题策划、体例安排等提出了科学性的建议。在此，我们一并向各位领导和专家的辛勤工作表示衷心的感谢！

由于时间仓促，加之专业水平有限，疏漏之处在所难免，敬请谅解。

本书编写组

2015年9月